KB230706

러시아어 어원론

러시아어 어원론

이 은 순, 어 건 주 편역

서 문

누구나 자라면서 '나는 누구인가?'라는 자기 정체성에 관한 의문을 가져본 적이 있을 것이다. 이와 비슷하게 외국어를 배우다가 그 외국어에 대해 어느 정도 알게 되면 '이 언어는 어떤 언어인가?', '다른 언어들과의 관계는 어떤가?'라는 지적 호기심을 가지게 된다. 이러한 호기심이 생길 즈음 대부분 대학에서 러시아어문학을 전공으로 하는 사람들은 '러시아어학 개론'과 '러시아어사'라는 과목들을 배우게 된다. 현대 러시아어의 음성, 형태, 조어, 구문적 특징과 러시아어가 음성, 형태적인 면에서 어떠한 모습으로 변해 왔는가에 대해서 학문적으로 접하게 된다. 본 서는 Ю.В. Откупщиков의 'К истокам слова: Рассказы о науке этимологии'라는 책을 번역하여 엮어낸 것으로 러시아어 단어들이 어떠한 기원을 지니고 어떻게 음성, 형태, 의미적으로 변해왔는가를 알기 쉽고 재미있게 이야기 형식으로 기술한 것이다. 러시아어의 역사나 러시아어 단어의 어원에 관심이 많은 학부나 대학원의 러시아어 전공자들이나 일반인들 모두에게 도움이 되리라고 생각한다.

고유어의 경우 인도유럽어조어로부터 공통슬라브어를 거쳐 고대러시아어에서 현대러시아어에 이르기까지의 변화 과정을 음성학, 형태조어적 측면, 의미론적인 측면에서 자세히 기술하고 있다. 차용어의 경우는 다양한 종류의 차용어들이 어떤 언어들로부터 어떤 경로를 통해 러시아어로 유입되었으며 형태의미적으로는 어떻게 변화되었는지 등도 자세히 살펴볼 수 있다. 러시아어 단어들의 뿌리를 캐내면서 많은 영어 단어 속에 숨겨져 있는 라틴어나 그리스어 접두사, 어근, 접미사 들을 러시아어 속에서도 발견하게 되고 러시아어와 영어가 그리 먼 언어가 아니라는 것도 자연스럽게 접하게 된다.

　단어들은 자신만의 특성과 규범, 아직까지 밝혀지지 않은 수수께끼와 비밀들 그리고 고유한 역사를 지닌 채 대단히 흥미롭고 독특한 세계를 구성하고 있다.　어떤 단어들은 그 명칭이 어디에서 유래했는지 쉽게 짐작할 수 있지만 어떤 단어들은 그 기원에 대해 전혀 이해할 수 없다.　본 서에서는 단어의 기원을 연구하는 학문인 어원론이란 무엇인가, 어원론이라는 학문의 역사, 개별 단어들의 기원 뿐 아니라 학자들이 임의의 단어의 기원을 어떻게 결정하는가, 연구 방법과 원칙은 무엇인가, 어원학자들이 단어의 역사를 연구하면서 어떤 어려움에 부딪히는가 하는 문제도 흥미롭게 다루고 있다.

　어원론이라는 학문의 바다를 항해하면서 전혀 예상하지 못했던 멋진 세계를 만나게 되길 바라며……

2006. 3. 10 편역자

차 례

■ 서 문 / 7

제 1 장 어원론이란 무엇인가? ·······················9
제 2 장 로물로스로부터 현대까지 ·················21
제 3 장 언어들의 친족관계 ·······························33
제 4 장 음성적 변화와 음성적 일치 ···············45
제5장 조어론과 어원론 ···································63
제6장 단어 의미의 발전 ·································77
제7장 의미의 규칙성 ·······································89
제8장 친족어 자료의 도입 ·····························103
제9장 언어와 어원 연구에서의 유추 ·············115
제10장 몇몇 일반적이지 않은 어원들 ···········127
제11장 단어와 사물 ···137
제12장 구상에서 추상으로 ·····························149
제13장 단어사의 중간 단계에 관하여 ···········163
제14장 방언과 어원 ···175
제15장 차용어 ···185

제16장 차용어의 어원 결정 ·······199

제17장 어원적 대사어(쌍둥이 단어) ·······215

제18장 번역차용어-차용어의 특수 형태 ·······227

제19장 어원 관계의 상실 ·······241

제20장 어원론, 단어 사용, 단어 창조 ·······251

제21장 신어의 어원 규정 ·······263

제22장 어원학자의 "적들" ·······273

제23장 논쟁거리 어원들 ·······289

제24장 민간 어원과 어원론적 실수 ·······299

제25장 어원적 "신화들" ·······311

◼ **참고문헌 / 323**

◼ **부록 / 325**

1. 어족별 세계의 언어 ·······325
2. 인도유럽어족 언어들의 분화 시기 ·······329

제1장 어원론이란 무엇인가?

어원론이란 학문과 그것의 목표와 과제에 관한 이야기를 시작하기에 앞서, 과학적 분석의 본질과, 유감스럽게도 우리가 거의 매 걸음 부딪히게 되는, 많은 수의 어원론적 억측과의 근본적 차이를 보다 잘 이해할 수 있도록 해 주는 아주 분명한 예를 잠시 들어보도록 하겠다.

털 없는 수달

어느 날 한 극장의 외투 보관소에서 두 사람이 서로 인사를 하고 이야기를 나누기 시작했다. 나쁜 날씨에 대한 의례적인 불평을 이야기한 후, 그들의 대화는 상대방의 옷에 관한 것으로 옮아갔다.

"당신의 외투 깃은 수달 가죽으로 만든 것 같군요?"−한 사람이 물었다.

"그렇습니다."−상대방이 대답했다.

"그런데 수달이 왜 выдра라고 불리는지 아십니까?"−라고 상대방이 계속 질문했다.

"나는 그것에 관해서는 생각해 보지 않았습니다."−상대방이 대답했다.

"그것은−새로 알게 된 사람이 설명하기 시작했다− 그 짐승의 가죽을 손질

할 때 부드러운 잔털만 남기고 모든 털을 다 뽑아 버리기 때문이죠. 즉, **выдра**
는 털을 모두 잡아 뽑아버린*выдрана* 가죽을 말합니다. 그러다가 나중에 그 가
죽의 명칭이 그 짐승의 이름이 되었죠."

이 대화가 어떻게 끝났는지, 그렇게 확신에 찬 **выдра**란 단어의 기원에 관
한 설명이 상대방을 납득시켰는지에 관해서는 알려져 있지 않다. 어쨌든 언
어학적 관점에서 그 설명이 일고의 가치도 없음은 분명하다.

수달**выдра**과 히드라**гидра**

실제로 **выдра**는 방금 제시한 아주 순진한 어원이 아니라 훨씬 더 복잡한
뿌리를 지닌 아주 오래된 단어이다. 이 단어는 러시아어에서뿐 아니라 많은
인도유럽어 친족어1)들에서도 찾아볼 수 있다. 리투아니아어 ūdra'히드라',
고대 인도어 udras'물에서 생활하는 짐승', 고대 그리스어 hydra'히드라,
물뱀'와 같은 러시아어 단어와 가장 가까운 친족어들의 몇몇 단어들은 학자들
이 **выдра**란 단어가 처음에는 '물에서 생활하는 (동물)'의 의미를 가지고 있었
음을 주장할 수 있도록 해주었다. 러시아어에서 **выдра**와 **вода**라는 단어들 간
의 관계는 결코 명백해 보이지 않는다. 예를 들어, 고대 그리스어의 hydōr
'물'와 hydra'물뱀'2)란 단어들은 그들의 기원의 공통성에 어떠한 의혹도 남기
지 않는다.

выдра란 단어의 예는 음성적으로 유사한 단어들(**выдрать-выдра**) 사이에
근거 없이 제시된 관계가 심각한 오해를 초래할 수도 있음을 보여주었다. 단
어의 올바른 어원의 확립을 위해서는 어원론적 분석의 주요 원칙들에 관한

---

1) 언어들의 친족관계에 대해서는 3장에서 좀 더 상세히 제시하겠다.
2) 그리스어에서 차용된 러시아어 **гидра**'물뱀'와 **гидро**(**станция**)를 비교해 보라.

지식을 가지고 있어야 한다.

그렇다면 어원론이란 무엇이고, 그것의 목표와 과제는 무엇인가?

어원론의 과제

보통 этимология란 단어는 결코 혼동될 수 없는 두 개의 의미로 사용된다.

예를 들어, 우리가 беляк라는 단어의 этимология는 별 어려움 없이 밝힐 수 있다고 말할 때, 우리는 단어의 기원을 제시하는 어원을 언급하는 것이다. 그와 더불어 этимология라는 용어는 "단어의 기원을 연구하는 언어학의 한 분야"라는 의미로도 사용된다. 실제로 이러한 단어의 이중적 사용은 보통은 특별한 어려움을 야기하지 않는다.

고대 그리스어 etymologia는 고대 스토아 철학자들의 저술 속에서 처음으로 등장한다. 그 단어의 기원, 즉 어원은 별다른 어려움 없이 확립될 수 있다. 그리스어 etymos는 '진실의, 믿을 수 있는'이란 뜻이고, logos는 '의미'이다. 그러므로 어원론은 왜 우리가 다른 이름이 아닌 바로 그 이름으로 부르는지 단어의 "진짜 의미"를 찾으려 하는 것이라 할 수 있다. 저명한 이탈리아 언어학자인 피자니는 자신의 저서 『어원론*этимология*』에서 어원론의 중요한 과제는 "단어가 최초로 발생했을 당시의 의미를 찾아내는 것이다"라고 썼다. 때때로 어원론에 관한 저술에서 언급되는 단어의 "진짜 의미"란 "기원적" 혹은 "최초의" 의미를 지시하는 것이다.

음성 변화

그러나 단어의 "기원적" 의미를 밝히는 것만이 어원론 연구의 과제는 아니다. 시간이 흐름에 따라 단어는 다양한 변화를 겪게 된다. 특히 단어의 음성 형식이 변화된다(음성 변화). 예를 들어, 사어 형태인 заутра[3]는 현대 러시아어에서 завтра로 발음된다. 좀더 오랜 과거의 형태를 재구함으로써 단어의 어원을 밝히는 것이 가능하다. завтра의 경우가 바로 그렇다. 그 단어는 그 자체로는 어원 관계가 분명치 않다. 그렇지만 заутра 형태로는 모든 것이 분명해 진다: заутра → завтра-아침 이후에 도래하는 시간.

의미 변화

시간이 지남에 따라 단어의 음성 형식뿐 아니라 의미 또한 변화된다(의미[4] 변화). 고대 러시아어에서 позор와 позорище는 '볼만한 것, 광경'을 의미했다. 즉, 문자 그대로 "시야에 펼쳐진 어떤 것"을 의미했다(зоркий, зреть'보다', зритель을 비교해 보시오). 그러한 고대적 의미를 우리는 또한 다음과 같은 고대 러시아어 단어들에서도 발견할 수 있다: позоратель'목격자', позоратаи '관객' 등. 현재에는 사용되지 않는 позор'광경'란 단어의 사어적 의미를 우리는 19세기 한 시인의 작품 속에서 발견할 수 있다.

---

3) 뿌쉬낀의 시 Полтава 참조: Заутра казнь……

4) 의미론семантика은 단어 및 언어의 의미적 측면과 관련이 있다. семантика란 용어는 언어의 의미적인 측면을 연구하고 단어의 의미 변화를 고찰하는 언어학의 한 분야이다. 이러한 분야의 언어학을 또한 семасиология라고도 한다.

Величествен и грустен был ***позор***

Пустынных вод, лесов, долин и гор

Е. А. Баратынский .

позор란 단어의 '광경'이라는 고대적 의미가 어떻게 현재의 의미로 발전되어 왔는가 하는 것에 관한 열쇠는 범죄자를 모든 사람들에게 보도록 하려고 기둥에 묶어 두었던 고대의 풍습에서 찾을 수 있다.

단어 порох'화약'는 과거에 단지 '먼지' 또는 '가루'를 의미했었다. 그 단어는 교회 슬라브어의 прах와 관련이 있는데, 이는 러시아어 город, ворог와 교회 슬라브어 град, враг와의 관련과 마찬가지이다.

현대어 стрелять는 이미 화살과는 관련이 없다. 그러나 동사 стрелять의 기원적 의미는 '화살을 쏘다'이다. 그러한 고대적 의미는 해당 단어의 어원을 밝히는 데 도움을 준다.

мешок란 무엇인가?

단어의 형성에 기여하는 접두사, 접미사와 같은 형태적 수단에 대한 분석도 적지 않게 중요한 역할을 한다(조어 분석). 우리가 мешок란 단어의 기원을 알고 싶다고 가정해 보자. 우리는 그 단어에서 접미사 -ok(-ek)를 분리해 낼 수 있다. 우리는 접미사 없는 단순 형태와 충분한 연관 관계를 지니는, 동일한 접미사를 가진 일련의 러시아어 단어들을 찾을 수 있다: смешок-смех, грешок-грех, душок-дух, пушок-пух 등. 만일 그러한 조어열에 мешок란 단어가 포함된다면, 그 단어를 мех와 쉽게 관련지을 수 있을 것이다. 그러한 방식으로 조어 분석은 우리에게 мешок란 단어의 어원(문자 그대로 '작은 모피')을 밝힐 수 있게 해준다.

그렇지만 아마도 반대가 있을 것이다. 도대체 누가 모피로 자루*мешок*를 만든단 말인가! 그러한 질문에 답하기 위해서는 역사를 알아야 한다. 고대에 자루는 짐승의 가죽으로 만들었다. 그 자루 속에는 보통 포도주나 기타 식료품을 담았다. 예를 들어, 다음과 같은 복음서의 내용은 잘 알려져 있다. 새 술을 낡은 부대에 담지 마라*Не вливают вина молодого в мехи ветхие*. 고대 앗시리아의 군인들은 공기를 불어넣은 자루(가죽으로 만든 자루)를 이용하여, 완전 무장을 한 채로 넓은 강을 헤엄쳐 건넜다. 그러한 도하 방식은 고대의 다른 민족들에게도 알려져 있었다. 그렇지만 아마도 자루 속에 포도주나 기타 액체를 보관하는 것이 좀더 널리 알려졌었을 것이다. 또한 동양의 많은 민족들은 현재도 액체를 보관하기 위해 자루를 사용하고 있다. 가죽으로 만든 그러한 자루를 러시아어로는 *бурдюк*라고 한다(이 단어는 아제르바이잔어에서 차용되었다).

단어와 그것의 "이력"

단어의 어원 분석은 그 단어의 기원적 의미를 밝히는 것 하나에만 국한되지 않는다. 어원론을 연구하는 학자들 앞에 놓인 과제들은 대단히 광범위하다. 그들은 연구하는 단어의 모든 이력을 (가능하다면) 완전하게 재구해야만 한다. 즉, 단어가 오랜 세월을 거치면서 어떤 음성 변화와 의미 변화를 겪었는가 그리고 어떤 조어 수단의 도움으로 그 단어가 형성되었는가를 밝혀내야만 하는 것이다.

언어의 역사와 단어의 어원

단어들은 우연하게 발생하지도, 되는대로 적당하게 고안되지도 않는다. 현대 러시아어에서 관찰되는 의미적, 조어적 관계들(летать-лётчик, читать-читатель 등)은, 비록 그들이 다른 (고어적) 형태로 나타날지라도, 오랜 옛날에도 존재했었다. 그렇지만 수백, 수천 년이 흐르면서 그러한 관계들은 소멸되었다. 모든 언어는 계속적인 변화 과정 속에 있다. 어떤 단어들은 점차 사어화되거나(사전에 이 단어들은 고어라고 표시된다), 심지어 완전히 소멸되고, 또 다른 단어들은 반대로 새롭게 등장한다.

현대 러시아어에서 белый란 단어와 그 단어의 모든 파생어들(белеть, белизна 등)이 사라졌고, беляк(겨울이면 털이 하얗게 변하는) 토끼'란 단어만 남아 있다고 가정해 보자. 그런 경우에 그 단어의 어원을 쉽게 밝혀낼 수는 없다. 그러한 단어들은 현대 러시아어 자료를 통해서는 어원을 밝힐 수 없다. 그러한 단어들의 기원을 밝혀내기 위하여 어원 연구자는 반드시 언어의 역사에 관심을 기울여야만 하며, 언젠가 과거에 사라진 단어들 간의 관계를 재구하여야만 한다.

зодчий 와 архитектор

зодчий란 단어도 예로 들 수 있다. 현대 러시아어 사전에서는 그 단어에 대해 '문어적, 고어적'이라고 언급하고 있다. зодчий란 단어에는 한 가지 재미있는 이야기가 있다. 어느 날 학생들이 뻬쩨르부르그 관광을 떠났다. 겨울궁전 앞에 멈춰 서서 관광가이드는 아이들에게 이 건물을 지은 건축가зодчий는 라스트렐리라고 말해주었다. 몇몇 학생들은 зодчий란 단어가 무엇인지 몰랐다. 그러자 가이드가 그들에게 зодчий란 러시아어로 архитектор를 의미한

다고 설명해 주었다.

가이드가 архитектор란 단어가 기원상 러시아어가 아님을 알고 있었을 수도 있다. 그 단어는 '건축가'를 의미하는 architektōn이란 그리스어가 라틴어화된 뒤 차용된 것이다. 그렇지만 이러한 차용어 архитектор는 순수 러시아어이면서도 고어가 된 зодчий보다 더 익숙하고, 더 많이 사용된다.

그렇다면 그 단어는 어디에서 기원했을까? 그 답을 얻기 위해서는 러시아어사를 살펴보아야만 한다. 고대 러시아어 자료들은 зьдъ[5]가 '점토'라는 것과 зьдчии가 '도공', 즉 '점토로 그릇을 만드는 사람'이라는 의미를 지녔음을 보여준다. 그런데 점토로는 그릇만 만든 것이 아니라, 그것을 벽에 바르기도 했다. 러시아어와 가까운 친족 관계에 있는 불가리아어에서는 (зьдъ로부터 유래된) зидъ란 단어가 '벽'과 '건물'이라는 의미를 지니고 있으며, 동사 зидам은 '(나는) 건설한다'를 의미한다(러시아어 здание와 созидать와 비교해 보라). 그런 식으로 зодчий의 고대적 의미가 ('도공'과 더불어) '건축가'였음이 밝혀진다.

зодчий란 단어는, ловчий란 단어가 ловить와 лов에 연관되어 있는 것처럼, зьдати '건설하다'와 зьдъ '점토, 벽'와 연관되어 있다. 현대 러시아어에서는 생산성을 상실한, 행위자를 의미하는 접미사 –чий는 다음과 같은 과거의 단어들에서도 존재한다. певчий, кравчий '대귀족', стряпчий 등.

그렇지만 주의 깊은 독자라면 아마도 앞에서 열거한 비교들이 전부는 아니라는 것을 이미 알아챘을 것이다. 실제로 우리는 ловчий, ловить와 лов라는 단어들을 언급했는데, 그들 모두는 동일한 모음 o를 가지고 있다. 따라서 그 단어들 간의 관계에 대해서는 누구도 의문을 제기하지 않을 것이다. 그런데

---

5) 고대 러시아어에서 ь(＜ерь＞)와 ъ(＜ер＞)는 아주 짧은 모음을 의미했다(약화 모음이라고도 한다). 그 소리는 현대 러시아어에서 무강세 위치의 e나 o 소리와 유사하다(восемь과 колос의 발음을 참고할 것). 나중에 이 소리들은 사라지기도 하고 (고대 러시아어의 бьрати에서 брать로, окъно에서 окно), 완전 모음인 e와 o로 변화되기도 하였다(стькло→стекло, дъска→доска 등).

зьдь, зьдати, зежду (зижду) '(나는) 건설한다'라는 고대 러시아어 단어들과 더불어, 현대 러시아어 단어들인 созидать, зодчий에서 우리는 그들의 어근에 ь, е, и, о라는 다양한 모음들이 존재함을 알 수 있다. 또한 здание란 단어 어근의 현대적 형태(зд-)에는 모음이 존재하지 않는다. 이러한 현상은 어떻게 설명될 것인가?

러시아어 단어들의 어근 모음은 서로 서로 교체되는 특성을 지닌다(비교. несу-носить, везу-воз, беру-сбор 등). 현대 러시아어 단어 брать의 어근에는, здание와 создать에서처럼 모음이 존재하지 않는다. 또한 고대 러시아어 형태인 бьрати와 현대 러시아어 단어인 беру, убирать, сбор에서는 зодчий와 관련하여 살펴본 바와 동일하게, 모음 ь, е, и, о가 존재한다.

이러한 예들은 러시아어 단어의 어원 연구에 있어서 언어사와 현대 러시아어에서 완전히 사라졌든, 혹은 일차적 의미가 본질적으로 변화되었든 간에 단어들의 분석이 얼마나 중요한 위치를 차지하는가를 분명히 보여준다.

врач와 знахарь

심지어 고대 러시아어 문헌들에서조차 단어들의 어원 문제를 해결할 수 있는 "기원적" 의미를 늘 찾아낼 수 있는 것은 아니다. 그렇기 때문에 언어학자들은 러시아어에서는 사라진 어원 관계를 유지하고 있는 친족어들의 자료에 관심을 기울여야만 한다.

лекарь, доктор, врач와 같은 단어들의 어원을 예로 들어보자. 첫 번째 단어는 현재 고어가 되었다. (동사 лечить와 관련된) 그 단어의 어원은 분명하게 밝힐 수 있다. доктор란 단어는 라틴어에서 기원하였다. 그 단어는 라틴어 동사 doceo[6] '(나는) 가르친다'로부터 형성되었고, 문자적 의미는 '학자'를

의미한다(비교. 러시아어의 доктор математических наук). 이것에서 доктор 란 단어는 구어에서 '의사'란 의미를 획득하였다. 즉, '학식 있는 의사'로 다른 무면허 약사나 돌팔이 의사와는 구분된다.

врач의 어원을 알아보는 것은 훨씬 어렵다. 이 경우에 해당하는 러시아어 자료들은 빈약하다. 따라서 연구자들은 슬라브 친족어들의 자료를 살펴보아야만 한다. 불가리아어에서 врач의 가장 오래된, 주요 의미는 '주술사, 마법사'이다. 세르보-크로아티아어에서도 врач는 '마법사, 주술사, 예언가'이고, врачити는 '점을 치다, 요술을 부리다, 예언하다, 치료하다(주술가로서)'라는 의미를 지닌다. 이러한 비교를 통해 우리에게 관심이 있는 러시아어 단어의 어원을 밝힐 수 있다. врач는 (어원적으로) 병을 주술로써 치료하는 주술사이다.

врач란 단어 내에 포함된 (여기서는 단지 역사적 관점에서 언급하는 것이다) '말하다'란 의미는 현대 러시아어 동사의 врать에 남아 있다. 이 단어가 언젠가 '말하다'란 의미를 가지고 있었고, 나중에 '거짓을 말하다, 거짓말하다'란 의미로 바뀌었다는 것 또한 친족어들의 자료가 증명해 주고 있다. 친족어 뿐만이 아니다. 뿌쉬낀의 『대위의 딸』에서는 "Не всё то ври, что знаешь.'네가 알고 있는 모든 것을 다 말하지 마라'"란 표현이 있다.

조어 관계에서 단어 врач는 ткач와 ткать, рвач와 рвать, драч '껍질 벗기는 사람'와 драть 등의 관계처럼 동사 врать와 연관된다.

이처럼 현대 러시아어에서는 아무런 공통점도 없는 두 단어들(врач와 врать)이 서로 연관되어 있음이 역사적으로 증명된다. 그리고 그러한 관계의 확립은 오로지 슬라브 친족어들의 자료를 통해서만 가능하다.

---

6) 시저 시대의 라틴어에서 c는 항상 k로 발음되었다. 그 후 중세에 모음 e, i, y, ae, oe 앞에서 c는 러시아어의 ц처럼 발음되었다. 러시아어에서 라틴어들은 중세의 발음을 따라 나타났다(цирк, центр, Цицерон, Цезарь). 그러나 고대 로마에서는 ц 위치의 모든 경우에서도 k로 발음되었다.

누가 원숭이를 낳았는가?

어린 꼬마들은 어려서부터 인간의 기원에 관한 문제에 관심을 가지게 된다.

─엄마가 나를 낳았죠. 엄마는 할머니가 낳고, 그럼 할머니는 누가 낳았
지?─호기심 많은 꼬마가 물었다.

─증조할머니가.─당연한 대답이 뒤따른다.

─그럼 증조할머니는 누가 낳았는데?

─고조할머니가.

─그럼 고조할머니는 누가 낳았지?

…

이 질문과 대답은 끝이 없을 것이다. 호기심 많은 꼬마를 만족시키기 위
해, 그 엄마는 원숭이에서 인간이 진화했다는 다윈의 이론을 설명해야할 것
이다. 그렇지만 그 설명도 끝은 아니다. 이 지칠 줄 모르는 "연구자"는 계속
질문을 할 수 있다.

─그럼 원숭이는 누가 낳았지?

그런 식으로 인간의 기원에 관한 문제는 좀더 복잡한 종의 기원에 관한 문
제로, 지구상의 생물체 출현에 관한 문제로 확대될 것이다.

유사한 현상이 어원론에서도 관찰된다. семенной란 단어를 예로 들어보자.
이 형용사가 단어 семя(생격형은 семен-и)에서 접미사 -н-의 부가를 통해
형성되었음은 분명하다. семя는 동사 сеять(보다 정확하게는 고대 러시아어
형 сѣти)에서 파생하였다. 즉, семя란 단어의 어원은 특별한 어려움 없이 정
의된다. 그렇다면 сеять란 단어는 어디에서 기원했을까? 인도유럽어 친족어
의 몇몇 대응형들을 통해 сеять란 동사의 가장 오래된 의미가 '던지다'였다는
것을 짐작 할 수 있다.

여기서 또한 우리는 원숭이의 기원에 관한 문제와 유사한 문제를 제기할
수 있다. 언젠가 '던지다'란 의미를 지녔던 sē-라는 어근을 가진 고대의 단어

들의 어원은 무엇인가? 그러한 종류의 질문에 대해 어원론을 연구하는 학자들은 대답하지 못한다. 왜냐하면 언어 발전의 아주 오래 전 단계에 관한 정보가 불충분하기 때문이다.

심지어 그러한 자료가 있다고 하더라도, "누가 누구를 낳았는가"에 관한, 언어 기원에 관한 문제는 끊임없이 반복될 것이다. 따라서 그러한 문제는 어원론의 과제와는 본질적으로 다르다.

어원론은 각 단어의 어원적 "원숭이"까지의 계보를 연구할 수는 없다. 어원론의 과제는 훨씬 검소하다. 연구되는 단어의 기원 순간까지의 "전기"를 살펴보는 것이다. 이를 통해 "할머니"와 "증조할머니" 그리고 기타 그 단어와 어원적으로 가깝거나 먼 "친척"들을 찾아낼 수 있다. 그렇지만 그러한 분석이 끝없이 계속될 수는 없다. 모든 경우에 우리는 더 이상의 어원적 설명을 얻어낼 수 없는 어떤 가장 단순한 단어들에서 멈춰서야 한다. 언어사에 관하여 언급하면서, 유명한 덴마크의 언어학자인 야스퍼슨은 "연구를 위한 가장 초기 단계는 설명되어지지 않는 채로 남겨지며, 그것은 그것이 존재한다는 것으로서 받아들여져야 한다"라고 쓰고 있다. 그러한 상황을 어원학자들도 늘 고려해야만 한다.

몇몇 단어들은 어원론적으로 (특히 언어 발달의 초기 단계 및 기원에 관해 언급할 경우) 과거부터 비동기적*немотивированный*이었을 수 있다. 그러나 대부분의 단어들은 동기 혹은 원인이 세월의 어둠 속에 은폐되어 있기 때문에 우리에게 비동기적으로 제시될 뿐이다.

우리가 접근 가능한 단어의 고대적 단계를 재구하는 것, 단어의 발생을 초래한 원인을 밝히는 것, 그 단어의 가까운 "친척들"을 알아보는 것 등이 어원론 앞에 가로놓인 주요 과제들이다.

제2장 로물로스로부터 현대까지

고대, 중세, 현대의 어원론적 지식의 발달사를 간략하게 검토해보자.

동굴 속의 어원학자들

단어의 기원과 관련된 문제들에 대해 어린아이들만큼 활발한 관심을 가진 사람은 아무도 없을 것이다.

인류의 유년시절이라고 할 수 있는 먼 옛날을 생각해 보자. 아직 동굴에서 생활하면서 매머드를 사냥하던 그 당시에 이미 원시인들의 머리 속에서는 어원에 대한 최초의 번뜩이는 관심이 나타났다. 인류 역사의 여명기에 사람들은 이미 언어를 사용하고 있었다.[7] 언어는 그 발전의 초기 단계에서도 원시적이지는 않았을 것이다. 그것은 단어들 간에(비록 매우 간단한 것이기는 했지만) 일정한 관계를 가지고 있는 언어였다. 그 언어는 점차적으로 발전하고, 끊임없이 새로운 단어들로 보충되었다. 인간은 단어 창조의 과정 속에서 언

---

[7] 언어의 기원에 관한 복잡한 문제는 여기에서 다루지 않을 것이다. 그 문제에 관심이 있는 사람들은 우스뻬스끼*Л.В. Успенский* 의 『단어들에 관한 이야기*Слово о словах*』란 재미있는 책을 참조하시오. 그 책의 2장에서 저자는 언어의 기원에 관한 다양한 이론들을 소개하고 있다.

어의 특징적인 규범을 본능적으로 준수했다. 즉, 고대인들은 실제로 독특한 어원 분석 방식에 의거했으며, 기존 모델의 토대 내에서 단어들 간의 어원 관계를 확립하였다.

아마도 이미 태곳적부터 인간은, 태양과 달, 지구와 인간의 기원에 대해 깊이 생각했던 것처럼, 개별적인 단어의 기원에 대해서도 깊이 생각했을 것이다. 오랜 옛날에는 사람들이 어원사전을 만들지도 않았고, 그 어떤 것도 기록하지 않았기 때문에(사람들이 문자를 고안한 것은 비교적 최근이다) 우리에게 그것에 대한 직접적인 증거는 없다. 그러나 우리는 아주 먼 옛날부터 사람들이 이해되지 않는 단어들의 어원 분석을 시도했다는 간접적인 증거를 가지고 있다. 신화학이 이러한 증거들을 우리에게 남겨주었다.

거품에서 탄생한 아프로디테

고대 그리스인들에게는 사랑과 미의 여신인 아프로디테가 바다의 거품으로부터 탄생했다는 신화가 널리 알려져 있었다. 이 신화는 어떻게 발생했는가? 학자들은 아프로디테라는 이름 그 자체가 언젠가 고대 그리스인들에 의해서 페니키아로 차용된 것이라고 여긴다. 그 후 동일한 페니키아 여신의 이름이 그리스인들에 의해서 Astartē'아스타르테' 란 형태로 다시 차용되었다. 하지만 아프로디테라는 이름은 정작 그리스인 자신들도 이해하지 못했다. 뭔지 알 수 없는 이 이름을 어떻게든 설명하려고 시도하면서, 그들은 그 이름과 그리스어 aphros'거품'와 dyno'물 속으로 들어가다'를 대비하였다. 그리하여 "거품으로부터 나타나는, 수면에 떠오르는 존재"와 같은 결론을 얻어내었다. 사랑의 여신 아프로디테의 흰 눈과 같은 바다 거품으로부터의 탄생 신화는 이렇게 발생하였다.

고대 그리스의 또 다른 여신의 이름인 아테네는 종종 수식어 тритогения (Tritogéneia)를 수반한다. 이 수식어의 후반부 -гения(-geneia)는 그리스 어로 '탄생한'을 의미한다. 그렇다면 그 단어의 전반부는 무엇을 의미하는 가? 고대 그리스 방언 가운데 하나에서 trito는 '머리'라는 의미를 지녔었다. 이해할 수 없던 수식어 тритогения를 어떻게든 이해하고자 하는 노력이 대장 장이 신 헤파이스토스가 망치로 쳐 제우스의 머리를 가르고 아테네가 탄생하 였다는 신화를 발생하도록 한 것일 수 있다.

지금까지도 우리는 тритогения란 단어의 어원을 알지 못한다. 어떤 학자들 은 그리스어로 tritos가 '세번째'를 의미하기 때문에 тритогения는 문자 그대 로 '세 번 태어난'을 의미한다고 여긴다. 또 다른 학자들은 바다의 신 Тритон 의 이름과 이 수식어의 발생을 연관시킨다. 실제로 어떤 신화에서는 아테네 가 Океан'대양, 대해'의 딸이었다. 끝으로 저명한 고대 그리스 역사가인 헤로 도토스는 단어 тритогения가 리비아에 위치한 트리토니드 호수의 이름으로부 터 유래했다고 여겼다.

아테네의 수식어 тритония의 실제 기원이 어떤 것이든 간에, "민간 어원은 신화의 가장 큰 원천(피자니)"이라는 사실은 의심의 여지가 없다. 신화학의 증거들은 아주 오랜 옛날에도 이미 인간이 단어의 기원에 대해 관심을 갖고 있었으며, 어떻게든 단어의 어원을 설명하고자 시도했다는 것에 대해서 알려 주고 있다.

고대 세계의 어원론

어원론에 관하여 전문적으로 글을 썼던 최초의 학자들 가운데 한 사람은 고대 그리스 철학자 플라톤(기원전 427-347)이다. 그는 언어의 기원 문제,

인식론의 보편적 문제들과 어원론을 결부시키고자 했다. 그럼에도 불구하고, 플라톤의 구체적인 어원론 연구는 종종 매우 유치한 것으로 여겨진다. 그의 견해에 따르면, 단어들의 역사적 발전이란 존재하지 않으며, 단어들은 언어 내에서 단어의 소리와 의미를 단 한 번 확정하는 창조자의 결정의 산물이라는 것이다.

플라톤은 음성적 규범들과 단어의 음성 형태의 변화들을 고려하지 않았다. 조어에 관한, 접미사의 도움에 의한 신조어의 형성에 관한 개념도 플라톤에게는 낯선 것이었다.

고대 로마의 저명한 학자이자 문법가인 바론(기원전 116-27)은 단어의 기원에 관련된 문제들을 연구했다. 그는 어원론을 "단어가 어디서부터, 왜 생겨났는가"를 연구하는 언어학의 한 분야로 정의했다.

바론은 현대의 어원학자들의 연구에서 가일층의 발전을 이룩한 많은 사상들을 자신의 저술 속에서 예견하였다. 즉, 시간이 지남에 따라 어떤 단어들은 언어 속에서 사라지고, 또 어떤 단어들은 새로이 생겨나곤 하는 언어의 발전에 관한 개념을 그는 이미 가지고 있었다. 이 로마의 문법학자는 음성 변화 분석에 커다란 가치를 두었다. 이와 관련하여 그는 "음성의 변화가 어떤 식으로 일어나는지에 대해 관심을 기울이는 사람은 보다 쉽게 단어의 기원을 알아낼 수 있다"고 쓰고 있다.

바론의 저술들에서 우리는 단어의 의미 변화, 순수토착어와 차용어의 경계에 대한 흥미로운 생각들을 발견할 수 있다. 그는 현대의 언어학자들과 유사하게, 단어의 어근의 개념을 도입하고자 하였다.

바론은 접미사를 이용한 단어 형성에 대해 명확한 개념을 가지고 있지는 않았지만, 현대의 조어론적 분석의 개념에는 아주 가까이 접근했었다. 즉, 로마의 문법학자는 자신의 저술 가운데 하나에 다음과 같이 썼다. "단어 equitatus'기병대'가 equites'기병'으로부터, 그리고 equites가 equus'말'로부터 기인했다고 말하는 사람은, 단어 equus'말'가 어디에서부터 유래했는가를 말하지 않았음에도 불구하고, 어쨌든 많은 것을 만족스럽게 설명하고 있다.”

바론의 이론적 고찰은 종종 그 이전의 고대 그리스 문법가들에 의해 이미 언급되어진 생각을 반복하고 있다. 개별적인 성공 사례를 제외하면, 어원론에 관한 그의 논문의 실제적인 부분은 매우 낮은 수준에 머물고 있다. 예를 들어, 바론은 라틴어인 luna‘달’를 lu- 와 -na 두 부분으로 나누고, 전자를 라틴어 동사인 lucere‘빛나다’와 후자를 단어 nox‘밤’와 관련시키고 있다. 이 설명에 따르면 luna는 밤에 빛나는 하늘의 물체이다. 이후의 장들 가운데 하나에서 단어 luna와 동사 lucere와의 관계가 바론에 의해 옳게 확립된 것을 보게 될 것이다. 그렇지만 라틴어의 nox‘밤’는 단어 luna의 기원과 아무런 관련도 가지고 있지 않다.

바론에 의해 제안된 라틴어 aqua‘물’[8)의 어원은 훨씬 더 환상적이다. 그는 이 단어도 마찬가지로 a-와 -qua 두 부분으로 나눈다. 라틴어 a는 ‘~로부터’를, qua는 ‘그것의’를 의미한다. 바론은 라틴어 aqua가 *그것으로부터* 생명이 유지되는 액체를 의미한다고 생각했다.

“주인(神)의 개”

중세 시대에는 어원학의 발달에 있어 어떤 중요한 것도 제시되지 않았다. 중세 어원론의 노력은 본질적으로는 개별적인 단어들의 출처를 확립하려는 완전히 근거 없는 시도로 귀결된다. 게다가 이런 시도들은 그들의 천진함으로 인해 고대 학자들의 환상적인 어원들과 같은 자리에 자리 매김될 수 있다.

중세에는 여러 이단들과 싸우고, 종교재판 업무를 담당하던 도미니크 수도

---

8) 라틴어 aqua를 어간으로 형성된 러시아어 단어들을 비교해보라. аквариум, акваланг, акварель, аквадук.

회가 존재했었다. 도미니크회의 수도사들은, 충직한 교회의 개들처럼, 이단자들을 찾아서 그들을 종교재판에 회부하기 위해 모든 곳을 돌아다녔다.

도미니크회 수도사(라틴어로는 dominicānī)란 명칭은 성인 도미니크 Dominicus에서 유래하였다. 그리고 그 이름은 기독교인들이 "주"(즉, "神")의 의미로 사용하는 라틴어 단어 dominus'주인'에서 형성되었다.

이 단어들 간의 이렇게 아주 단순한 관계를 몇몇 중세 어원학자들은 전혀 알아채지 못했다. 접미사 부가 조어에 관한 아주 작은 개념조차 가지지 못한 채 그들은 나름대로 dominicani와 Dominicus의 어원을 설명하려고 시도하였다.

그 결과 언어학적인 관점에서는 완전히 무의미한 어원들이 발생하게 되었다. 단어 dominicani는 domini canes, 즉 '주인(신)의 개'(라틴어로 canis는 '개'를 의미한다)로 풀이되었다.[9] 또한 성인 도미니크를 중세 어원학자들은 '주인의 경호원'을 의미하는 domini custos의 축약형으로 보았다.

Наверхия와 Удалия

끊임없이 샘솟는 작가의 환상에 전적으로 기초하여, 전혀 근거 없이 어원을 해석하는 일은 그 다음 세기에서도 줄어들지 않았다. 중세 스콜라 학자들의 어원 연구와 유사한 예들을 모든 유럽어에서 찾아볼 수 있다.

18세기의 러시아 역사학자 쉴료쩨르*А. Л. Шлёцер*는 러시아어에 대한 독일어의 영향을 모든 곳에서 찾으려고 애쓰면서 비슷한 방식으로 어원을 연구하였다. 예를 들면, 단어 **князь**는 독일어인 Knecht'하인'에서 나왔으며, **дева**

---

9) 이탈리아 플로렌스의 교회들 가운데 하나에는 늑대의 형상을 한 이교도들을 추적하고 있는 개의 모습을 한 도미니크회 수도사들을 그린 프레스코화가 있다.

라는 단어는 Dieb'도둑'로부터 나왔다는 것이다. 쉴료쩨르의 다른 어원들도 위의 예와 같은 수준에서 머물고 있다.

조어와 음성 변화, 언어들의 친족 관계에 대한 개념의 부재는 러시아어로 들어온 모르는 외국어들을 전적으로 우연한 음성적 일치와 의미상의 특징에 대한 완전히 환상적인 "논거"에 의거하여 러시아어 자료로부터 어원을 정하려는 시도로 이어졌다.

18세기에 살았던 러시아 시인이자 인문학자인 뜨레지아꼽스끼*В. К. Тредиаковский*는 노르웨이*Норвегия*라는 나라의 명칭이 Наверхия라는 단어의 오류 형태이며, 이 나라가 북쪽에, 즉 위쪽에*наверху*, 위치해 있기 때문에 그와 같은 이름을 얻게 되었다고 생각했다. 그는 또 다른 지명인 이탈리아*Италия*의 어원을 또한 천진스럽게 정의했다. 그는 이 나라가 러시아로부터, 즉 북쪽으로부터 아주 멀리 떨어져 있기*удалена* 때문에 그렇게 불리게 되었다고 생각하면서, 또한 Удалия라는 아주 오래된 형태를 *재구하였다*.

러시아에서뿐만 아니라 다른 나라들에서도 모국어를 통해 세계 모든 나라의 언어를 설명하려는 시도가 종종 보인다. 그러한 예로 안트베르펜 출신의 베카누스*Г. Беканус*는 애국심 때문에 모든 언어의 기원을 자신의 모국어인 네덜란드어에서 찾으려 했다. 하지만 그의 설명은 뜨레지아꼽스끼의 해석과 본질적인 차이가 전혀 없다.

회의론자들의 砲火 속에 있는 어원론

고대, 중세, 현대에 존재하는 많은 양의 잘못된 어원은, 많은 사람들이 어원 연구에 대해 회의적인 태도를 취하거나, 심지어는 노골적으로 조소하도록 하였다.

기원전 1세기 고대 로마의 저명한 작가이자 연설가이며 정치가였던 키케로는 자신의 어원 연구 가운데 하나를 제시하면서, 자신은 단어의 기원의 문제에 많은 관심을 기울였던 그리스 철학자들의 어리석음을 흉내내기 위해서 이것을 한다고 비꼬고 있다.

"敎父"라고 불리는 사람들 가운데 한 명인 어거스틴(4-5세기)은 어원의 설명을 해몽과 비교했다. 어거스틴의 견해에 따르면 두 경우 모두 성공 여부는 기지와 선천적인 해석 능력에 의해 결정된다는 것이다. 사람들은 꿈뿐만 아니라 단어의 어원도 자신의 이해력의 범주 내에서 이해할 수 있다는 것이다.

그러나 18세기 프랑스의 뛰어난 작가이자 철학자인 볼테르가 행한 것 보다 더 독살스러운 혹평은 없다. 그의 말에 따르면, 어원론이라는 학문에 있어 모음은 아무런 의미도 없고, 자음은 거의 아무런 의미가 없다.

볼테르의 신경질적인 조롱이 모두 근거가 있는 것이었다는 점은 언급할 필요가 있다. 즉, 1662년 암스테르담에서 출판된 한 어원사전의 저자인 포스는 다음과 같이 주장했다. 1) 임의의 모음 문자[10]는 임의의 다른 모음 문자로 변화될 수 있다(볼테르의 "모음은 아무런 의미도 없다"와 비교해 보라). 2) 임의의 자음 문자는 임의의 다른 자음 문자로 변화될 수 있다(볼테르의 "자음은 거의 아무런 의미도 없다"와 비교해 보라). 3) 임의의 모음은 임의의 자음으로 변화되거나, 그 반대일 수 있다. 포스의 최종 결론은 임의의 문자는 임의의 다른 문자로 변화할 수 있다는 것이다.

이처럼 어원론에 대한 조소적인 태도나 회의론은 날마다가 아니라, 매시간 증가했던 완전히 무지한 어원 해석의 양적 풍부함에 기반을 두면서 상당한 단계까지 이르러 있었다.

---

10) 문자보다는 소리의 변화에 대해서 말하는 것이 좀더 옳을 것이다. 그러나 17-18세기의 학자들은 소리와 문자를 실질적으로 구별하지 않았다.

과학적 어원론의 여명기

물론, 19세기까지 나타난 어원이 모두 예외 없이 완전히 근거 없는 것이라고 생각해서는 안 된다. 그것들 가운데 매우 흥미로운 추측과 관찰도 찾아볼 수 있다. 라틴어 equites'기병'에서 equitatus'기병대'가 유래하였다는 식의 단순한 어원들은 대부분 설명이 정확하다. 그러나 정밀한 어원 분석이 요구되는 단어들에 대한 거의 대부분의 기원은 거의 모든 경우에 있어 우연한 음운적 일치나 억지로 이끌어낸 의미론적 대비를 토대로 한, 부정확한 해석이다.

18세기에 유럽의 학자들은 고대 인도의 기록들과 보다 가까워질 수 있었는데, 그것들 가운데 가장 오래된 것들은 3-4천 년 전에 만들어진 것이었다. 이 기록들의 엄청난 나이는 모든 언어들의 선조가 고대 그리스어, 라틴어, 또는 고대 유대어가 아니라(이전까지 몇몇 학자들은 이렇게 생각했었다), 고대 인도어(산스크리트어)라고 생각하도록 하는 원인이 되었다. 고대 인도어에서 유럽의 가장 오래된 언어들과의 많은 공통점이 발견되었고, 그러한 공통적 특징에 대한 관심은 이후 과학적 언어학, 과학적 어원론의 정립을 야기하였다.

누가 누구의 아들인가?

그러나 "祖語"가 산스크리트어라고 주장하는 것은 잘못된 것이었다. 문제 해결을 위한 그러한 접근은 앞에서 살펴본 바와 같은, 임의의 구체적인 언어들로부터 유럽어들의 기원을 설명하고자하는 시도와 별반 다를 것이 없다. 원칙은 과거 속에 머물러 있었다. 언어들 가운데 하나가 "祖語"로 선포되었고, 나머지 모든 언어들은 그것의 "자식"이었다.

다른 한편으로, 고대 인도어와 많은 유럽어들 간의 유사성은 매우 놀랄만

한 것이었다. 산스크리트어와 리투아니아어처럼 지리적으로 멀리 떨어진 언어의 예를 들어보자. 다음은 이들 두 언어에서 소리뿐만 아니라 의미도 (부분적으로 또는 전체적으로) 일치하는 단어들의 작은 목록이다.

의 미	고대 인도어	리투아니아어
누구	kas	kas
어떤, 다른	kataras	kataras
아들	sūnus	sūnus
새로운	nauyas	naujas
언제	kada	kada
그때	tada	tada
양	avis	avis
신	devas	dievas
말	ašvas	ašva
눈물	ašram	ašara
기둥	stambhas	stambas

이 목록은 계속해서 이어질 수도 있을 것이다. 이것뿐만 아니라 리투아니아어와 고대 인도어가 거의 동일하게 발음되는 완전한 문장을 뽑아낼 수도 있다.

a) kas tava sūnus? '누가 너의 아들인가?' (고대 인도어)

b) kas tavo sūnus? '누가 너의 아들인가?' (리투아니아어)

이 언어들의 적지 않은 명백한 일치가 문법에서도 나타난다. 그에 따라 자연스러운 의문이 발생한다. 누가 누구의 아들인가? 리투아니아어는 어느 언어에서 발생했으며, 그 언어는 고대 인도어의 선조인가, 후예인가? 오랜 옛날 이들 언어 중 어느 한 언어의 사용자들이 녜만 강 (리투아니아에 위치한 강) 기슭에서 갠지스 강 유역으로 갔는가, 아니면 그 반대인가?

조상이 아니라 형제

방금 살펴본 놀라운 일치는 리투아니아어뿐만 아니라, 다른 유럽어들, 즉 게르만어들, 슬라브어들, 고대 그리스어, 라틴어들과 고대 인도어의 비교시에도 나타난다. 그것은 고대 인도어를 거의 모든 유럽어들의 조상으로 여기게 되는 근거가 된다.

그러나 18세기 말 영국의 저명한 산스크리트어 학자(고대 인도어 분야의 전문가)인 존스는 고대 인도어도, 고대 그리스어도, 그리고 라틴어도 사라진 유사 이전의 어떤 언어보다 나중 형태라는 생각을 피력했다. 다시 말해, 고대 인도어는 유럽어들의 조상이 아니라 '친형제'라는 것이다.

규명된 유럽과 인도의 친족어 그룹은 그 후 인도유럽어라고 불리게 되었다. 존스의 기본 개념은 대단히 유익한 것으로 판명되었다. 19세기 초 일련의 인도유럽어 친족어들의 자료 비교를 바탕으로 한 독일 학자 보프와 그림, 그리고 덴마크 학자인 라스크 및 몇몇 다른 언어학자들의 노력으로 언어학에서 비교—역사적 방법의 토대가 세워졌다. 이 방법은 19-20세기 동안 계속해서 연구되었으며, 언어학 각 분야에서의 가일층의 발전에 엄청난 자극을 주었다.

학문으로서의 어원론 또한 19세기에 비교—역사적 방법의 출현과 더불어 형성되었다. 언어들의 친족 관계, 비교—역사적 방법, 그것의 출현과 더불어 어원 연구 앞에 펼쳐진 넓은 전망에 관해서는 다음 장에서 다루도록 할 것이다.

제3장 언어들의 친족관계

지구상의 언어들 간의 차이의 정도가 언어에 따라 다양하다는 점은 이미 오래 전부터 잘 알려져 있다. 우크라이나인은 특별한 어려움 없이 러시아인의 말을 이해할 수 있으나, 스페인 사람이나 일본 사람의 말은 전혀 이해하지 못할 것이다. 또한 비록 어려움은 있겠지만, 루마니아 사람은 이탈리아 사람과 이야기를 나눌 수 있지만, 특별히 영어를 배우지 않고서는 영국인의 이야기를 이해할 수 없다.

이러한 문제의 요체는 무엇인가? 인간이 사용하는 언어들은 친족 관계의 정도에 따라 그룹을 나눌 수 있다. 그리고 그 친족관계란 동일한 그룹 내에 포함된 언어들의 기원의 공통성에 의해 설명되어진다.

어 족

고대 러시아어의 토대 위에서 형성된 러시아어, 우크라이나어, 그리고 벨라루시어는 대단히 유사한 언어들이다. 이 언어들을 동슬라브어라고 부른다. 수세기 동안 그들이 겪은 변화는 일련의 심각한 불일치를 초래하였다. 그렇지만 그 불일치란 것도 러시아어, 우크라이나어, 벨라루시어 사용자들이 의

사소통 과정에서 서로 서로를 이해시키지 못할 만큼 그렇게 큰 것은 아니다.

동슬라브어와 서슬라브어(체코어, 폴란드어), 남슬라브어(불가리아어, 세르보-크로아티아어)를 비교할 경우에는 훨씬 더 많은 불일치를 발견할 수 있다. 그렇지만 동슬라브어와 서슬라브어 그리고 남슬라브어 또한 상호간에 많은 공통점을 가지고 있다. 왜냐하면 이들 슬라브어는 하나의 동일한 친족 그룹에 속하기 때문이다.

이들 언어의 기원의 공통성은, 아래에 보이는 바와 같이, 많은 수의 어휘적 일치에서도 찾아볼 수 있다.

러시아어	체코어	불가리아어	세르보-크로아티아어
отец	otec	отéц	о̀тац
сестра	sestra	сестрá	сѐстра
вода	voda	водá	во̀да
нога	noga	ногá	но̀га
зелёный	zelený	зелéн	зѐлен
новый	nový	нов	нови
два	dva	два	два
три	tři	три	три
бедро	bedro	бедрó	бѐдро
окно	okno	окнó	о̀кно

예시된 단어들 간의 차이는 주로 강세 위치의 불일치와 개별 소리들의 발음에 있어서의 비교적 사소한 특징들에서 찾아볼 수 있다. 슬라브어들 간의 유사한 일치의 수는 대단히 많다

슬라브어들 간의 가까운 친족관계는 일치하는 많은 수의 어휘들뿐 아니라, 그 언어들의 문법 구조의 공통 특징에 의해서도 알 수 있다. 명사, 형용사의 격 변화와 동사의 인칭 변화에 있어서도 슬라브어들은 그들의 발생의 공통성을 증명해 주는 접촉점이 적지 않다.

그러나 모든 슬라브어들의 기원이 된 공통슬라브어는 현재 존재하지 않는다. 공통슬라브어로 쓰인 자료들은 하나도 존재하지 않는다. 따라서 공통슬라브어는 주로 현재 남아있는 슬라브어 자료들의 비교를 토대로 해서 단지 부분적으로 재구될 수 있다.

이탈리아어, 스페인어, 포르투갈어, 프랑스어, 루마니아어 그리고 몇몇 다른 언어들을 포함하는 친족어의 또 다른 그룹(로망스어 그룹)은 이러한 면에서는 사정이 다르다. 모든 로망스어들의 모태가 된 것은 현재까지 많은 자료들이 보존되어 있는 라틴어이다. 라틴어는 고대 로마인들의 언어이다. 새로운 영토 획득에 따른 강력한 로마제국의 성장과 더불어 라틴어는 기원전 3세기부터 기원후 2세기까지 이탈리아 전역에서 시작하여 점차 현재의 프랑스와 스페인, 루마니아 지역까지 사용이 확대되었다. 이렇게 하여 5세기 이후부터 10세기까지 라틴어의 토대하에 새로운 로망스어들이 발생하였다. Romanus란 단어는 라틴어로 '로마의'를 의미한다. 이에 따라 라틴어에서 발생된 언어들은 로망스어라고 불리게 되었다.

이 언어들이 공통의 기원에서 발생되었다는 것은 역사적으로 증명되었으므로, 여기서는 여러 로망스어들의 어휘적 일치를 보여주는 도표를 예시할 필요를 느끼지 않는다.

게르만어들(영어, 독일어, 네덜란드어, 덴마크어, 스웨덴어 등)간에서도 가까운 친족관계를 찾아볼 수 있다. 슬라브어들의 경우에서와 마찬가지로, 원시 게르만어 시대와 관련된 자료들도 존재하지 않는다. 그러나 게르만어들 간의 가까운 친족관계는 다음 도표에서 명확히 찾아볼 수 있다.

의미	영어	네덜란드어	독일어	스웨덴어
'사람'	man	man	Mann	man
'팔'	hand	hand	Hand	hand
'겨울'	winter	winter	Winter	vinter
'마시다'	drink	drinken	trinken	dricka
'아들'	son	zoon	Sohn	son
'노래하다'	sing	zingen	singen	sjunga
'코'	nose	neus	Nase	näsa[11]

인도유럽어족에 포함된 각각의 언어 그룹들의 친족관계는 슬라브어나 게르만어들의 경우에서 볼 수 있는 것처럼 많은 수의 어휘적(그리고 또한 문법적) 일치에 의해 확인될 수 있다.

가까운 친족어와 먼 친족어

학자들은 오래 전부터 개별적인 언어그룹들의 경계 너머에서 많은 흥미로운 일치들을 관찰할 수 있었다. 예를 들어, 슬라브어들은 발트어들(고대 프러시아어[12], 리투아니아어, 라트비아어)과 유사한 점이 많으나, 라틴어는 고대 그리스어와의 유사점이 적다.

앞의 2장에서 예시된 표에서 볼 수 있었듯이, 고대 인도어와 리투아니아어 간의 어휘적 일치 또한 그들 간에 적지 않은 공통점이 있음을 보여준다. 그러나 각각의 슬라브어, 로망스어, 게르만어들 간의 일치는 그렇게까지 크지는 않다. 즉, (인도유럽어족에 속하는) 다양한 언어 그룹들 간의 친족관계는 동일한 언어

---

[11] 예들은 음성 전사된 것이 아니다. 예로 든 단어들의 기원의 공통성은 철자를 통해서도 보인다.

[12] 고대 프러시아어는 수백년 전에 사어가 된 발트어 가운데 하나이다.

그룹 내에 속한 언어들만큼 밀접하지 않다. 예를 들어, 게르만어들과 슬라브어들은 영어와 독일어 혹은 러시아어와 불가리아어 보다는 "가족관계" 내에서 서로서로 더 먼 관계를 가지고 있다. 이 점은 다른 언어그룹들에서도 동일하게 언급되어질 수 있다. 그렇지만 아주 먼 인도유럽어의 "친족어들"의 비교를 통해서도 그들 간의 일정한 관계를 찾아볼 수 있다. 다음의 표에서 그 예를 볼 수 있다.

러시아어	리투아니아어	라틴어	고대 그리스어	고대 인도어
новый	navas	novus	ne(v)os	navas
ов-ца	avis	ovis	o(v)is	avis
ночь[13]	naktis	noctis	nyktos	naktis
дом	–	domus	domos	damas
везу	vežu	veho	(v)echo	vahami
ты	tu	tu	ty	tu
два	du	duo	dyo	duva(u)

여기서 제시된 예들의 수는 크게 확장될 수 있다. 어쨌든 표에서 열거된 인도유럽어[14]들의 친족관계는 제시된 예들에서 분명하게 드러난다.

순수 친족어와 차용어

모든 일치가 언어의 친족관계에 대한 증거가 될 수는 없다. 예를 들어, фабрика, революция, Советы, спутник 등과 같은 단어들을 많은 언어들에서 찾아볼 수 있

---

13) "ночь"에 해당되는 라틴어, 고대 그리스어, 고대 인도어의 예는 단수 생격형이다.
14) 독일출신 학자들은 자신의 저작에서 이 언어들을 자주 인도게르만어로 부른다. 좀 더 나중에 지리적으로 인도와도 유럽과도 관련이 없는 인도유럽어들(토카리아어, 히타이트어)이 발견되었으나, "인도유럽어"란 용어는 예전과 동일하게 남아있다.

다. 그렇지만 (발음면에서 몇몇 특성을 지닌) 열거된 단어들이 속해 있는 여러 언어들 간의 친족관계를 증명하는 논거로 이러한 상황이 제시되어서는 안 된다. 대부분의 현대 유럽어(유럽어뿐만은 아니다)들에서 이 단어들은 라틴어의 토대 위에 형성된 교육의 확산 결과로써(фабрика, революция), 또는 러시아어로부터의 직접적인 차용을 통해(Советы, спутник) 존재한다.

그러나 인도유럽어에서 관찰되는 그러한 일치들이 어떤 대단히 오래된 차용의 결과는 아닐까? 대답은 "그렇지 않다"이다. 단지 어떤 소수의 어휘적 일치만으로는 언어들의 친족관계를 확립하는 결정적 요소가 될 수 없다. 또한 많은 수의 어휘적 일치가 존재한다는 것만으로 인도유럽어족에 속하는 언어들의 기원의 공통성을 입증할 수는 없다.

학자들은 인도유럽어들이 유사한 문법구조를 지니고 있음을 밝혀냈다. 그러나 우리가 현대 러시아어와 영어의 문법을 비교한다면, 우리는 그들 간에 커다란 유사점이 있음을 밝히지는 못할 것이다. 인도유럽어들의 공통적인 문법적 특징을 확립하기 위해서는 각각의 언어들의 역사를 개별적으로 살펴보면서, 그들의 과거 발전 단계들을 재구해 보아야만 한다. 그리고 그런 경우에만 언어들 간의 비교가 어떤 긍정적인 결과를 제공해 줄 수 있다.

각각의 언어들의 역사에 관심을 기울이면서, 그리고 그들을 비교하면서 언어학자들은 당시까지 불분명했던 많은 문제들에 대해 해답을 제시할 수 있었다. 바로 그렇게 언어학을 진실한 학문으로 전환시키는 데 시금석이 된 비교－역사 방법론이 발생했던 것이다.

"노인이여, 그대는 무엇이 필요한가?"

인도유럽어들의 문법 구조의 공통점은 많은 분야에서 나타난다. 격변화에서 나타나는 몇몇 예들을 살펴보자. 현대 러시아어에서 (누군가를 부르는데 사용되는 격인) 호격은 주격에 병합되었다. "*Молодой человек*, скажите, пожалуйста,……", "*Колобок-колобок*, я тебя съем!" 그렇지만 고대 러시아어의 경우는 다르다. 많은 명사들이 주격과는 다른 특별한 호격 형태를 가지고 있었다.

그들 가운데 몇몇 형태랑 고어로서 현대 러시아어에도 남아있다. 뿌쉬낀의 유명한 옛날이야기에서는 금물고기가 "Чего тебе надобно, *старче*?"라고 질문한다. боже(주격은 бог), отче(отец), друже(друг)와 같은 단어들은 현재의 러시아어에서는 특별한 예들이며, 대부분의 경우에 고어형으로서 인식된다.

그렇지만 바로 그러한 고대 호격어미 -e는 다른 인도유럽어 친족어들에서도 발견된다. 즉, '친구'를 의미하는 라틴어 amicus의 호격형은 amice이며, '사람'을 의미하는 고대 그리스어 anthrōpos의 호격형은 anthrōpe이다.

그와 같은 방식으로 고대 인도유럽어의 격변화와 인칭변화의 많은 기타 공통 특성들이 학자들에 의해 밝혀졌다. 비록 현대형이긴 하지만 러시아어 대명사의 여격형인 тебе, себе와 라틴어 대명사인 tibi'너에게', sibi'자신에게'를 비교하기 바란다.

'앉다'를 의미하는 라틴어 동사 sidere의 현재 인칭변화형을 예로 들 경우, 러시아어의 동사 сидеть와 어근의 소리가 일치할 뿐 아니라, 어미들도 대단히 유사함을 볼 수 있다.

	단수	복수
1인칭	sid-o	sid-imus
2인칭	sid-is	sid-itis
3인칭	sid-it	sid-unt

물론 러시아어 동사 인칭 변화형인 сиж-у, сид-ишь, сид-ит, сид-им, сид-ите, сид-ят와 완전한 일치를 보이고 있지는 않으나, 대신에 그 일치는 단/복수의 모

든 인칭형에서 나타나고 있다. 명령형인 sidite![сú:дите]와 сидите!를 비교해 본다면, 그 둘간에는 강세 위치의 차이만이 존재할 뿐이라는 것을 알게 될 것이다. 수천 년 동안 라틴어와 슬라브어들은 독자적으로 존재해 왔음에도 불구하고, 이들 간에는 많은 다른 일치 요소들이 존재해 왔다.

인도유럽어들의 문법 구조에 있어서의 완전 일치와 부분 일치의 예들은 대단히 많다. 특히 격변화 체계에 있어 그러하다. 이는 인도유럽어들의 근원적 친족관계 확립에 있어 가장 비중 있는 논거이기도 하다. 다음을 보라.

최종 결정은 어미가 내린다.

다양한 인도유럽어들에서 놀랄 만큼 유사한 형태들로 존재하는 '과부'라는 의미를 지니는 단어들은 얼핏 보기에도 확실하게 그 언어들의 친족관계에 관해 증명해 주고 있는 듯하다.

вьдова-교회슬라브어
vidhava-고대 인도어
vidua-라틴어
widuwo-고트어[15] 등

그러나 그것이 비록 의심의 여지가 없는 예라고 할지라도, 우리에겐 (다른 경우에서처럼) 그것들의 차용 가능성을 완전히 배제할 수 있는 근거가 없다. 비록 아주 오래 전에 발생했다고 하더라도 차용은 차용인 것이다. 이미 알고 있듯이, 한 친족어에서만 다른 친족어로 단어들이 차용되는 것은 아니다. 얼

---

[15] 고트어는 고대 게르만어들 가운데 하나이다.

핏 보기에 앞의 예들과 큰 차이가 없어 보이는 예들을 들어보자.

    камыш-러시아어
    kamyš-터키어, 타타르어
    камы́ш-불가리아어
    gamyš-아제르바이잔어, 투르크멘어

이러한 예들을 토대로 러시아어 혹은 불가리아어가 터키어, 타타르어, 아제르바이잔어, 투르크멘어와 친족관계에 있다고 말할 수 있을까? 그럴 수는 없다. 그 언어들은 바쉬키르어, 키르키즈어, 우즈벡어 및 기타 언어들과 함께 터키어족에 속한다. камыш란 단어는 터키어족의 언어에서 러시아어 및 기타 슬라브어들에 차용되었다. 그리고 바로 그러한 이유 때문에 제시된 예들이 터키어족의 언어들과 러시아어 간의 친족관계에 관해 아무런 이야기도 해줄 수 없는 것이다. 그리고 비록 러시아어와 불가리아어가 실제로 친족관계이기는 하지만, 그것을 위한 논거로 камыш와 같은 예가 사용될 수는 없다. 그러한 경우에 친족관계는 다른 논거들의 도움으로 증명된다.

우리는 어휘적 일치만으로는 언어들의 근원적 친족관계를 충분히 증명할 수 없다는 것을 분명히 알고 있다. 그렇지만 하나의 완전한 단어가 믿을 만한 논거가 되지는 못하지만, 그 단어의 일부인 어미는 우리에게 도움을 줄 수 있다.

잠시 단어의 의미와 그들의 어근의 모습을 살펴보는 것에서 벗어나, 관심을 어미에 집중시키도록 하자. 일련의 인도유럽 친족어들에서 (단수 주격어미로) -a를 가지는 여성명사가 어떻게 격변화 하는가를 살펴보자. 모든 언어들이 동일한 수의 격형태를 지니고 있지는 않기 때문에 여기서는 단수의 네 가지 격에 관해서만 표를 통해 살펴보겠다.

격 언어	주격	생격	여격	대격
인도유럽어 어미	*-ā[1]	*-ās	*-āi	*-ān[3]
고대 인도어	sut-ā '딸'	sut(āy)-ās[2]	sut(āy)-ai	sut-ām
고대 그리스어	the-ā '여신'	the-ās	the-āi	the-ān
라틴어	esc-a '음식'	esc-ās	esc-ai	esc-am
고트어	gib-a '선물'	gib-os[4]	gib-ai	gib-a
리투아니아어	put-a '거품'	put-os[4]	put-ai	put-an
교회 슬라브어	вод-а	вод-ы[5]	вод-љ[6]	вод-ѧ[7]

표의 주: 1) 별표(*)는 문헌에 의해 증명되지는 않았으나, 학자들에 의해 친족어들의 비교를 통해 재구된 형태를 의미한다. 모음 위의 직선(ā)은 장음성을 의미한다.

2) 생격과 여격에서 고대 인도어의 어미는 어근(sut-)에 직접 결합하지 않고, 어근과 접미사 -āy-[-a:й-]로 이루어진 어간과 결합한다.

3) 대격 어미의 비음은 다양한 인도 유럽어들에서 변형된다(m 또는 n). 리투아니아어의 예는 방언 어미이다. 고트어에서 어말 비음은 탈락되었다.

4) 다음 장에서 살펴보겠지만, 인도 유럽어의 장음 *ā는 고트어와 리투아니아어에서는 o로 나타난다.

5) 교회 슬라브어의 단수 생격 어미 -ы의 기원은 불분명하다. 그것은 다른 언어들의 어미와 일치하지 않는다.

6) 교회 슬라브어 љ'ять'는 *ai로부터 형성되었다.(다음 장을 보라)

7) 교회 슬라브어 ѧюс малый'는 *an으로부터 형성된 비(鼻)모음이다. 러시아어에서 이 비모음은 у로 변화했다.

그 표에 어미 외에도 형태가 일치하는 예들을 들 수도 있겠지만, 그렇다고 해서 그 표가 더욱 신뢰를 얻을 수 있는 것은 아니다. 왜냐하면, 앞서 보았듯이 단어 자체가 과거에 차용되었을 수 있기 때문이다. 그렇지만 (격어미를 포함하여) 문법적 형태들은 차용되지 않는다. бухта와 почтамт란 단어들을 예로 들어보자. 두 단어 모두 독일어에서 차용되었다. 그렇지만 그 명사들을 격변화시킬 경우에, 그들은 독일어 어미가 아닌 러시아어 어미를 가지고 격변화한다. 즉, 단수 생격에서 독일어의 der Bucht-en, des Postamt-(e)s대신에 бухт-ы, почтамт-а라는 일반적인 러시아어 어미가 나타난다.

여기에서 단수의 네 가지 격어미의 일치는 차용의 결과로서는 설명될 수 없다는 자연스런 결론이 도출된다. 또한 바로 그러한 일치가 인도유럽어들의 친족관계와 그들 모두가 원시 인도유럽어라고 하는 단일한 조상으로부터 비롯되었다는 것에 관한 최종 결론을 학자들이 내릴 수 있게끔 해준다.

"나는, 신의 가호로, 아프지 않다
я не нездужаю нівроку."

인도유럽어들의 기원의 공통성과 어휘의 동일함 그리고 문법적 일치 등은 성급한 독자들에게는 러시아어를 알면 다른 인도유럽어를 비교적 쉽게 익힐 수 있을 것이라는 생각을 가지게 할 수 있다.

유감스럽게도 그러한 독자들은 쓰라린 실망을 맛보게 될 것이다. 인도유럽어들의 친족관계는 각 개별 언어들의 가장 고어적인 특성들의 비교를 통해 확립된 것이다. 수세기 심지어는 수천 년이 지나는 동안 그 언어들은 본질적인 변화를 겪었다. 따라서 그 언어들에는 학자들이 비교-역사 방법론을 통해 밝혀내는 데 성공한 공통 특성보다 훨씬 더 많은 불일치가 존재한다.

러시아어와 가장 가까운 우크라이나어의 예를 들어보자. 당신은 그 말을 전부 이해할 수 있는가? 위대한 우크라이나 시인 쉐브첸코*Т. Г. Шевченко*의 시의 한 행인 "*У всякого своя доля*"는 모든 러시아인들에게 이해될 것이다. 그렇지만 그의 "*Я не нездужаю ніврóку*"란 시행을 얼마나 많은 사람들이 이해할 수 있을 것인가? 아마도 우크라이나어를 알지 못하는 사람들은 아무도 그 말을 이해하지 못할 것이다.[16]

폴란드어와 불가리아어에서 우리는 더 많은 모르는 단어 및 표현들과 부닥친다. 그렇지만 어느 정도는 이해할 수 있다. 그러나 독일어와 프랑스어의

---

[16] 우크라이나어로 **нездужати**는 '아프다'를 의미하며(러시아 단어 **недуг** '질병'와 비교해 보시오), **ніврóку**는 '해를 안 입어서'를 의미한다. 따라서 그 행은 다음과 같이 번역된다. "나는, 신의 가호로, 아프지 않다."

경우에는 우리가 그 언어들을 특별히 공부하지 않았다면, (국제어적 성격을 지닌 몇몇 단어를 제외하고는) 실제로 전혀 이해할 수 없을 것이다.

우리는 언어들 간의 차이가 동일하지 않다는 문제로 되돌아오게 되었다. 그러나 이제 우리는 이미 그것이 언어들 간의 친족관계의 등급으로 설명된다는 것을 알게 되었다.

어원론과 비교-역사 방법론

어떤 단어의 기원을 밝힘에 있어 학자들은 이미 오래 전부터 다양한 언어들의 자료를 비교해왔다. 처음에 그러한 비교는 임의적이었고, 대부분은 러시아어의 дева를 독일어의 Dieb'도둑'과 비교하는 식의 천진한 접근이었다.

개별 단어의 어원 비교에서 시작하여 차츰 전체 어휘 그룹들을 비교하게 되면서, 학자들은 인도유럽어의 친족 관계가 문법적 일치에 관한 분석을 통해 궁극적으로 증명되었다는 결론에 도달하였다.

그리하여 어원론은 학문으로서의 언어학이 형성되는 과정에 있어 비교-역사 방법론이 확립되는 데 크게 기여하였다. 또한 비교-역사 방법론은 어원론에 새로운 가능성을 제시하게 되었다.

임의의 개별 언어들에서 많은 단어들의 기원은 그들의 발전 과정 속에서 단어들 간의 옛 관계들이 사라지고, 단어의 음성 형태와 의미가 변화됨으로 인해 우리들에게 불분명한 채로 남아있다. 그렇지만 단어들 간의 과거의 관계와 그들의 최초의 음성 형태 그리고 과거의 기원적 의미들은 친족어들의 도움을 통해 자주 찾아질 수 있다.

친족어들의 고어형들과 가장 오래된 어형태를 비교함으로써, 즉 어원 연구에 있어서 비교-역사 방법론을 활용함으로써 단어의 기원의 비밀을 성공적으로 밝힐 수 있다.

제4장 음성적 변화와 음성적 일치

각 언어들은 자신의 발전 과정 속에서 계속적으로 변화하고 있다. 그러한 변화가 없다면 인도유럽어라는 동일한 기원에서 비롯된 언어들은 서로 차이가 없을 것이다. 그러나 실제로 우리들은 심지어 가까운 친족어들 간에도 많은 차이가 존재함을 알고 있다. 러시아어와 우크라이나어도 마찬가지이다. 독자적으로 존재해온 기간 동안 그 언어들 각각은 음성학, 문법, 조어 그리고 의미론 분야에서 크고 작은 본질적 불일치를 초래한 다양한 변화들을 겪어왔다.

читатель과 читач

러시아어의 место, месяц, нож, сок와 우크라이나어의 місто, місяць, ніж, сік 같은 단어들의 단순 비교를 통해서 러시아어의 모음 е와 о가 일련의 경우에 우크라이나어의 і와 일치함을 알 수 있다.

유사한 불일치는 조어론의 영역에서도 발견된다. 행위자를 의미하는 접미사 -тель을 가진 러시아어의 читатель, слушатель, проситель, деятель, сеятель, обвинитель과 같은 단어들은 우크라이나어에서는 чита́ч, слуха́ч, проха́ч, дія́ч, сія́ч, обвинува́ч와 같이 접미사 -ч를 가진 단어들과 일치한다(러시아어의 ткач, толкач, трепач 등과 비교해 보라).

또한 본질적인 변화는 의미론 분야에서도 발생했다. 앞에서 예를 든 우크라이나어 місто는 '장소'가 아니라, '도시'라는 의미를 지닌다. 또한 동사 дивлюся는 '놀라다'가 아니라, '보다'를 의미한다.

훨씬 더 복잡한 변화가 다른 인도유럽어들의 비교를 통해 발견된다. 수천 년에 걸쳐 일어난 그러한 변화들은 다양한 언어 사용자들에게, 심지어 러시아어와 우크라이나어처럼 가까운 친족어의 경우에서도, 오래 전부터 서로를 이해시킬 수 없을 만큼 많은 불일치를 가져왔다.

바벨탑의 건설

고대에도 사람들은 지구상에 존재하는 언어들 간의 불일치를 어떻게든 설명해보려고 시도했었다. 성서에 따르면 고대 바빌론의 오만했던 사람들은 하늘까지 닿는 거대한 탑을 쌓기로 했다. 사람들의 그러한 불손한 의도에 화가 난 하나님은 탑의 건설을 방해하기로 하였고, 그를 위해 탑을 쌓던 사람들의 의사소통을 막기 위해 그들의 말을 분열시켰다. 그 결과로 탑의 건설은 중단되었다. 여기에서부터 *바벨탑의 건설*(언어 혼란, 분열)이라는 표현이 비롯되었다.

비교-역사언어학은 최소한 개별 어족의 영역 내에서의 "언어 분열"은 그 실제 원인이 역사적 발전 과정에서 발생한 변화에 있는 것으로 결론짓고 있다. 그러한 것들 가운데 가장 중요한 것의 하나로 음성 변화를 꼽을 수 있다.

тигрица와 волчица

тигр-тигрица와 волк-волчица를 비교해 보자. 일단 여성명사는 남성형에 접미사 -иц(a)를 부가하여 만든다. тигр와 тигрица라는 단어에서는 더 이상 외형적으로 다른 부분은 없다.[17] волк-волчица의 경우는 사정이 다르다. 여성형에서 어근의 마지막 자음인 к는 ч로 변화된다. 이러한 변화의 결과 많은 러시아 어휘들에서 관찰되는 к // ч 교체가 발생했다. рука-ручка, река-речка, бак-бачок, пеку-печешь 등.

그러한 변화는 모음 e, и, ь 앞에서 발생하며(고어형 ручька, речька와 비교해 보시오), 기타의 위치에서는 к가 유지된다. 비록 동일한 현상은 아닐지라도 다음과 같은 유사한 예들도 찾아볼 수 있다. нога-ножка, княгиня-князь-княжеский, писать-пишу, горох-горошек, свет-свеча 등.

이전의 상황에 대해 어떤 뚜렷한 흔적도 남기지 않는 그러한 음성적 변화들은 언어사에서 대단히 자주 발생하였다. 예를 들어, к에서 유래된 어말의 ч를 가지는 러시아어의 луч라는 단어는 волк-волчица 혹은 пеку-печешь와 같은 유형의 쌍을 찾아볼 수 없다. 그러한 경우 인도유럽어 친족어들이 도움을 줄 수 있다. луч는 lux'빛', luceo'비추다'와 같은 라틴어와 친족관계에 있다. 따라서 우리는 이 경우 러시아어의 ч는 라틴어의 к와 일치한다고 당당하게 이야기할 수 있다.

음성적 일치

앞에서 우리는 러시아어사에서 한 부분을 차지하고 있는 가장 단순한 음성

---

17) 최소한 철자상에서는 그렇다. 발음면에서 тигр의 р는 경자음인데, тигрица에서는 연자음이다.

적 변화의 예들을 언급하였다. 수천 년 동안 인도유럽어들에서는 다양하고도 많은 음성적 변화가 발생하였으며, 그들 가운데 다수는 우리가 살펴본 예들보다 훨씬 복잡하다.

그러나 모든 복잡성에도 불구하고 그러한 변화는 임의적이거나 혼란스러운 것은 아니다. 그들은 분명하게 표현되어지는 체계적 특성을 지닌다. рука-ручка, река-речка의 경우에 발생한 к의 ч로의 변화를 예로 든다면, 그 현상은 собака-собачка, щека-щечка, щука-щучка 등과 같은 유사한 모든 다른 예들에서도 나타난다.

각 언어에 존재하는 그러한 음성적 변화의 규칙성은, 모든 인도유럽어들의 소리들 간에 엄격한 음성적 일치가 발생했음을 말해준다. 즉, 어두에서 인도유럽어의 *bh는 슬라브어들에서는 단순히 б로 변화되었고, 라틴어에서는 f로 변화되었다. 그 결과 어두에 나타나는 라틴어의 f와 슬라브어의 б 간에는 일정한 음성적 일치 관계가 확립되었다.

라틴어	러시아어
faba '콩'	боб
fero '가져가다'	беру
fiber '비버'	бобр
fū(imus) '있었다(1인칭 복수)'	были 등

이 예들에서는 예시된 단어들의 어두음만이 대비를 이룬다. 어근의 다른 소리들은 서로 완전히 일치한다. 예를 들어, 라틴어의 장음 ū는 러시아어의 ы와 일치하는데, 이는 fū-imus-были의 경우뿐만 아니라, 다른 모든 경우들에서도 마찬가지이다. 라틴어 tū-러시아어 ты, 라틴어 rūd-ere '소리치다'-러시아어 рыд-ать.

표, 표, 표……

인도유럽어들에서의 음성적 일치에 대해 일목요연하게 알아보기 위해 도표를 살펴보자. 이러한 도표들은 책에서 (혹은 다른 어원론 관련 연구들에서) 제시된 대비들의 진실성에 관해 독자들이 독자적으로 검증하는 데 도움을 줄 수 있다. 이러한 도표들은 러시아어 어원사전들을 좀더 잘 이용하는 데 도움을 줄 수 있다.

도표의 내용은 여섯 개 그룹의 언어 자료들로 제한되었다. 도표에 러시아어를 포함시키는 것은 본질적으로는 필요치 않다. 교회슬라브어는 슬라브어들 가운데 가장 오래된 것이고, 리투아니아어는 모든 인도유럽어들 가운데 슬라브어와 가장 유사하다. 고트어는 우리에게 알려진 게르만어들 가운데 가장 오래된 형태이다. (영어, 독일어와 같은) 게르만어들은 무엇보다도 학교에서 가르치고 있다. 고대 그리스어와 라틴어는 "고전어들"로 불리는 것으로, 그 언어들을 토대로 많은 수의 학술 용어들과 국제어휘들이 형성되었다. 뒤에서 제시될 도표들의 자료는 그러한 이유들로 해서 선정되었다.

제시된 도표들은 독자들에게 어원론의 바다를 항해하는데 유용한 나침반이 될 수 있을 것이다. 도표의 도움으로 우리는 어원론적 대비의 진위를 검증할 수 있고, 많은 어원론적 문제들에 답할 수 있을 것이다.

인도유럽어들의 음성 일치 관계에 대한 도표들

Ⅰ. 모 음

1	2	3	4	5	6	7	8
*e	a	ε[e]	e	i, ai[e][1]	e	є	e
*o	a	o[o]	o	a	a	o	o
*a	a	α[a]	a	a	a	o	o
*i	i	ι[i]	i	i, ai[e][1]	i	ь	e, –[2]
*u	u	υ[ü]	u	u	u	ъ	o, –[2]
*ē	ā	η[ē]	ē	e	ė[3]	ѣ	e
*ō	ā	ω[ō]	ō	o	o	a	a
*ā	ā	ā[ā]	ā	o	o	a	a
*ī	ī	ῑ[ī]	ī	ei[ī]	y[i]	i	и
*ū	ū	ῡ[ū]	ū	ū	ū	ы	ы

표의 주: 본 도표 및 이후의 도표들의 숫자는 언어를 의미함: 1. 재구된 인도유럽어, 2. 고대 인도어, 3. 고대 그리스어, 4. 라틴어, 5. 고트어, 6. 리투아니아어, 7. 교회 슬라브어, 8. 러시아어.

1) 괄호 안의 발음은 라틴 문자로 전사되었음.
2) 과거의 ь와 ъ가 완전모음으로 바뀌거나 탈락되었음을 의미함.
3) 장협착음 ē로 발음됨

Ⅱ. 이중모음[1]

1	2	3	4	5	6	7	8
*eu	ō	ευ[eu]	ū	iu	(i) au	ю	ю
*ou	ō	ου[ou]	ū	au[oː]	au	оу	у
*au	ō	αυ[au]	au	au[oː]	au	оу	у
*ei	ē	ει[ei]	ī	ei[iː]	ei, ie	н	и
*oi	ē	οι[oi]	oe, ū	ai[eː]	ai	ѣ	е
*ai	ē	αι[ai]	ae	ai[eː]	ai	ѣ	е
*en	an	εν[en]	en	in	en	ѧ[2]	я
*on	an	ον[on]	on	an	an	ѫ	у
*an	an	αν[an]	an	an	an	ѫ	у
*em	am	εμ[em]	em	im	em	ѧ	я
*om	am	ομ[om]	om	am	am	ѫ	у
*am	am	αμ[am]	am	am	am	ѫ	у

표의 주:

1) 이중모음이란 하나의 음절로 발음되는 두 모음들의 결합이다. 이중모음을 구성하는 두 번째 모음은 성절음이다.

2) 교회슬라브어의 ѧ 'юс малый '는 *en 또는 *em에서 발전된 비모음이다. 러시아어에서 그 모음은 я로 표기되면서, 선행하는 자음을 연자음화시키는 a로 변화되었다. 'юс большой ' 에 관해서는 3장에서 언급하였다.

성절적 비음(r과 l)을 가진 예는 표에서 제외되었다.

Ⅲ. 성절음[1]

1	2	3	4	5	6	7	8
*ṛ	ṛ	ρα,αρ[ra,ar]	or	aúr	ir, ur	рь, ръ	ер, ор
*ḷ	ṛ	λα,αλ[la,al]	ul	ul	il, ul	ль, лъ	ел, ол
*ṃ	a	α[a]	em	um	im, um	ⱸ	я
*ṇ	a	α[a]	en	un	in, un	ⱸ	я
*j	y[j]	z[dz], ʽ[h]	j	j	j	[j]	[j][2]
*v	v	ʽ[h], –	v	w	v	в	в
*r	*r	ρ[r]	r	r	r	р	р
*l	r, l	λ[l]	l	l	l	л	л
*m	m	μ[m]	m	m	m	м	м
*n	n	ν[n]	n	n	n	н	н

표의 주:

1) 성절음은 라틴어의 sonans[cóha：hc]ʽ소리가 나는ʼ에서 유래하였다. 이 소리(보통 자음)는 끌어서 발음될 수 있는데, 그들의 조음에 성대가 능동적으로 참여한다: [лллл……], [ррр……], [ммм……], [ввв……], [jjj……]. 그렇지만 [ббб……]와 같은 소리는 그렇게 할 수 없다.

알다시피, 모음과 자음은 음절 형성 기능에 차이가 있다. 인도유럽어 성절음들의 가장 큰 특성은 자음형태뿐만 아니라, 모음형태도 기능할 수 있다는 것이다(몇몇 현대 인도유럽어들은 고대의 성절음적 특성을 부분적으로 유지하고 있다). 예를 들어, 러시아어의 волк와 верх에서 자음으로 기능하는 л와 р는 체코어의 vlkʽ늑대ʼ와 vrchʽ위로ʼ에서는 음절을 형성하는 모음처럼 기능한다.

표에서는 4개의 모음과 6개의 자음 성절음을 제시하였다. 성절음 *j와 *v의 모음 변이형인 *i와 *u는 표 1에서 제시하였다.

2) jⱸ от́는 철자상 표기되지 않는다. 다만 ja→я, jo→ë, ju→ю로 표기된다.

Ⅳ. 자 음

1	2	3	4	5	6	7	8
*p	p	π[p]	p	f(b)	p	п	п
*b	b	β[b]	b	p	b	б	б
*bh	bh	φ[ph]	f(b)	b	b	б	б
*t	t	τ[t]	t	th(d)	t	т	т
*d	d	δ[d]	d	t	d	д	д
*dh	dh	ϑ[th]	f, d	d	d	д	д
*k	k	κ[k]	c[k]	h	k	к(ч, ц)[1]	к(ч, ц)
*k'[2]	š	κ[k]	c[k]	h	š[3]	с	с
*g	g	ɣ[g]	g	k	g	г(ж, s)	г(ж, з)
*g'	j	ɣ[g]	g	k	ž	s	з
*gh	h	χ[kh]	f, h (g)	g	g(ž)	г(s)	г(з)
*s	s	σ[s],ˈ[h],–	s(r)	s(r)	s(š)	с(х, ш)	с(х, ш)

표의 주:

1) 슬라브어의 к와 г는 전설모음 e, и, (*ē에서 유래한)ѣ, ь 앞에서는 ч와 ж로, 일련의 전설모음 뒤 또는 ѣ와 이중모음 *oi, *ai에서 유래된 и 앞에서 ц와 з로 변화되었다. 이러한 현상을 구개음화라 한다.
2) *k'와 *g'로부터 특별한 인도유럽어 자음들의 구개음화가 유래되었다.
3) 리투아니아어의 š는 러시아어의 ш와 동일하게 발음된다.

дом과 дым의 어근은 동일한가?

고대 루시에서는 공물을 호구(дым, очаг, дом)별로 징수하였다. 아마도 그러한 이유 때문에 때로는 언어학자들(물론 어원론에 정통하지 못한)도 дом과 дым을 동일한 어근을 가진 단어로 간주하게 된 것 같다. 앞에서 제시한 표를 통하여 실제로 그러한지를 검증해 보도록 하자. 앞에서 우리는 이미 러시아 단어 дом(고대 러시아어 домъ)이 고대 그리스어 domos, 라틴어 domus, 고대인도어 damas와 상응함을 알아보았다. 그러한 비교를 통해 우리는 그 단어의 인도유럽어 형태 *domos를 재구할 수 있다. 그 단어의 어근 (*dom-)에서는 단지 고대 인도어에서만 모음의 변화(*o → a)가 일어났을 뿐이라는 것이 쉽게 확인된다. 나머지 세 언어의 단어의 어근에서는 본질적인 변화가 일어나지 않았다. 어미 *-os는 고대 그리스어에서만 변화되지 않고 남아 있었고, 고대 인도어에서는 모음 *o가 a로 변화되었으며, 라틴어에서는 *o가 u로 변화되었다. 러시아어에서는 좀더 복잡한 형태 변화가 일어났는데, 어말의 *s는 모든 슬라브어에서 탈락되었고, 모음 *o는 ъ(ep)로 약화되었다. 러시아어에서 어말의 ъ는 오래전부터 음가를 상실했으나, 1918년의 정자법 개혁 전까지 문자의 표기는 지속되었다.

이제 단어 дым(ъ)을 살펴보자. 라틴어의 fūmus와 고대 인도어의 dhūmás'연기'가 그 단어의 가장 가까운 친척이다. 이러한 단어들과 다른 친족어들을 통해 인도유럽어 형태인 *dhūmos가 재구된다. 따라서 дым과 дом의 어두에 있는 д-는 기원형이 서로 다르다. 전자는 인도유럽어의 *dh로부터, 후자는 *d로부터 발생하였다. дом과 дым의 어근에 있는 모음들도 기원이 다르다. 즉, 이 단어들은 다른 어근에서 비롯되었으므로, 이 단어들의 어원론적 관계의 유사성을 주장할 근거가 아무 것도 없다.

소가 뭐라고 말했는가?

비판적 성향의 독자들은 이미 일련의 난해한 질문들을 준비해 두었을 것이다. 우선 첫째로, 언어학자들은 무엇으로 그들의 재구의 정확성을 확인할 수 있는가 하는 것일 것이다. 실제로 우리에겐 과거에 인도유럽어를 사용하던 사람들의 말을 녹음한 자료도 없으며, 심지어는 그 당시의 문헌들도 존재하지 않는다. 둘째로, 어떻게 고대 러시아어의 **дымъ**와 라틴어의 fūmus, 고대 인도어의 dhūmas의 비교를 통해, 러시아어에 (다른 슬라브어들에서도) **ы**로 변화된 장음 *ū가 그 단어의 어근에 존재했다는 결론에 도달할 수 있는가 하는 문제이다. **ы**가 원초적인 것이고, 다른 언어들에서 ū로 변화된 것은 아닌가?

그러한 모든 문제들에 대해 늘 간단하고 명료한 대답을 해줄 수는 없다. '연기'라는 의미를 지닌 많은 인도유럽어의 단어들의 어근에서 우리는 **ы**가 아니라 ū를 발견할 수 있다. 그러나 그러한 상황은 아직 충분한 논거가 되지 못한다. 왜냐하면 모든 경우에 언어학적 문제들이 단순히 득표수에 따라 결정될 수는 없기 때문이다. 따라서 ū와 **ы**가운데 어느 것이 원조인가 하는 문제는 일단 접어두기로 하자.

그런데 그 문제에 대해서는 소가 언어학자들에게 도움을 제공한다. 바로 평범한 소가 말이다. 여러 인도유럽어에서 소들이 어떻게 우는가를 살펴보자.

라틴어- mūgire '소가 음메 하고 울다'
독일어 - muhen '소가 음메 하고 울다'
리투아니아어-mūkti '소가 음메 하고 울다'
고대그리스어-mȳkaomai '소가 음메 하고 울다'

또한 '벙어리의'라는 의미를 지닌 (글자 그대로는 '우는'이라는 의미의) 단어들을 예로 들어 보자: 라틴어-mūtus, 고대 인도어-mūkas.

예로 든 모든 단어들은 각각의 기원을 가지는 의성어들이다. 그들의 어간에는 소의 울음소리인 mū가 거듭 나타난다. 인도유럽어족의 언어들이 존재하는 동안 황소의 울음소리가 본질적으로 변화되었을 리는 없을 것이다. 이것이 앞에서 언급한 단어들에서 ū 소리가 보다 근원적이라고 인식되는 이유이다.

그렇다면 어떻게 해서 러시아어의 동사는 мычать이고 고대 슬라브어의 мы
къ'소의 울음소리'란 명사는 어디에서 연유된 것인가? 러시아의 소들은 특별
한 울음소리를 지녔는가? 이 질문은 얼핏 듣기에도 말이 안 돼 보인다. 민족
에 따라 다양하게 짐승의 울음소리를 표현하고 있음은 잘 알려진 사실이다.
우리는 닭 울음소리를 кукареку, 거위는 га-га-га, 개는 гав-гав-гав하고 우는
것처럼 듣는다. 그렇지만 독일사람들의 경우에 닭은 kikeriki, 거위는
gickgack, 개는 kliffklaff 하고 운다고 말한다.

소의 경우에는 조금 다르다. 동사 мычать는 우리의 소 울음소리에 대한 인
식이 특별히 독창적으로 다르다는 것을 결코 증명해주지 않는다. 실제로 소
의 울음소리에 놀라 눈을 휘둥그레 뜨고 있는 두, 세 살쯤 된 러시아 아이에
게 다가가서, 소가 뭐라고 네게 말했느냐고 물어 보아라. 꼬마는 틀림없이
소가 мыы가 아니라 муу하고 말했다고 할 것이다.

따라서 앞에서 언급한 문제는 다음과 같이 결론을 내릴 수 있을 것이다.
동사 мычать의 어근에서는 ū→ы의 음성 교체가 일어났다. 그리고 그것은
언어학자들이 리투아니아어 sūnus와 러시아어 сын, 라틴어 fūmus와 러시
아어 дым 등의 비교를 통해 확립한 것과 동일하다.

소 뿐이 아니다.

아마도 소 울음소리라는 논거는 결정적인 것은 되지 못할 것이며, 또한 어
원론 학자들의 재구의 진실성에 대한 유일한 확증은 아닐 것이다. 그러한 재
구란 역사적으로 증명된 언어들 속에서 발생한 음성 변화의 분석에 의거한
다. 즉, 예를 들어 라틴어 c는 일정한 위치에서 처음에는 [ц]처럼 발음되다
가, 그 후에는 −로망스언어들에서− [ч](이탈리아어) 또는 [c](프랑스어)로

발음되었다. 라틴어의 centum〔ке́нтум〕'100'을 후기 라틴어의 centum〔це́н
тум〕18), 이태리어의 cento〔че́нто〕, 프랑스어의 cent〔сан〕19)와 비교해 보기
바란다. 유사한 변화가 러시아어에서도 발생했다. лик-лицо-личный들 간의
상호 관계는 앞에서 열거한 〔кентум〕-〔центум〕-〔ченто〕의 상호 관계와 음성
적으로 유사하다.

다양한 언어들에서 〔к〕가 〔ц〕, 〔ч〕, 〔c〕로 변할 수 있음을 보여주는 다른
예들도 있다. 그렇게 때문에 라틴어의 cord-is20)〔ко́рдис〕'심장'를 고대 슬라
브어의 срьд-ьце(러시아어 серд-це)21)와 비교할 때, 어간의 첫 번째 자음이
인도유럽어의 *k'에서 유래한 것이지, *c에서 유래한 것은 아니라는 주장을
하게 되는 것이다.

앞의 도표에서 관심을 끄는 또 다른 특성들 가운데, 슬라브어의 o가 고트
어(전체적으로는 게르만어들에서)와 리투아니아어의 a와 일치하며, 슬라브어
의 a는 또한 그 언어들의 o와 일치한다는 점을 언급할 수 있다. 게르만어들
과 리투아니아어를 슬라브어와 대비할 경우, 모음 o와 a는 대응 언어들에서
대립적으로 나타난다.

러시아어 мать, матери-영어 mother'어머니'-리투아니아어 moté, 생격
moters'여자'.

러시아어 море-고트어 marei-리투아니아어 marios(복수)'바다'.

한 단어 내에서 두 모음을 모두 만나게 되는 경우도 있다. 러시아어 вода-
고트어 wato, 러시아어 копать-리투아니아어 kapoti'베다'.

---

18) 이 단어로부터 러시아어 центнер'100킬로그램'가 유래하였다.
19) сантиметр'센티미터'와 비교해 보시오.
20) 명사 어간이 완전한 형태로 나타나는 단수 생격형.
21) -(ь)це는 지소체 접미사. 비교, окно-оконце.

어원 연습 문제

우리가 앞의 음성 대비표를 활용할 줄 아는지를 점검해 보자. 라틴어의 domus와 дом 그리고 fūmus와 дым의 대비보다 좀더 복잡한 문제를 풀어보도록 하자. 의미는 잠시 비밀로 한 채, 라틴어 angulus란 단어를 검토해 보자. 이 단어가 대단히 오래되었으며, 현대 러시아어에 상응하는 대응형이 존재한다고 가정하자. 수학적으로 χ값에 해당하는 그 단어는 무엇일까?

먼저 우리는 이 단어의 인도유럽어형을 재구해야만 한다. 우리는 이미 라틴어 어말의 -us의 고어형은 -os라는 것을 알고 있다. 따라서 재구는 그리 복잡하지 않다. 라틴어의 angulus는 *angulos에서 기원한 것이다. 어미로부터 시작을 한다면, 고대 슬라브어에서 인도유럽어의 어미 *-os가 -ъеръ로 되었다는 것을 쉽게 기억해낼 수 있을 것이다. 따라서 이제는 어간 *angul-이 어떻게 되었는가를 알아보아야겠다.

비교표(2번)에 따르면 *an은 고대 슬라브어에서 ѫ юс большой가 되며, 그것은 러시아어에서 у가 된다. *g는 г, *u는 ъ, *l은 л이 된다. 따라서 고대 슬라브어 ѫгълъ와 고대 러시아어 угълъ를 얻게 된다. 나중에 러시아어에서 첫 번째 "ер"는 완전모음 о가 되고, 두 번째 (어말 위치의)"ер"는 다른 러시아 단어들에서와 마찬가지로 탈락된다. 이렇게 해서 라틴어 angulus의 미지의 대응형으로 러시아 단어 угол을 얻을 수 있다. 우리가 문제를 올바르게 풀었는가? 이제 그 답을 찾아보자. 어디에서? 라틴-러시아 사전을 찾아보자. 필요한 페이지를 펼치면 해답이 있을 것이다. angulus-угол. 문제는 올바르게 해결되었다!

규칙적 대응과 우연적 일치

두 개의 친족어에서 동일하게 또는 거의 동일하게 소리 나는 모든 단어들이 고대의 음성적 일치를 반영하는 것은 아니다. 어떤 경우에 우리는 두 단어의 음성면의 단순한 일치를 발견하기도 한다. 누구라도 라틴어의 rana '개구리'와 러시아어의 рана가 공통적 기원을 지닌다고 주장하지는 않을 것이다. 그 단어들의 완전한 음성적 일치는 단지 우연적 결과이다.

실제로 rana와 рана의 예들은 아무 것도 보여주지 않는다. 왜냐하면 이들은 서로간의 의미가 크게 다르기 때문이며, 아무도 그들을 비교할 생각을 하지 않을 것이기 때문이다. 그 단어들의 의미가 매우 유사하거나 동일하다면 그것은 다른 문제이다.

일본어의 soku와 독일어의 Socke는 '양말'을 의미하고, 아즈텍어[22] mati는 '알다'를 고대 인도어 mati-는 '기억, 지식'을 의미한다. 그렇지만 이들은 단순한 일치 외에 아무 것도 아니다. 그리고 이러한 예들은 일부러 친족어가 아닌 언어들로부터 뽑아낸 것이다. 또한 비록 친족어라고 할지라도, 위와 같은 일치에 대해서는 무방비 상태인 것이다.

예를 들어, 독일어 동사 habe는 '(나는) 가진다'를 의미한다. 라틴어에도 동일한 의미를 지닌 동사 habeo가 있다. 이 동사들의 명령형은 철자가 완전히 동일하다. habe! '가져라'. 우리에게는 이 단어들이 서로 일치하며 공통의 기원을 갖는다고 말할 수 있는 모든 근거가 마련된 듯이 보인다. 그렇지만 실제로 그러한 결론은 잘못된 것일 수도 있다.

게르만어들에서 발생한 음성 변화의 결과, 라틴어의 c는 독일어의 h와 일치한다.

---

[22] 아즈텍인은 현재의 멕시코 지역에 살았던 고대 종족이다.

<table>
<tr><td>라틴어</td><td>독일어</td></tr>
<tr><td>collis</td><td>Hals '목'</td></tr>
<tr><td>caput</td><td>Haupt '머리'</td></tr>
<tr><td>cervus</td><td>Hirsch '사슴'</td></tr>
<tr><td>cornu</td><td>Horn '뿔'</td></tr>
<tr><td>culmus</td><td>Halm '줄기'</td></tr>
</table>

이 예들은 우연적 일치의 경우가 아니라, 비교표를 통해 보면 확신할 수 있듯이 라틴어와 독일어 단어들 간의 어두음의 규칙적 일치 체계인 것이다. 이 표에서는 독일어 habe와 라틴어 habeo 간의 일치를 위한 곳은 존재하지 않는다. 대신에 독일어 habe는 라틴어 capio '(나는) 잡는다'와 음성적으로 일치한다. 반면에 그 단어의 의미는 얼핏 보아서는 전혀 비교와 어울리지 않는다. 그러나 '(나는) 잡는다'와 '(나는) 가진다'라는 동사들의 의미는 서로 간에 밀접하게 연관된다. 왜냐하면 '(나는) 가진다'라는 동사는 '(나는) 잡는다'라는 동사의 행위의 결과를 표현하기 때문이다.[23]

따라서 친족어들을 대비시킬 때는 그들의 순수하게 외적인 음성적 유사함이 아니라, 서로 연관된 각각의 언어들 내부에서 발생한 음성 체계의 변동 결과를 고려한 엄격한 음성적 일치 체계를 근거로 해야 한다.

두 친족어에서 음성적으로 완전히 일치하는 단어들이 일련의 확립된 일치에 포함되지 않을 경우, 그들을 친족 관계에 있는 것으로 인식해서는 안 된다. 반대로 음성 형태가 전혀 다른 단어들이라도 그들의 대비를 통해 엄격한 음성적 일치를 밝힐 수 있을 경우에는 공통적인 기원을 가진 것으로 여길 수 있다(라틴어의 fūmus와 러시아어의 дым, 라틴어의 angulus와 러시아어의 угол).

---

[23] 러시아어를 포함한 많은 단어에서 독특한 반영물이 발견된다. 즉, **иметь**는 리투아니아어의 imti '잡다'와의 관계에 있어 결과적 동사이다. 러시아어에서 상응하는 동사의 어근(*im-)은 "**юс малый**"를 거쳐(도표 2 참조) я로 규칙적으로 변화되었다. 리투아니아어의 imti는 고대 러시아어의 **яти** '잡다'와 상응한다(러시아어 동사 **вн-ять**, **от(н)-ять**, **при(н)-ять** 등과 비교해 보시오).

음성학과 어원론

음성적 규범성에 대한 지식은 학자들에게 단어의 좀더 오래된 음성형을 재구할 수 있는 가능성을 부여해 준다. 그리고 인도유럽 친족어들과의 비교는 자주 분석하는 단어의 기원에 관한 문제를 밝혀주고 그들의 어원을 확립시켜 준다.

음성적 일치 체계의 엄격한 추적은 한 언어의 영역을 넘어서는 진지한 어원 연구의 필수적 조건이다. 그러한 조건 없이는 어떠한 어원 설정도 학문적 증거를 상실한 근거 없는 눈가림이 될 것이다.

그러나 음성적 측면은 어원 분석에 있어 유일한 측면이 아니다. 조어적 측면과 의미적 측면의 어원 연구도 보다 중요한 의미를 지닌다.

제5장 조어론과 어원론

우리 주위에 있는 단어들을 주의 깊게 살펴보도록 하자. 많은 단어들은 제법 쉽게 구성 성분을 나눌 수 있다. 단어 подводниками를 예로 들어보자. под-는 접두사, -вод-는 어근, -ник-는 접미사, -ами는 복수 조격 어미이다.

"재미없는" 접미사들

솔직하게 말하자면, 러시아어 수업에서 접미사 공부는 많은 사람들에게 재미없고, 무료하게 느껴진다. 그러나 그 접미사 분석이 학자들로 하여금 단어의 어원을 밝히는 데 종종 도움을 준다. 어떻게 이런 일이 일어날 수 있을까?

접미사, 그것은 "건축재료"이다. 이 재료의 도움으로 언어에 새로운 단어가 형성된다. 동일한 현상이 고대에도 일어났다. 우리가 이미 보아온 것처럼 언어는 끊임없이 변화한다. 뿐만 아니라 새로운 단어가 만들어지는 방법 또한 변한다. 어떤 접미사들은 사멸되거나 비생산적이 된다. 이때 사멸되어 버리는 접미사들을 다른 접미사들이 대신하게 되는데, 그러한 접미사로는 (예전에 사라져 버렸으나, 후에 다시 "두 번째 젊음"을 맞이한) 노회한 접미사와 (좀더 광범위하게 사용되는) 새로운 접미사가 있다.

행위자를 의미하는 접미사 -чий를 보도록 하자. 언젠가 이 접미사는 생산적인 접미사였다. певчий, ловчий, кравчий, зодчий, стряпчий와 같은 고대에 발생한 단어들이 이 사실을 말해주고 있다. 그러나 현대 러시아어에서 이 접미사는 자신의 생산성을 잃어버렸다. 대신에 행위자를 의미하는 대단히 많은 단어들이 접미사 -чик, -щик의 도움으로 형성된다(비교: наладчик, летчик, наводчик, зенитчик; бетонщик, нормировщик, атомщик 등).

일반적으로 현대 러시아어에서 자신의 생산성을 잃지 않은 접미사들은 단어 속에서 별 어려움 없이 구분된다. 그런데 어원학자들이 현대 러시아어에서 어근에서 접미사를 전혀 분리할 수 없거나, 특히 너무나 견고하게 단어에 뿌리내리고 있는 사어화된 접미사들을 다루어야 할 때에는 상황이 달라진다.

каракатица

접미사가 자신의 생산성을 잃지 않은 비교적 간단한 예로부터 시작해 보도록 하자. каракатица(짧은 다리 형태의 촉수를 지닌 해양 연체 동물의 일종, 오징어의 일종)를 살펴보도록 하자. 이 단어와 친족관계에 있는 불가리아어는 кракатица 형태를 지닌다. 불가리아어(교회 슬라브어 또한) -ра-는 러시아어에서 보통 완전 충음 형태인 -оро-와 일치한다(враг-ворог, град-город, крава-корова, краста-короста 등). 불가리아 단어 кракатица에 의해 러시아어 каракатица가 корокатица에서 유래되었음을 알 수 있다(коровай에서 каравай가 유래한 것처럼).

корокатица에서 별 어려움 없이 지소형 접미사 -ица를 분리할 수 있다(비교: дева-дев-ица, лужа-луж-ица, кура-кур-ица). 그리고 *короката라는 단어를 재구해낼 수 있다. 이 "간단한" 단어에서 접미사 -ат- 또한 분리해낼 수

있다(여성 어미 -a와 함께). 형태상 *корокатa는 형용사 단어미 여성형이다:
*корокат(ъ), *короката, *корокато. 접미사 -ат-는 полосат(ъ), полосата, полосато
또는 волосат(ъ), волосата, волосато와 같은 형용사의 접미사와 완전히 일치
한다. 만일 полосата(장어미형 полосатая)가 '많은 줄을 지닌'이라는 의미를 지
니고, волосата가 '많은 머리카락을 지닌'이라는 의미를 지닌다면, *короката
는 '임의의 무언가, 즉 корок을 많이 지닌'이라는 의미를 지닐 것이다. 그러나
러시아어에 *корок라는 단어는 없다. 가까운 친족어에 도움을 청해보자. 방금
살펴보았던 일치 중에 불가리아어에 우리의 흥미를 끄는 단어 형태가 있음을
알 수 있다. 불가리아-러시아어 사전을 펼쳐보면 실제로 крак이 '다리'라는 의
미를 지니고 있음을 알 수 있다.

그렇게 하여 만일 *короката단어가 '많은 다리를 지닌'이라는 의미를 지니
고 있었다면, 지소형 접미사 -ица의 첨가는 корокатица(→каракатица)에 '조
그만 다리를 많이 지닌 것*многоножка*'이라는 해석을 어원론적으로 가능케 해
준다. 그러한 어원 결정을 위해 그들의 의미에 관심을 기울이고, 러시아어에
서 다른 유사한 형태를 찾아보면서 접미사들을 두 번씩이나 분리하여야만 하
였다. 접미사를 제대로 연구하지 않고서는 каракатица라는 단어의 어원을 찾
기가 어려웠을 것이다.

Раменское와 рамень

15세기 이후의 고대 러시아어 문헌에 Рамень, Раменье라는 명칭을 지닌
다수의 마을이 언급된다. 모스크바 근교의 도시 Раменское 또한 같은 기원을
지닌다. 이 모든 거주지의 명칭은 '울창한 (주로 전나무) 숲'을 의미하는 рамень
이란 단어에서 유래되었다. 그러면 рамень의 기원은 무엇일까? 이 질문에 답

을 하기란 쉽지 않다. 학자들은 이 단어의 기원을 여러 가지로 설명하고 있는데 이 중 어느 하나도 만족스럽지는 못하다.

раменьの 조어 구조에 대해 살펴보도록 하자. 이 단어는 형태적으로 어떤 구성 성분을 지니는가? 얼핏 보기에 рам-은 이 단어의 어근이고, -ень은 접미사인 것 같다(비교: греб-ень, студ-ень, бред-ень). 그러나 정말 그럴까?

рамень에서 형성된 단어 가운데 раменный, раменский, раменье와 같은 파생어들은 우리에게 잘 알려진 것들이다. 그러나 гребень, студень, бредень과 같은 단어들은 그런 파생어를 지니지 않는다. 다른 한편으로, раменный는 구조상 каменный, пламенный의 형성 방법과 완전히 일치한다. 지명인 Раменское는 형태상 Знаменское와 전혀 다를 것이 없고, раменье는 고대 러시아어 형태인 каменье, знаменье와 다를 바 없다.

рамень과 같은 파생어를 지닌 камень, пламень, знамя(생격은 знамен-и)와 같은 단어들은 대단히 오래된 접미사 -мен-과 함께 형성된다. 이 접미사는 время, племя, семя, темя 등과 같은 단어들에서도 발견된다. 이 단어들 중 몇몇은 아주 분명한 어원을 지닌다. семя는 고대 러시아어 сѣти '씨 뿌리다'에서, знамя는 знати(의미는 '구별하다, 알아채다'이다. 다시 말해 знамя는 '구별 기호'를 의미한다)에서, пламень과 пламя는 полѣти '타다'에서 유래되었다.

그리하여 우리는 рамень이 고대 접미사 -мен-의 도움으로 형성되었다는 것과, 이 단어가 어떤 동사 어근과 대비될 수 있음(비교: семя-сеять, знамя-знать 등)을 알아보는 데 성공했다. 그러면 어떤 동사하고 관련이 있는 것일까?

고대 러시아어와, 부분적으로는 현대 러시아어에 다음과 같은 단어들이 존재한다. ра-тай '농부'(분명한 구별을 위해 어근과 접미사를 구별하였다), ра-ло '쟁기', ра-ль '경작지', ра-тва '경작'. 이 단어들은 지금까지 일련의 러시아어 방언에 보존되어 있는 동사 орать '경작하다'의 이형태이자, 사어가 된 동사 *рати에서 형성되었다. ра-мень 또한 동사 *рати에서부터 형성되었으며, 이 단어는 언젠가 '숲'이 아닌 '경작지'의 의미를 지니고 있었다.

어떻게 경작지가 숲으로 변했을까?

рамень이 지니는 의미의 심각한 불일치를 어떻게 설명할 수 있을까? 이 문제를 해결하기 위해 고대사적 사실에 접근해 볼 필요가 있다. 언젠가 우리의 먼 조상들은 벌목 농업에 종사했었다. 그들은 숲에서 살았고, 파종을 위해 많은 면적의 숲을 벌목하고 개간하였다. 이렇게 개간된 지역을 рамень'경작지'이라고 부르기 시작했다. 시간이 지나 그 지역 땅의 지력이 쇠해지면, 고대의 농부들은 새로운 터전으로 옮겨갔다. 그들은 그 이전한 곳에서 다시 나무를 베고, 그루터기를 파내고, 경작하면서 화전을 일구었다. 과거의 거주지들에서는 점차 다시 숲이 우거지게 되었다. 이렇게 숲으로 변한 경작지는 예전 그대로 рамень이라고 지칭되었다. 그러면서 점차로 рамень이라는 명칭은 숲을 지칭하게 되었고, 심지어는 무성한 숲까지도 지칭하게 되었다.

이런 의미 변화의 흔적은 러시아어 방언에 남아있다. 방언에서 рамень의 의미는 단순히 '숲'을 의미하는 것이 아니라, '경작지와 이웃하고 있는 숲'을 의미한다. 게다가, рамень과 친족 관계인 рама'숲 근처의 경작지'라는 단어가 방언들에 존재했었다.

앞에서 기술한 рамень이라는 단어의 어원 설명은 인도유럽어 친족어들의 자료에서도 확인된다. 예를 들어, 러시아어 рамень이 *рати(＝орать)'경작하다'로부터 형성된 것처럼 리투아니아어 armuo'경작지', 생격 armens가 동사 arti'경작하다'에서 형성되었다.

단어 рамень의 역사를 살펴본 결과, 어원 연구에서 조어 분석이 얼마나 중요한 의미를 지니는지 알 수 있었다. 조어 분석은 분명치 않은 단어의 기원을 확인시켜줄 뿐만 아니라, 때때로 의미가 의외의 방법으로 발전됨을 확인시켜준다.

Колотый 와 колоный

추꼽스키*К. И. Чуковский*의 책 『두 살에서 다섯 살까지*От двух до пяти*』에 어린아이의 재미있는 대화가 실려있다.

-Лампа уже зажгита́.
-Зачем ты говоришь "зажгита́"? Надо говорить: "зажгина́"!
-Ну вот, "зажгина́"! "Зажгёна!"

이렇게 어린 초보 언어학자 앞에 놓여진 접미사 파생 조어 문제는 단순하지 않다. 접미사 -т-와 -н- 가운데 어떤 접미사의 도움으로 필요한 형동사가 형성될까 하는 문제로 논쟁이 일어났다. 이와 비슷한 경우에 러시아어에서는 두 접미사 모두를 사용한다는 것이 문제이다. разби-т, расколо-т, взя-т 그러나 слома-н, зажже-н, виде-н.

어떤 접미사들을 사용하는가 하는 것에는 일정한 규칙들이 있다. 그러나 그 규칙을 금방 익힌다는 것은 쉬운 일이 아니다. 게다가, 그 규칙들은 때때로 제구실을 못하는 경우가 있다. 러시아어 방언들에서 두 접미사를 모두 사용하는 다수의 예들을 찾아볼 수 있다. моло-т-ый와 моло-н-ый, коло-т-ый와 коло-н-ый, тка-т-ый와 тка-н-ый, рва-т-ый와 рва-н-ый 등.

이와 같이 의미적으로 비슷하거나 동일한 접미사의 사용은 그 기원이 대단히 오래된 것이다. 예를 들어, 고대 러시아어에서 명사 пѣ-н-ие와 함께 пѣ-т-ие가 확인됨을 알 수 있다(같은 의미로, 비교: 우크라이나어 півень'수탉'과 의미상 일치하는 단어 петух). 라틴어 donum'선물'은 접미사 -n-의 도움으로 형성되었고(러시아어 단어 да-н-ь처럼), 반면에 그리스 단어 dōron과 러시아어 단어 да-р에서는 또 다른 접미사 -r-이 그 역할을 한다. 그리고 단어 да-н-ь대해 러시아어에서 의미적으로 가까운 친족어 형태인 (по)-да-т-ь를 볼 수 있다. 전자의 경우에 고대 접미사 -n-이 나타나고, 후자에는 -t-가 나타난다.

종종 학자들은 이런 현상을 ру-к-а와 ру-ч-ка 같은 음성적 교체와는 구별되는, 형태적 교체 또는 접미사 교체 현상이라고 한다. 기원이 불분명한 많은 단어들의 기원을 정하는 데 있어, 이러한 형태 교체에 대한 분석은 어원학자들에게 커다란 도움을 제공할 수 있다.

Каравай 와 коротай

우리들에게 잘 알려진 단어 каравай는 고대 러시아 문헌에서 좀더 고대 형태인 коровай로 나타난다. 학자들은 이미 오래 전부터 이 단어의 기원에 대해 연구를 했었다. 그러나 이 단어의 어원을 찾는다는 것은 그리 쉬운 일이 아니었다.

음성적인 측면에서 коровай[24]는 корова를 자연스럽게 떠올리게 한다. 그러나 의미면에서 그렇게나 차이가 나는 그 단어들을 어떻게 관련지을 것인가? 아주 억지로 끼워 맞춘 것 같을지라도 그들을 관련지을 수는 있다. 예를 들면, коровай란 명칭이 암소 모양의 비스킷과 겉모양이 비슷하다는 이유로 크고 둥근 형태의 빵에 붙여졌다고 여기면서, 몇몇 어원학자들은 коровяк'소 퇴비 더미'를 인용한다.

коровай와 корова를 관련지었던 다른 학자들은 이들의 관계를 다른 방법으로 설명한다. 그들은 민간의 풍습에 따르면 "황소-신랑"을 상징하는 결혼식에 사용되는 둥근 빵을 인용한다. 이것에서 корова와 коровай 사이의 관계가 발

---

24) 여기에서 그리고 앞으로도 이 단어의 가장 오래된 형태가 인용될 것이다. 1930년대에 коровай 의 표기는 일반적인 정자법 규범에 따르게 되었다.

생했다. 그러나 몇몇 민중들의 결혼 풍습에 대한 재미있는 인용들에도 불구하고, 이 어원의 지지자들은 두 단어 간의 관계에 대한 만족스러울 만한 언어학적 설명을 주지 못하고 있다.

그러면 다른 측면에서 이 어려운 어원 문제를 접근해 보도록 하자. 어떤 접미사를 коровай에서 분리해낼 수 있을까? 러시아어에 아주 드문 접미사인 -ай(비교: 비슷하지만 완전히 같지는 않은 ратай, глашатай, ходатай)는 별 어려움 없이 분리된다. 접미사 -ай를 가진 단어의 분석은 보통 이 접미사가 보통 어근에 직접 연결되지 않고, 다른 접미사 , 주로 -т-에 연결됨을 보여 주고 있다. (о)рати '경작하다' → (о)ратай, (воз)глашати → глаша-т-ай 등.

특히 러시아어 방언들에서 확인된 단어인 коротай '짧은 까프딴'가 구조상 коровай에 가까운 단어임을 알 수 있다. 이 단어를 расстегай, шугай와 같은 옷에 대한 방언적인 명칭들과 동일한 조어열에 놓는 것은 성공적인 어원 분석이라 보기 어렵다. 이 세 단어(коротай, расстегай, шугай)는 외견상 비슷하지만(어말의 -ай) 세 가지 다른 조어 모델을 반영한다. расстегай는 명령법 형태를 지니고 있다―체홉의 Догоняй와 Угадай 유형(비교: 또한 поцелуй, нагоняй). 단어 шугай는 터키어에서 차용되어 왔으며, 러시아식 조어와 직접적인 관련이 전혀 없다. 바로 그렇기 때문에 коротай는 전혀 다른 조어 방식을 지닌 단어보다는, 방언인 долгай '키가 큰 청년'나 коровай와 더 잘 어울리는 것이다.

коротай에서는 -т-와 -ай-라는 두 개의 접미사를 분리할 수 있다. коротай와 короткий의 어원은 이미 오래 전에 학자들에 의해 밝혀졌다. 고대 어근 кор-는 '자르다'의 의미를 지녔고, корот(кий)는 문자 그대로 '잘라서 짧아진'이란 의미를 지녔다(비교: 또한 кор-н-ать '자르다' 그리고 고대 러시아어 단어 кор-нъ '귀가 잘린 사람'). 따라서 коротай가 실생활에서뿐만 아니라 어원적으로도 '짧은 까프딴'을 의미했다는 것이 증명된다.

만일 -ай를 가진 단어에서 대부분 두 개의 접미사를 발견할 수 있다면, 단어 коровай에서 -в-가 어원적으로 접미사임을 왜 예측할 수 없단 말인가? 단지 이 접미사가 **коротай**의 접미사 –т-와 어떤 연관성을 지니는지 설명할 필요가 있다. 아주 옛날 접미사 –в-와 –т-는 동일한 또는 의미가 비슷한 단어들 사이에 나타나면서 서로서로 매우 자주 교체를 했었다.

리투아니아어 kar-v-é   고대 그리스어 kar-t-e '암소'
라틴어 cur-v-us   고대 그리스어 kyr-t-os '기울어진'
고대 러시아어 пръ-в-ъ   고대 그리스어 prō-t-os '제 1의'
러시아어 방언 чер-в '낫'   고대 러시아어 чьр-т-а '조각'
러시아어 방언 пе-в-ун   러시아어 방언 пе-т-ун '수탉'

коро-в-ай와 **коро-т-ай** 또한 위의 접미사 교체열에 자리를 차지하고 있다.

공통의 동사 어근인 **кор-** '자르다'의 의미가 **коровай**의 고대적 의미가 '잘려진 (조각)' 혹은 '(빵) 조각'이라는 것을 알게 해준다. '자르다'와 '빵' 사이의 의미적 연관성은 아주 잘 알려져 있다. 예로서 러시아어 단어 **кроить** '자르다'와 **краюха** '큰 빵 한 조각'를 들 수 있다.

많은 언어에서 '(빵 또는 음식의) 잘려진 조각'이란 의미는 '빵(둥근 빵이라는 의미를 포함한)'이라는 좀더 공통의 의미를 획득한다. 예를 들어, **колобок**이 자르지 않은 '둥근 작은 빵'임을 누가 모르겠는가? 그럼에도 불구하고, '잘려진 조각'이란 의미는, 음성적으로 러시아어와 완전히 일치하는 **колобок**의 친족어인 라트비아 방언 kalbaks가 가지고 있던, 어원론적으로 좀더 오래된 의미이다.

고대 러시아어에서 **коровай**가 '둥근 빵' 뿐만 아니라 '치즈 조각'이나 '기름 조각'도 의미했다는 것을 알아두어야 한다. 비록 고대 러시아어에서는 아마도 **коровай**가 이미 잘려진 조각이 아니라, 기름이나 치즈의 온전하거나, 커다란 조각을 의미했을지라도, **коровай**의 이러한 의미들은 앞에서 언급한 그것의 어원('자르다' → '조각')과 잘 부합된다.

접미사만으론 안 된다

　일정한 조어 규칙은 접미사 부분에서뿐만 아니라, 어근에서도 나타난다. 인도유럽어 어근의 가장 재미있는 특징 가운데 하나는 모음교체 현상이다. 현대 러시아어의 어근에서 고대의 e // o 모음교체 흔적을 볼 수 있다.

　일반적으로 모음 e는 단순 동사 어근에 나타난다. 그런데 모음 o는 명사와 형용사 그리고 명사에서 파생한 동사에 전형적으로 나타난다.

```
вез-у  -  воз, воз-ить,
вед-у  -  (от)вод, вод-ить,
пек-у  -  (о)пок-а,
тек-у  -  ток,
греб-у -  гроб, (су)гроб, (у)гроб-ить,
плет-у -  (о)плот, (с)плот-ить 등
```

　종종 고대적 교체 e // o는 이후의 음성 변화에 의해 은폐되어 있다. 예를 들어, трясу와 трус는 어근에 동일한 교체 현상이 반영되어 있다. 즉, 언젠가 이 단어들의 어간은 *trens-와 *trons-(동사에는 e, 명사에는 o가 존재)였다. 도표 2를 참조하면, 인도유럽어 이중모음 *en은 교회슬라브어에서 ѧ 'юс малый'이, *on은 ѫ 'юс большой'이 되었다. 러시아어에서 이 소리들은 я와 у (трясу, трус)로 각각 변화했다. 어근에서의 모음 교체가 일어난 단어들의 대비는 трус란 단어의 어원 규명에 밝은 빛을 비춰준다. 어원론적으로 трус '겁쟁이'는 두려움에 떠는*трясущийся* 사람을 지칭한다.

조어적 일치

우리는 친족어인 인도유럽어들에 존재하는 음성적 일치를 자주 살펴보았다. 그러나 그러한 일치는 음성적 측면뿐만 아니라, 조어적 측면에서도 나타난다. 그것은 다양한 친족어의 단어들이 동일한 조어 모델에 따라 형성된 경우를 이야기하는 것이다. 러시아어에서 그러한 조어 '사슬'을 뽑아보자. жи-ть→жи-в-ъ→жи-в-от-ъ. 여기서 동사 어간 жи-에 접미사 -в-와 -от-가 순차적으로 연결된다. 동일한 구도가 리투아니아어에서도 발견된다. gy-ti '살다'→gy-v-as '살아있는'→gy-v-at-as '삶'.

러시아어보다 리투아니아어에 마지막 단어의 더 고대적인 의미가 남아있었다. 여러 슬라브어들에서 (예를 들어, 불가리아어에서) 단어 живот는 '삶'이라는 의미를 지닌다(비교: 러시아어 не на живот, а на смерть). живот처럼 구조적으로 복잡한 단어와 일치하는 경우를 다른 인도유럽어들에서도 찾아볼 수 있기 때문에(예: 고대 그리스어 biotos[25] '삶'), 앞에서 살펴본 바와 유사한 모든 경우에 대해 우리는 음성적 일치뿐만 아니라, 조어적 일치에 대해서도 말할 수 있다.

Сажа와 кожа

대체적으로 음성 규칙과 조어 규칙들은 아주 종종 풀 수 없는 실타래 같은 관련을 맺고 있다. 만일 고대적 접미사 *-ja(→-я)를 지닌 형태를 예로 들 경우, 이 조어 모델은 러시아어에서 뚜렷한 음성 변화들을 겪었다고 본다.

---

25) 러시아어 живот와 이 단어의 복잡한 관계는 음성 일치 도표에는 반영되지 않았다.

얼핏 보기에는 судья와 같은 단어들이 지금 우리가 관심을 가지고 있는 조어 형과 관련이 있는 것처럼 보일 수도 있다. 그러나 사실상 судья는 *суд-ja에서 형성된 것이 아니라, судия에서 형성된 것이다.

접미사 *-ja가 -д-로 끝나는 어간에 부가될 때, 결합형 -дj-는 -ж-로 변했었다. *жид-ja → жижа, *крад-ja → кража, *студ-ja → стужа, *сад-ja → сажа. 마지막 예를 제외한 모든 예들에서 жид-кий, крад-у, студ-ёный와 같은 단어들과의 관계는 지금까지도 러시아어 화자들에게 느껴진다. сажа '그을음'와 동사 сад-иться의 관계는 분명치 않다. 이 경우에 сажа의 어원은 음성-조어적 재구에 의해 확립된다.

그러나 접미사 j'йот'는 д뿐만 아니라 з와의 결합에서도 그것을 ж로 변화시킨다. 아주 분명한 예로는 кожа의 어원을 들 수 있다. коза에서 형성된 *коз-ja '가죽 шкура' → кожа.

따라서 кожа는 (그의 고대 형태에 대해서는 말할 필요도 없이) 언젠가 염소 가죽을 의미했었고, 그 후에 모든 가죽을 의미하게 되었고, 마지막으로는 사람의 피부를 의미하게 되었다.

j는 유성자음 д, з(그리고 г)와 결합시 그들을 ж로 변화시켰다. 무성자음 т, к와 만날 경우에 j 는 아래 예시에서 볼 수 있듯이 다른 음성 변화를 유발하였다.

    *свет-ja → свеча,   *сек-ja → сеча,
    *крут-ja → круча,   *грек-ja → греча(문자 그대로 '그리스의')

그러므로 동일한 조어 모델은 여러 음성 조건 속에서 다양한 변화를 겪는다. 따라서 어원 연구에서 조어 분석은 항상 음성 분석과 함께 수행되어야 한다.

조어열이란?

앞 장에서 언어의 음성 변화가 무질서하게 일어나는 것이 아니라, 규칙적으로 일어남을 알 수 있었다. 그에 따라 친족어인 인도유럽어들의 음성들 간의 엄격한 일치 체계를 확립하였다.

그러한 규칙적이고, 체계적인 특징은 조어 과정 내에서도 관찰된다. 단어를 구성하는 "건축 재료"들은 처음 보아서는 종류가 다른 것처럼 여겨진다. 그러나 실제로는 자동차 생산에서처럼, 단어에서도 "연속적 생산"을 허용하는 많은 일련의 "기준"과 만나게 된다.

이런 "기준들"중 어떤 것들은 현대에까지 그들의 생산성을 보존하였다. охот-ник 또는 спут-ник의 경우를 예로 들 수 있다. 다른 "기준들"은 이미 오래 전에 "생산성을 상실했다." ка-мень, пла-мень, ра-мень 또는 зод-чий, лов-чий, пев-чий.

각각의 단어들은 어원 분석 과정에서 임의의 조어 형태와 반드시 연결된다. 그러한 관계 속에서 아래의 조어열에 속해있는 рамень의 어원과 같은 예가 보인다.

сеять   — семя,
знать   — знамя
полѣти '불타다'   — пламя, пламень,
(о)рать '경작하다' — рамень 등

접미사 교체 현상 또한 이러한 전형적인 특성을 지닌다. 만일 예를 들어 우리가 단순히 коровай와 коротай를 대비시킨다면, 그런 대비는 어떤 사람도 설득시킬 수 없을 것이다. 그러나 접미사 -в-와 -т-가 규칙적인 교체를 보이는 일련의 단어들을 제시할 수 있다면, 위에서 살펴본 대비의 적합성은 충분한 근거를 갖게 되는 것이다.

  현재 존재하거나 먼 과거에 존재했었던 조어열과 접미사 교체에 대한 분석은 가장 중요한 연구 방법 가운데 하나이며, 그 방법을 통해 학자들은 단어의 기원에 관한 비밀을 밝힐 수 있다.

제6장 단어 의미의 발전

우리는 이미 여러 번 언어적인 변화의 결과로 인해 단어가 외적으로뿐 아니라, 내적으로 변화된, 즉 단어의 음성 형태뿐만 아니라 그 의미가 변화한 예들과 만날 수 있었다. 즉, рамень이란 단어의 의미 발달 단계는 '경작지' → '숲에 만들어진 경작지' → '버려진 경작지에서 생긴 숲' → '숲'과 같이 제시될 수 있다. 그와 유사한 현상이 каравай라는 단어의 예에서도 나타난다. '잘린 조각' → '음식 조각' → '빵 조각' → '빵' → '둥근 빵'.

언어사에 있어 문헌상으로 증명되는 의미 변화의 경우도 종종 나타난다. 다음은 그들 중 한 예이다.

비토프트 공후의 매력

비또프트 공후가 이끄는 리투아니아인들의 스몰렌스크 점령에 관한 쁘스꼬프 연대기에는 다음과 같이 적혀있다. "리투아니아의 공후 비또프트 케스뚜찌예비치가 스몰렌스크를 매력*прелесть*으로 취하고 자신의 대리인들을 두었다." 정말 이상하지 않은가? 만일 리투아니아의 공후 부인이나 공녀가 자신의 매력으로 스몰렌스크 수비대를 굴복시켰다면 이해가 될 수도 있을 것이다. 그런데 공후라니? 명백한 일이다. 접두사가 없는 лесть처럼 прелесть란 단어는 고대 러시아어에서는 '속임수, 교활함'을 의미하였다. лесть의 친족어들이 갖는 이 의미는 지금까지 일련의 슬라브어들에 남아있다.

그렇기 때문에 고대 문헌 속에서 참칭자 드미뜨리*Лжедмитрий*가 "прелестные письма"를 썼다는 내용을 접하면서, 그 편지들이 прелестный라고 칭해진 이유가 우아한 문체 내지는 아름다운 내용을 담고 있기 때문이라고 생각해서는 안 된다. 그것은 반대로 거짓되고 반역적인 편지로서, 외국 침략자들에게 항복하라는 호소와 유혹을 담고 있었다.

그런 식으로 прелесть와 прелестный란 단어는 러시아어에서 극단적인 부정적 뉘앙스 대신에 긍정적이고 정서적인 뉘앙스를 지니게 되면서, 완전히 본질적인 의미 변화를 겪었다. 흥미로운 사실은 прелестный라는 단어의 의미와 비슷한 영어의 형용사 nice가 언젠가 '우둔한'(라틴어의 nescius '알지 못하는'에서 유래)의 의미를 지니고 있었다는 점이다.

자신의 죄에 시트를 청하다

대체로 끼예프와 모스크바공국 시대 사람들이 사용했던 고대 러시아어를 살펴본다면, 우리에게 익숙한 많은 단어들이 고대 문헌에서 전혀 뜻밖의 결합 형태로 나타나고 있음을 볼 수 있을 것이다. 이 단어들의 의미는 때로 현재의 의미와는 전혀 다른 경우도 있는데, 그것은 심지어 가장 일상적인 단어들에서까지도 나타나고 있다. простыня라는 단어를 예로 들어보자.

11세기의 한 문헌에서는 다음과 같은 이상한 어결합을 찾아 볼 수 있다(철자는 간소화하여 제시하였다). простынею и послушаниемь украшена······ 무엇보다도 простыня라는 단어가 누군가를 위한 장식이 될 수 있을까 하는

점은 생각하기 힘들다. 이 밖에도 простынею и послушаниемь украшена라는
어결합은 논리적으로 불완전하다.

16세기(이반 대제의 시대)의 또 다른 고대 러시아어 문헌에서 우리는 자신의 많은 죄에 대해 простыня를 청하고, 받은 사람에 대한 이야기를 찾아볼 수 있다.

이 모든 경우들에서 나타나는 простыня의 의미를 분석해 보자. 현대적 의미의 단어 простыня는 형용사 прост(ой)의 파생형이다. простыня는 단순한(누비거나 박음질 하지 않은) 침대 시트이다. 위에 인용한 고대 러시아어의 첫 번째 예에서 просты́ня(강세가 ы에 있다)라는 단어도 어원적으로 역시 простъ라는 형용사와 관련을 맺고 있다(гордыня가 гордъ와 관련을 맺고 있는 것처럼). просты́ня는 여기에서 '소박함, 겸손'의 의미를 갖는다. 따라서 простынею и послушаниемь украшена라는 어결합은 '겸손과 순종으로 장식된*украшена скромностью и послушанием*'을 의미한다. 두 번째 예에서 просты́ня는 어원적으로 простить란 동사와 관련을 맺고 있으며, '용서'를 의미한다. 따라서 그 이야기는 단지 죄에 대한 용서에 관한 것이었을 뿐이다.

прелесть와 простыня의 예들은 우리가 잘 알고 있는 것처럼 여기는 고대 러시아어 단어들의 의미에 대한 접근이 얼마나 많은 주의를 요하는 것인지를 잘 보여주고 있다. 그러나 의미적 변화가 항상 문헌에 남아있는 것은 아니다. 그러한 변화가 친족어들의 자료를 통해서만 재구되어지는 경우도 종종 있다.

гость와 гостиный двор

러시아어 단어 гость를 예로 들어보자. 라틴어의 hostis와 그것은 음성뿐 아니라 조어 관계에 있어서도 완전한 일치를 보인다. 하지만 라틴어가 지니

는 의미는 아무래도 러시아어의 гость와는 전혀 일치하지 않는 듯 하다. 라틴어의 hostis는 '적'을 의미하기 때문이다.

그러한 심각한 의미적 불일치를 어떻게 설명할 것인가? 러시아어사를 살펴보자. 고대에 гость는 '상인'을 의미했다. 림스끼-꼬르사꼬프의 오페라 "사드꼬Садко"에 나오는 바랴그 상인이나 인도 상인을 상기해 보자. 또는 사드꼬 본인도 노브고로드의 상인이었다. гостити란 동사는 고대 러시아어에서 '무역하다', '장사를 목적으로 오다'란 의미를 지니고 있었으며, 나중에서야 гость와 гостить란 동사가 현대적 의미를 지니게 되었다. гость가 지니는 좀더 고대적인 의미 흔적들은 오늘날에도 남아있다. 뻬쩨르부르그의 Гостиный двор를 예로 들 수 있다. 과거에는 도착한 상인들이 머물면서, 자신들의 상품을 거래하던 장소를 그렇게 불렀다.

하지만 hostis '적'란 라틴어의 의미는 어떠한 이유에서인가? 이 의미 또한 기원적 의미는 아니다. 슬라브어 및 기타 인도유럽어들과의 비교를 통해 보면 hostis와 гость가 지니는 가장 고대적 의미는 '낯선 사람, 이방인'이었다. 여기에서부터 라틴어에는 '적'이란 의미가 생겨났고, 러시아어에서는 '이방의 상인', '상인'의 의미가 생겨났다.

갓 구운 빵과 굳어버린 빵

러시아어를 그리 썩 잘하지 못하는 한 체코 대학생이 마침 뻬쩨르부르그에 있는 한 빵집에 빵을 사러 들렀다. 점원은 그에게 그가 고른 빵은 굳어버린черствый 빵이라고 상냥하게 일러주었다. 체코 학생은 점원에게 고맙다는 인사와 함께 그가 고른 빵이 마침 자신이 원하던 그 빵이었다고 말했다. 그러나 안타깝게도 손님과 점원은 서로를 이해하지 못했던 것이다. 문제는 체코어의 *čerstvý chléb*가 굳어버린*черствый* 것이 아니라, 반대로 '갓 구운 빵*свежий хлеб*'을 의미한다는 데 있었다.

가까운 친족어들에서 그러한 오해들이 특히 자주 발생한다. 예를 들어, 세르보-크로아티아어 зной는 '땀', куча는 '집', и́грати는 '춤추다', слово는 '문자', ки́снути는 '담그다', лю́бити는 '키스하다'를 의미하며, 불가리아어의 стая는 '방', гора는 '숲', дума는 '단어', неделя는 '일요일', стол은 '의자'를 의미한다. 세르보-크로아티아어의 до́мовина는 '고향'을 의미하며, 우크라이나어의 домови́на는 '관'을 의미한다.

종종 단어 의미의 불일치는 문체적 뉘앙스로 국한되기도 한다. 예를 들어, 러시아어의 сдохнуть와 издохнуть는 동물에 대해서만 쓰는 것이 보통이다. 사람에게 사용할 경우 이 동사는 모욕적 뉘앙스를 갖게 된다. 반대로 세르보-크로아티아어의 изда́хнуть는 존칭의 의미인 '별세하다, 숨을 거두다'의 뜻을 지닌다. 얼핏 그러한 불일치가 심각한 것이 아닌 것처럼 여겨질 수도 있다. 하지만 이렇게 말해보자. "*Опочившую* лошадь свезли на живодерню" 또는 "Наполеон умер на острове Святой Элены"라는 문장에서 умер라는 단어를 издох로 바꿔보자. 이 경우 어떤 단어를 사용하는가에 따른 의미 차이가 확연히 드러날 것이다.

어떻게 стая가 방이 되었는가?

의심할 바 없이 동일한 공통의 기원을 갖는 단어들이 도대체 어떤 이유로 가까운 친족어들에서까지도 완전히 다른 의미를 갖는 경우가 생기는가? 어떻게 이런 일이 발생하는가?

러시아어의 стая와 불가리아어의 стая'방'를 예로 들어보자. 고대 러시아어

와 현대 러시아어의 방언들에서 стая는 '외양간, 마구간'을 의미했다. 이 단어
의 어원은 아주 분명하다. стая는 가축이 서 있는 стоит 장소이다. 후에 이 단
어의 의미는 두 가지 상이한 방향으로 발전되어 나갔다. 1) '외양간' → '가축
을 두는 곳' → '(가축의) 무리' → '주로 새나 물고기 등, 짐승의 떼'(러시아
어), 2) '외양간' → '헛간' → '주택' → '방'(불가리아어).

앞에서 제시된 다른 예들에서도 유사한 의미 변화가 발생했다. 그렇지만
그들을 모두 설명하는 데는 지나치게 많은 시간과 지면을 필요로 한다.

'값싼' бесценный 와 '값비싼' бесценный

종종 단어의 의미는 직접적인 반대 의미를 지니게 될 정도로 심각하게 변
화한다. 예를 들어 세르보-크로아티아어의 단어 вредно는 '유익한'이란 의미
를 지니고 있으며, спори[26]는 '천천히'를, 폴란드어의 uroda는 '아름다움'을,
zapominać는 '잊다'를 의미한다. 러시아어 방언들에서 ядовитый란 단어는
'맛있는'을, вонь는 '좋은 냄새'를(비교. благовоние), ученик는 '선생'을 의미
한다. погода(아무런 수식어 없이)라는 하나의 단어가 러시아어의 어떤 방언
에서는 '맑은 날씨'를 의미하고(비교. погожий день), 다른 방언에서는 '악천
후'를 의미한다.

방언들뿐만 아니라 러시아어 표준어에서도 그와 같은 현상들이 종종 나타
난다. 예를 들어, исход дела와 исходная точка란 표현을 서로 비교해 보자.
전자의 исход는 '끝'을, 후자의 경우에는 '시작'을 의미한다. 어원 분석에서 나

---

26) 러시아어의 спорый '빠른'와 비교해 보시오.

타나듯 хулить란 단어는 의미상 반의 관계에 있는 хвалить란 단어와 밀접하게 연결되어 있으며, хула라는 단어는 хвала와 밀접한 관계가 있다. честить '욕하다'란 단어에서는 특별한 어려움 없이 честь '명예'와의 관계를 엿볼 수 있다. 여러 다양한 언어들에서 그러한 예들은 적지 않다. 단어에서 반의적 의미의 발전 과정이 항상 동일한 것은 아니다. 그리고 모든 경우에서 이러한 과정들이 충분히 명확하게 조사될 수 있는 것은 아니다.

그러한 관계의 비교적 평범한 예가 бесценный란 단어의 의미 발전이다. 만일 어떤 대상이 아무런 가치를 지니고 있지 못하거나, 어떠한 가격을 매기기에는 너무 값싼 것이라면, 그것을 бесценный, 즉 *값어치가 없는* 것으로 불렀다. 현대 러시아어에서 이 의미는 고어형이 되었지만, купить за бесценок이란 표현 속에서는 아직 남아 있다. 체코어의 bezcenný란 단어 또한 '아무 가치도 없는' 그리고 (전이된 의미로서) '보잘 것 없는'을 의미한다. 현재 우리는 бесценный란 단어를 '값비싼'이란 완전히 반대되는 의미로 사용하고 있다. 그러한 사용은 꽤 쉽게 설명되어진다. 너무나 소중하기 때문에 어떤 액수에도 양도할 수 없거나, 가치를 평가할 수 없는 대상에 관한 것이다. 그렇게 현대 러시아어에서 주의미가 된 이차적 의미가 бесценный라는 단어에 생겨난 것이다.

육지를 달리는 배

우리가 살펴본 대부분의 예들에서 단어의 의미 변화는 비교적 오래전에 발생하였다. 하지만 오늘날 이러한 변화들이 중단되었다고 생각해서는 안 된다. 그러한 변화들은 언어 내에서 끊임없이 일어나고 있다. 한 예로 뿌쉬낀 시대에 пароход란 단어는 '기관차'를 의미하였다. 지금도 연주회나 라디오를 통해서 우리 관념으로는 다소 이상한, 글린까가 곡을 붙인 꾸꼴니크 *Н. В. Кукольник*의 시를 들을 수 있다.

> *Дым столбом стоит, дымится пароход.* 연기는 기둥처럼 서있고, 배는
> 연기를 토해낸다.
> И быстрее, шибче воли   의지보다도 빠르고, 신속하게
> *Поезд мчится в чистом поле.* 기차는 깨끗한 들판을 질주한다.

어원적 관점에서 볼 때 위의 시에서와 같은 пароход란 단어의 활용은 지극히 자연스러운 것이었다. 기관차 역시 '증기로 움직이기*паром ходит*' 때문이다. 후에 육지의 배를 표현하기 위해 паровоз란 단어가 사용되기 시작했다.

러시아어의 ударник와 ударная бригада란 단어의 의미가 변화된 것은 좀더 최근의 일이었다. 20세기 초만 해도 이 단어들의 현대적 의미는 존재하지 않았었다. 1차 세계대전 중에 공격 부대원들을 ударники라 부르기 시작했다.[27] 돌격*ударная* 대대 및 여단은 적에게 치명타를 가하기 위해 조직된 선봉 부대였다. 소비에트 시대에는 선도적 생산 조합을 ударные бригады라 불렀고, 체계적으로 과제를 완수하는 생산 선도자들을 ударники라 불렀다.

이렇게 단어의 의미 변화가 다양한 시기에 나타나는 언어 특징적 현상이며, 부단히 발전하는 과정임을 알 수 있다.

의미 변화 연구

언어학자들이 어원 연구의 의미적 측면을 살펴보는 대부분의 경우에, 그들은 여러 가지 심각한 어려움과 부딪치게 된다. 무엇보다도 먼저 믿기 어려울 만큼의 다양함과, 때로는 이러한 변화들의 돌발성이 시야에 들어온다. 위에

---

[27] 편의상 ударник란 단어가 갖는 '타악기 연주자', '공이'와 같은 의미는 접어두기로 한다.

서 살펴본 예들에서 '경작지'는 자연스럽게 '숲'으로 변화되었고, '적'과 '손님', '값싼'과 '값비싼', '시작'과 '끝' 등을 의미하는 명사와 형용사들은 같은 기원을 갖는 단어들이었다. 게다가 심지어 논리적으로 서로를 연관시키기 힘든 의미('시트', '겸손'과 '용서', '관'과 '고향', '떼'와 '방')를 지닌 단어들의 어원적 공통성은 전혀 예기치 못한 것이다.

의미 변화가 있었음을 검증해주는 언어 자료 또한 매우 다양하다. 어떤 경우에 의미의 변화 혹은 불일치는 러시아어의 범주 내에서 일어나는데, 그 경우에는 러시아어 내에서 그 변화를 규명할 수 있다(прелесть와 прелестный, ударник). 또 다른 경우에서는 가까운 슬라브 친족어들의 도움을 받아야 하는데, 가끔 러시아어 방언의 자료들 또한 살펴보아야 한다(бесценный, черствый, стая). 그러나 가끔 이러한 자료들만으로는 불충분한 경우가 있는데, 이때는 러시아어의 먼 "친족어"의 도움을 받아 단어 의미와, 그 의미 변화 및 불일치의 역사를 재구하여야 한다.

그렇기 때문에 우리 앞에는 여러 예들의 엄청난 다양성이 존재하며, 하나의 단일화된 "양식"이란 없다. 그리고 그러한 요소들이 어원 분석에 있어서 의미적 측면을 대단히 어렵게 만들고 있다.

화살과 화약

의미 변화의 유형들 또한 다양하다. 어떤 경우에 단어는 자신의 의미를 확장할 수 있다. 예를 들어, кров는 어원적으로 '지붕'을 의미하지만, гостеприимный кров나 делить и хлеб, и кров이란 어결합에서 이 단어는 좀더 확장된 의미인 '집'이란 의미를 갖는다. 그러한 의미 변화의 기반이 되는 것은 발화에서 "전체를 대신하는 일부"(라틴어로 pars pro toto)를 이용하려는 습관이라 할 수 있다.

"Эй, *борода*! А как проехать отсюда к Плюшкину?"(Н. В. Гоголь)

반대로 다른 예들에서는 단어의 의미가 축소될 수 있다. порох의 고대 의미가 '먼지'였고, порох의 지소 형태가 порошок라는 것은 이미 앞에서 살펴보았다. 그러나 현대 러시아어에서는 모든 порошок가 порох가 될 수 있는 것이 아니라, 특별한 폭발성을 지닌 물질만 порох가 될 수 있다. 따라서 러시아어사에서 порох란 단어의 의미는 축소되었다.

이 책에서는 의미 변화의 기본 유형들을 열거하지 않겠다. 왜냐하면 그것은 이 책의 과제가 아니기 때문이다. 다만 그러한 유형들은 매우 다양하다는 점만 다시 한번 강조하고 넘어가도록 하겠다.

단어의 의미 변화 원인 또한 다양하다. 그 몇몇 예들은 이미 살펴본 바 있다. 예를 들면, 단어는 그것이 관계하는 대상의 변화에 따라 새로운 의미를 지닐 수 있다. 한 예로서 우리는 지금까지 перо와 перочинный нож라는 단어를 사용하고 있는데, 실제로 우리는 이미 오래 전부터 거위의 깃털을 가지고 글을 쓰지는 않으며, 펜나이프를 가지고 필요한 모든 일을 하지만, 결코 펜을 고치지는 않는다. 또한 화살*стрела*을 가지고 사격하지*стрелять*는 않는데, 여기에서 일어난 의미 전이의 원인은 실생활에서 일어난 변화들 속에 존재한다.

Котелок не варит

의미 변화의 또 다른 원인은 풍자적인 단어 활용에 있다. "Отколе, *умная* бредёшь ты, *голова*?" (И.А.Крылов) 머리가 그다지 좋지 못한 이에게 하는 이 표현은 전형적인 예라 할 수 있다. "**잘했다***молодец*,-낙제를 하고 학교에서 돌아온 아들에게 아버지가 말씀하신다.-계속 그렇게만 하거라!"

위의 두 예에서 умная голова와 молодец란 단어는 그 자체로는 아직 새로운 의미를 갖지 못했다. 그들은 일정한 발화 상황 속에서만 부정적 뉘앙스로서 받아들여진다. 그러나 그러한 상황이 자주 반복되고, "상황적" 의미가 주요 의미보다 자주 사용되기 시작한다면, 이는 단어의 새로운 의미 출현을 야기할 수 있으며, 새로운 의미가 그 단어의 주요 의미가 될 수도 있다.

명사 честь에서 파생된 동사 честить는 한때 러시아어에서 '경의를 표하다, 축하하다'의 의미를 지니고 있었다. 하지만 하나의 예로서 다음과 같은 상황을 가정해 보자. 공후가 자기 친위병의 어떤 허물을 "책망한다". "이봐, 어떻게 공후가 친위병에게 경의를 표할честит 수 있지!"라고 옆에 있던 병사 가운데 한 명이 지적한다. 적절하게 내뱉어진 단어가 사람들의 마음에 들게 되었고, 그것은 새로운 의미를 담고 세상을 활보하게 되었다. 현대 러시아어에서 честить란 동사는 구어체에서 '욕하다'를 의미하며, 그 단어가 갖던 원래의 주요 의미는 거의 완전히 잊혀지게 되어, 사전에도 "고어"라는 표지가 붙어있다.

Котелок не варит란 표현은 널리 알려진 속어적 표현으로서 '머리가 아무 생각을 못함'을 의미한다. 다른 경우들처럼 여기서도 котелок란 단어는 '머리'라는 전이된 의미를 지닌다. 그러나 이 경우에 그 단어는 자신의 기본 의미를 상실하지 않았다(비교. котелок щей). котелок의 머리라는 의미는 풍자적 뉘앙스를 갖는 전이된 의미로 인식된다. 이탈리아어의 testa와 불어의 tête '머리'를 파생시킨 라틴어 단어 testa'냄비'의 경우에 발생한 유사한 의미 변화는 전이된 의미가 단어의 기본 의미가 되어버리는 결과를 초래하였다.

의미 발전 과정은 알 수 없는가?

의미 변화의 다양성과 돌발성은 몇몇 학자들로 하여금 단어의 의미 발전에 어떠한 법칙성이 존재한다는 것에 대한 의구심을 갖게 하는 결과를 초래하였다. 음성학, 형태론 그리고 통사론과는 달리 의미론은 진정한 학문 분야가 아니며, 여기에서 많은 것들은 연구자의 주관적 평가에 의해 좌우된다는 견해들이 여러 번 제기되었다.

의미론 분야에 대한 회의적인 경향은 단어 의미 발전 과정에 대한 이해 및 인식의 어려움을 어떻게든 강조하려고 노력한다. 즉, 단어의 의미사 분석에 있어 언어학자들은 객관적인 규칙성의 분석이 아닌, "건전한 사고"에 근거한 주관적 접근에 자주 의지하고 있다는 것이다. 하지만 정말로 단어의 의미 발전 과정이 알 수 없는 분야인가? 이에 대해서는 다음 장에서 살펴보기로 하자.

제7장 의미의 규칙성

아마도 어원 연구에 있어서 의미 분석이 가장 복잡한 분야일 것이다. 우리는 이미 언어에 있어서 음성 변화와 다양한 조어 형태가 보통 분명하게 표현되는 체계적 특성을 지니고 있음을 보았다. 그러한 상황은 어원학자들의 작업을 대단히 수월하게 해준다. 이러한 관점에서 음성학이나 형태론 분야에서 보이는 변화의 체계성이나 규칙성의 명료함과는 동떨어진, 어원 분석의 의미적 측면은 더욱 복잡하다.

그럼에도 불구하고 단어의 의미 변화 내에서도 일정한 규칙성을 찾아볼 수 있다. 그러한 규칙성은 이미 의미 변화의 공통 원인 및 개별 유형들의 존재 속에서 나타나고 있으며, 앞장에서 그런 점을 확인할 수 있었다. 그러나 일련의 의미 변화의 전형적, "표준적" 특징은 어원학자에게 있어서 대단히 중요하다.

достигать와 постигать

몇몇 언어에서 '잡다, 붙잡다'의 의미는 '이해하다'란 의미로 발전한다. 즉, 라틴어 comprehendo의 '(나는) 잡는다'가 '(나는) 이해한다'의 의미로, 독일어 greifen의 '잡다'에서 begriefen의 '이해하다'의 의미로 발전하였다.

(제 유럽어의 영향으로 여겨지는) 그와 유사한 의미 변화가 러시아어의 схватывать, улавливать에서도 일어났다. 다음 두 가지 표현을 비교해 보자. схватывать на лету, улавливать смысл.

иметь와 동일한 어근을 갖는 동사인 имать'잡다'에 접두사 по-가 부가되어 형성된 동사 понимать에서 이와 유사한 현상을 찾아볼 수 있다. 그러나 동사 по-н-имать의 -н-은 어디에서 나타난 것일까? 그 동사가 다른 접두사들과의 파생 과정에서 유추된 것으로 판단된다. 다음 두 단어를 비교해 보자. 고대 러시아어 сън-имати(→снимать), вън-имати(→внимать, внимание). 그 결과 러시아어에는 두 개의 쌍둥이 단어가 나타났다. 고대 러시아어 по-имать→러시아어 поймать, понимать. 이 단어들 중 첫 번째 단어인 поймать는 자신의 주요 의미를 어느 정도 변형시키면서('(유, 무형의 것을) 잡다'→'(구체적 대상을) 잡다') 원래 의미를 보존한 반면, 두 번째 단어인 понимать는 전이된 의미('의도를 파악하다, 이해하다')로만 사용된다.

이동동사와 어떤 목표까지의 도달을 의미하는 동사들은 '이해하다'란 의미의 또 다른 원천으로 사용되기도 한다. 특히 조금 무례하면서도 풍자적인 구어체에서 동사 дойти가 그러한 의미를 지닐 수 있다. 예를 들어, 한 학생이 다른 학생에게 문제의 해답을 설명하면서 "Ну как-*дошло*?"라고 질문할 수 있다.

그러나 '이해하다' 또는 그와 유사한 의미를 지닌 동사 дойти는 한정된 어 결합에서만 사용된다. дойти своим умом은 '어떤 것을 스스로 이해하다'를 의미한다. дошло как до жирафа는 '한 박자 느리게 설명을 이해하는 사람'을 지칭할 때 쓰는 표현이다. 그럼에도 불구하고 동사 дойти는 현재까지 '어느 지점까지 다다르다'라는 기원적 의미를 기본 의미로 지니고 있다.

동사 постигать의 예를 들어보자. 고대 러시아어에서 그것은 동사 достигать (постигать와 동일 어근어), доходить와 유사한 의미를 가지고 있었다. 그러나 현대 러시아어에서 동사 постигать의 고대적이고 기원적인 의미는 사라졌다. 현재 постигать는 '이해하다, 어떤 의미를 설명하다'라는 의미를 갖는다. 동사 дойти가 '이해하다'라는 의미로 향해 가는 첫걸음을 겨우 내딛었다면, 동일한 의미의 постигать (постигнуть, постичь)는 자신의 과거의 의미를 상실하면서 그 과정을 모두 통과했다.

'(무게를) 달다'에서 '숙고하다'로의 단어 의미 발전은 또 다른 의미 모델을 보여준다. 이와 같은 변화는 라틴어의 delibero와 프랑스어의 penser에서도 볼 수 있다. 러시아어 взвешивать, взвесить(예를 들어, взвесить все обстоятельства'모든 정황을 고려하다')는 아마도 유럽어(프랑스어)의 영향 때문인 것으로 여겨진다.[28]

독일어 sehr는 과거에 '괴로운, 아픈'의 의미를 지녔다. 그러나 현재 이 단어는 '매우'라는 뜻을 가지고 있다. 이와 유사한 의미 변화는 러시아어에서도 찾아볼 수 있다. "Вижу, Азамат, что тебе *больно* понравилась эта лошадь." 현대 구어에서 больно의 이 의미는 널리 사용되고 있다.

'질투зависть'와 '질투하다завидовать'란 의미는 종종 '보다видеть'란 동사를 기반으로 하여 발전되고 있다. 러시아어의 зависть(*за-вид-ть에서, за-вид-овать와 비교해 보자), 라틴어의 in-vīd-ia, 리투아니아어의 pa-vyd-as'질투'를 예로 들어보자. 위의 세 단어들은 동일한 동사 어근인 *veid / *vīd-'보다'에서 형성되었다. 즉, 동일한 의미 발전 단계를 거쳤다. 동시에 이 단어들의 형성은 앞의 세 언어에서 독립적인 형태로 이루어졌다. 즉, 어형성에 있어서 상이한 접두사와 접미사 모델이 사용되었다.

위에서 본 예들은 다양한 언어에서 동일하지만 서로 독립적인 의미 변화가 자주 발생한다는 사실을 말해준다. 이러한 단어의 의미 변화의 유형적 특징은 언어 간에 존재하는 차이에도 불구하고 나타나는 인간의 사고작용의 공통성으로 설명된다.

---

28) 15장 번역차용어를 참조하시오.

의미열

지금까지 우리는 주로 전형적이고 "규범적인" 단어의 의미 변화에 관하여 알아보았다. 그런데 의미 유형의 유사성은 단어 형성 과정에서 특히 분명하게 나타난다. 예를 들어, '밀가루'를 의미하는 대다수의 단어들은 '빻다, 찧다, 잘게 부수다'를 지칭하는 동사로부터 형성되었다.

러시아어	молоть'빻다'	- помол'제분'
세르보-크로아티아어	мле́ти'빻다'	- мле́во'간 곡식'
리투아니아어	malti'빻다'	- miltai'밀가루'
독일어	mahlen'빻다'	- Mahlen'제분', Mehl'밀가루'
고대 인도어	pinasti'찧다'	- pistam'밀가루'

많은 언어에서 '구경거리, 극장'의 의미는 '보다'라는 동사를 기초로 발전된 것이다. 그러한 의미 모델들을 보여주는 것으로 다음과 같은 예들이 있다.

고대 그리스어 theaomai'나는 본다'	→	theatron'구경거리, 극장'
라틴어 spectare'보다'	→	spectaculum'구경거리, 연극'
체코어 dívati'보다'	→	dívadlo'구경거리, 극장'
러시아어 зреть'보다'	→	зрелище'광경'
리투아니아어 regėti'보다'	→	reginys'구경거리'
라트비아어 skatit'보다'	→	skats'구경거리'

러시아어 остров'섬'는 단어 струя'흐름' 및 라트비아어 strava'흐름'(어근 *s(t)reu- '흐르다')와 친족 관계인 어간 стров-에 접두사 o-가 부가되어 형성되었다. 다시 말하자면 остров는 '물이 돌아 흐르는'이라는 의미를 갖는다. 고대 폴란드어와 세르보-크로아티아어의 óток, 러시아어 방언 óток'섬', 우

크라이나 방언 óбтiк '작은 섬' 또한 동일한 의미 모델에 따라 형성되었다. 이 모든 단어들은 러시아어 теку, течь와 친족 관계인 동사들로부터 형성되었다.

'셈하다'와 '수'를 의미하는 단어들은 어원적으로 '베다, 자르다'를 의미하는 동사들과 대단히 자주 관련된다. 즉, 고대 아이슬란드어 skora는 '자르다'도 의미하고 '셈하다'도 의미한다. 세르보-크로아티아어 броj와 불가리아어 брой는 '수'를 의미하는데, 이들은 러시아어 брить와 친족 관계의 동사들로부터 형성되었다. 그러나 가장 고대적 의미는 '자르다'이다. 이러한 의미적 규칙성의 근간에는 무엇을 기억하거나 계산하기 위해 칼로 새긴 자국으로 셈을 세던 매우 오래된 관습이 존재한다.

가장 오래된 고대의 글자들 또한 여러 가지 형태의 자르고 긁어서 그린 기호의 흔적들이다. 이것으로부터 '베다', '긁다' 등의 의미를 지니는 동사 '쓰다'와 '읽다'의 관계를 알 수 있다. 예를 들어, 루시에서 가장 오래된 글자가 черты와 резы이었음은 잘 알려진 사실이다. 후자의 어원은 자명하다. 그리고 단어 черта는 가장 가까운 친족어인 리투아니아어의 kertu '(나는) 자른다'에서 찾을 수 있다. 즉, черта는 어원적으로 '새긴 자국, 베인 자국'을 의미한다. 다른 인도유럽어들에서도 비슷한 예를 찾아 볼 수 있다.

위에서 살펴본 예들은 우리로 하여금 의미열에 대한 아주 명확한 개념을 가질 수 있게 해준다. 그리고 그러한 의미열의 분석은 단어의 의미 연구라고 하는 어원 연구에 있어서의 난해한 영역에 대해 몇 가지 체계적인 요소들을 도입할 수 있게 해 준다.

'자르다'라는 의미에서 '운명'이라는 의미까지

어떤 경우 두 개의 의미를 갖는 단어들의 관계는 특별한 어려움 없이 직접적으로 설명된다. 예를 들어, '보드카'라는 의미를 지니는 우크라이나어 горілка, 체코어 pálenka, 리투아니아어 degtiné와 같은 단어들은 горіти'타다, 불타다', páliti'불태우다', degti'타다'라는 상응하는 동사들에서 유래되었음을 쉽게 알 수 있다. 바로 그렇게 단어 элегантный와 изящный는 '선택하다'라는 의미를 갖는 동사들과 직접적인 관련을 갖는다. 프랑스어에서 유래한 элегантный는 종국에는 동사 eligo'(나는) 선택한다'의 형동사형인 라틴어 elegans'선택된'까지 거슬러 올라간다. 반면 изящный는 '선택하다'를 의미하는 동사 изꙗти에서 파생된 교회 슬라브어에서 차용되었다. 이와 같은 방법으로 '선택된, 고른'이 элегантный와 изящный의 근원적 의미가 되었다.

그러나 단어의 의미 발전이 언제나 분명하지는 않다. судьба와 동의어 관계에 있는 몇 단어들을 예로 들어보자. доля, участь, жребий. 이 단어들 중 доля는 '운명'이라는 의미와 함께 '부분'의 의미도 지니고 있다. 단어 участь는 (счастье와 마찬가지로) 단어 часть가 어간의 역할을 하며, 거기에 접두사가 부가되어 형성되었다. 또한 단어 жребий에는 '부분, (무엇의) 조각'이라는 의미가 특히 분명하게 나타난다. 교회 슬라브어 жеръбъ는 '잘라낸 조각'을 의미하고, 우크라이나어의 한 방언에서 жереб는 '땅의 일부'를 의미하며, 문자 그대로는 '잘라낸 조각'이다. 이것은 인도유럽어 친족어들과 일치된다. 독일어의 kerben'자국을 새기다'이나 영어의 carve'자르다, 나누다'를 그 예로 들 수 있다.[29]

위의 모든 자료들로부터 우리는 다음과 같은 공통적 의미 발전 도식을 만들어낼 수 있다. '자르다' → '나누다' → '부분' → '몫, 운명'. 여기에서 의미의 발전은 점차적으로 추상적 의미를 지향한다. 그러나 위에 열거된 사실과 더불어 또 다른 결과, 즉 구체적 의미도 나타난다. 즉, '자르다'란 의미는 '조각, 부분'의 의미를, '나누다'란 의미는 '분배된 토지, 구역'의 의미를 생성한다.

---

[29] 음성일치표를 이용하면 인도유럽어 *gerbh-가 게르만어에서는 *kerb-, 원시슬라브어에서는 *gerb- (→교회 슬라브어 жрѣб-, 러시아어 жереб-)로 규칙적으로 변하는 것을 확인할 수 있다.

게다가 이 의미들은 기원상 동일한 단어의 기반 위에서 발전되었다. 예를 들어, 슬라브어 명사 어간 *greb-에서는 위의 세 가지 의미, 즉 '잘라낸 조각', '땅의 일부', '운명'의 의미가 파생되었다.

"재갈"과 "상처"에 관하여

종종 동일 관계 의미열들은 연구자를 난처한 상황에 빠뜨린다. 예를 들어 몇몇 언어에서 동일한 단어나 같은 기원을 갖는 단어들이 '재갈'과 '(물린) 상처'란 의미를 동시에 갖는다. 세르보-크로아티아어의 жва́ле, 이탈리아어의 morso, 스페인어의 bocado, 영어 bit'재갈'와 bite'물린 상처'.

이 예들의 분석을 통하여 우리는 의미열인 '재갈'-'상처'를 구분해 낼 수 있다. 그러나 의미상 너무 거리가 먼 이 단어들을 어떻게 연결할 수 있을까? 의미 변화의 결과로 이 단어들 중 하나의 의미가 다른 의미로 바뀌었다고 가정하기는 힘들다. '재갈'과 '상처'란 의미들 간의 관계에 대한 문제는 다른 방법으로 해결된다. 여기서는 두 경우들이 기원적으로 가지고 있었던 제삼의 공통 의미를 찾아보아야 한다.

아래의 구체적인 예들에서 '물다'와 '씹다'란 의미를 지닌 동사의 의미가 출발점임을 알 수 있다.

세르보-크로아티아어 жва́(та)ти'씹다'→1) жва́ле'재갈'
2) жва́ле'상처, 입안의 상처'
이탈리아어 mordere'물다'→1) morso'재갈'
2) morso'(물린) 상처'
영어 to bite'물다'→1) bit'재갈'
2) bit'(물린) 상처' 등

위에서 제시된 의미열들은 '재갈'-'(물린) 상처'의 의미를 지닌 단어들의 어원뿐 아니라, 이들 두 의미 사이에 있는 관계의 특성도 밝혀줄 수 있다.

말에 굴레를 씌울 때, 그 입에 보통 쇠로 만든 재갈을 물린다. 고삐로 재갈의 고리를 세게 당기면서 기수는 말을 조종한다. закусить удила '말이 날뛰다(문자 그대로는 '재갈을 씹다')'라는 표현은 잘 알려져 있다. 재갈은 보통 말의 입에 채워지기 때문에, 말은 이 재갈을 물어뜯고 씹기도 한다. 이탈리아어의 morso(mordere에서 기원), 저지대 루지쯔어[30]의 gryzadlo('물어뜯다'의 의미에서 기원), 세르보-크로아티아어의 жвáле('씹다'에서 기원)같은 재갈에 대한 명칭이 여기에서 유래되었다.

'물다'→'물린 상처'→'상처'와 같은 의미 관계는 좀더 간단히 설명할 수 있다.

앞에서 살펴본 예들은 어원적 의미 관계에 있어 완전히 다르게 보이는 것들 간의 관계를 연결시켜주는, 근원적인 제삼의 의미를 분리해내는 것이 단어의 의미 분석에 있어서 얼마나 중요한가를 보여준다. 위에 제시된 예는 그러한 경우의 유일한 예는 아니다. 이미 우리는 앞에서 이와 비슷한 다른 경우들을 살펴보았다. 러시아어의 гость와 라틴어의 hostis '적'가 제 삼의 공통 의미인 '낯선, 이방인'에서 이끌어진다는 것이 그 예이다. 불가리아어 стая '방'와 러시아어 стая는 '서다'란 의미의 동사에서 기원한 '마구간, 외양간'을 단일한 기원 의미로 지닌다.

의미와 언어의 친족관계

음성적 규칙성과 조어적 규칙성은 보통 친족어들의 범주 내에서 관찰된다. 반대로 인간 사고의 끊이지 않는 실타래처럼 연결된 의미는 일반적으로 언어

---

30) 서슬라브어 가운데 하나.

경계를 허용하지 않는다. 단어들 간의 사고 관계들은 개념들 간의 관계를 반영한다. 반대로 개념들 간의 관계는 우리를 둘러싸고 있는 현실세계의 사물과 현상들 간의 관계에 기초하고 있다. 이것이 의미 발전의 규칙성이 상호간에 기원적 공통성이 없는 다른 언어들에서 완전히 동일하게 나타나는 이유이다.

즉, 의미열 '물다'-'재갈, 굴레'-'(물린) 상처'는 몽골어에서도 예를 찾아볼 수 있다. хазах'물다'-хазаар'굴레'-хазах'물린 상처'. 라틴어의 cubitus, 몽골어의 тохой 그리고 러시아어 방언 локоть는 '팔꿈치'의 의미에서 '굴곡, (하천의) 굽이'로의 동일한 의미 발전을 겪었다. 몽골어인 нáранцэцег와 라틴어화된 그리스어 helianthēs'해바라기'는 모두 글자 그대로 해석하면 '태양의 꽃'을 의미한다.

이 모든 예들은 의미 분석 과정에서 친족어들의 자료가 어원학자에게 중요함을 말해준다. 의미 분야에서도 친족어들 간의 비교는 매우 효과적인 결과를 제공한다. 왜냐하면 역사적 운명과 기원의 공통성은 일정한 흔적을 가까운 친족어들에 남기기 때문이다.

'학'과 '기중기'

흥미로운 의미 관계열들이 '학'을 의미하는 단어를 지닌 많은 언어들에서 발견된다. 러시아어와 그 방언들에서 журавль은 새를 뜻할 뿐 아니라, 우물물을 풀 때 쓰는 지렛대를 의미한다. 또한 러시아어 방언들에서 단어 журавль은 물뿐 아니라, 다른 무거운 것을 들어올릴 때 쓰는 기중기의 의미로도 쓰인다. 러시아어 표준어에서 이 기구를 칭하는 лебёдка는 다른 새의 이름으로부터 그 이름을 부여받았다(즉, лебедь로부터). 다른 언어들에서도 우리는 기중기에 대한 그러한 명칭들을 찾아볼 수 있다. 영어 crane, 그리스어

geranos, 리투아니아어 gervė. 이 모든 단어들이 '학'뿐만 아니라 '기중기'도 의미한다. 이 모든 경우에[31] 의미 발전이 '학'으로부터 일정한 외형적 유사성을 가지는 '기중기'로 발전했다는 것은 명백하다.

본 장에서 주로 살펴보고 있는 동일 의미열*изосемантические ряды*[32]은 어원 연구에 있어서, 특히 두 개 이상의 동일한 가치를 지니는 어원들이 존재할 경우 어원학자들의 연구에 중요한 도움을 줄 수 있다. 동일하거나 비슷한 의미 관계의 신뢰성 있는 의미열의 존재는 그 어원들 중 하나를 위한 결정적 논거가 될 수 있다. 그러한 예 가운데 하나를 살펴보기로 하자.

'학'과 '월귤나무 열매'

러시아어 방언들에서는 '월귤나무 열매'를 의미하는 журави́ка, журави́ца, журави́на와 같은 단어들이 널리 사용되고 있다. 일반적으로 журавика라는 단어의 어원을 '학의 열매*журавлиная ягода*'로 생각해 왔다. 그러나 최근 몇 년 동안 이 단어들 간의 관계가 근원적인 것이 아니라, 이차적인 것이라고 여기면서, 단어 журавика와 журавль의 어원적 일치의 정당성에 대해 의구심을 표현하는 학자들의 논문이 나타났고, 새로운 어원이 제안되었다. жеравика, жоравица, жарав(л)ика 등과 같은 방언 형태의 존재는 '밝은 불빛'을 의미하는 жар와 이 월귤나무 열매의 명칭들의 대비를 위한 논거로 여겨지게 되었다. 더욱이 몇몇 러시아어 방언들에서 월귤나무 열매는 красница로 불려지고 있다. 새로운 어원을 위해 жеравь가 '학'을 의미했고, жеравыи가 '타는, 달구

---

31) 개별적인 번역 차용의 가능성이 공통의 구도를 변화시키지는 않는다.

32) 어두의 изо-는 그리스어의 isos'동일한'에서 기원하였다. 동일 의미열이란 동일한 의미 변화 또는 관계를 지니는 단어들의 열이다.

어진'을 의미했었다는 고대 러시아어 자료가 인용될 수도 있다.

그렇다고 하더라도 새로운 어원은 배척되어야만 할 것이다. 무엇보다도 가장 보편적인 형태인 журав-ика, -ица와 더불어, 러시아어 방언들에서 어근에 모음 e, a, o를 포함하는 월귤나무 열매의 명칭에 관한 이형태들(жерав-, жарав-, жорав-ика)의 존재가 그와 같은 형태들이 단어 жар로부터 형성되었다는 것을 말해주지는 않는다. 오히려 정반대이다. жар라는 단어와 그 파생어들은 그렇게 풍부한 음성적 이형태들을 가지고 있지 않기 때문에, 월귤나무 열매라는 명칭의 방언적 이형태들과 그것을 대비시키는 것은 음성학적으로 신빙성이 없다. 동시에 문학어와는 다른, 열거된 모든 이형태들(жеравика, жаравика, жоравица)은 '학'을 의미하는 고대 러시아어 이형태들(жеравь, жаровь, жоравь)과 완벽하게 일치한다. 또한 첫 음절에서 e와 o를 포함하는 학의 명칭들은 일련의 슬라브어 친족어들에서도 증명되며, 리투아니아어 gervė'학'는 e를 가지는 형태가 아주 오래되었음을 증명해준다.

жар → жаравика → журавика의 어원에 반대하는 중요한 논거는 '학' → '월귤나무 열매'와 같은('학의 열매'처럼) 믿을 수 있고 널리 분포된 동일의미열의 존재이다. 이 열 부분들 간의 끊을 수 없는 관계는 다음 표를 통해 일목요연하게 나타난다.

언 어	'학'	'열매'	'월귤나무 열매'
영 어	crane	berry	cranberry
스웨덴어	trana	bär	tranbär
에스토니아어	kure	mari	kuremari
네네쯔어	харё	нгодя	харё нгодя
마리어	турня́	пöчиж'월귤나무 열매'	турня пöчиж
라트비아어	dzēpve	–	dzēpvene
러시아어	журав(л)ь	–	журавика

물론 위의 목록이 완벽한 것은 아니다. 그러나 그것은 학과 월귤나무 열매의 명칭들 간의 명백한 의미 관계를 보여준다. 앞의 다섯 가지 예는 복합어('학' + '열매')이고, 나머지 두 개의 예는 접미사 파생 형태이다. 그 모든 경우에 있어 '월귤나무 열매'는 그 의미상 '학의 열매'이다. 여기 어디서도 жар는 찾아볼 수 없다. 이처럼 월귤나무 열매의 명칭에 대해 우리가 러시아어 방언들에서 찾아볼 수 있는 의미 현상은 러시아어의 경계 밖 멀리까지 나아간다. 그렇지만 모든 언어에서 월귤나무 열매가 꼭 '학의 열매'처럼 불려야 한다거나, 반대로 '학의 열매' 형태의 어결합이 모든 경우에 있어서 월귤나무 열매를 의미한다고 생각할 수는 없다. 예를 들어, 리투아니아어에서는 '검정딸기 *ежевика*'가 gerbuogė'학의 열매'라는 단어로 불려지고 있다. 동일의미열은 법칙이 아닌, 일정한 규칙성이나 경향을 반영한다.

특이한 사전

журавика라는 단어의 예와 관련하여 우리는 밝혀진 의미 규칙성이 두 개의 논쟁 가능성 있는 어원 중 하나를 위한 중요한 논거가 될 수 있음을 확인했다. 개별적인 경우들에서 동일의미열의 존재는 어원 문제의 해결에 있어 일종의 독특한 "출발점"으로도 기능할 수 있다.

예를 들어, 저명한 리투아니아 어원학자인 사발랴우스까스*A. Сабаляускас*는 동일의미열 '흰, 밝은'→'밀'에 근거하여, 리투아니아 단어 kvietys'밀'에 대한 새롭고 흥미로운 어원을 제안하였다. 그는 그 단어의 어간을 šviet-'빛나다, 밝게 되다'와 관련지었다(러시아어 цвет와 свет를 비교해 보시오).[33] 사발랴우

---

[33] 위에 보인 리투아니아 어간들에서 초성 k와 š의 불일치는 인도유럽어 *k와 *k′의 변화에 의해 설명된다(음성일치표를 참조하시오). 이와 유사한 변화는 러시아어

스까스에 의해 제안된 어원의 규칙적 특성은 영어의 white'흰'→wheate'밀', 독일어의 weiβ'흰'→Weizen'밀'과 같은 예에 의해서도 확인된다.

우리가 알아본 일련의 동일한 의미 변화 또는 관계에 관한 예들은, 의미론 영역에서 모든 것들이 그것이 보이는 바처럼 그렇게 무질서하고 체계가 없는 것은 아니라는 것을 보여준다. 단어 의미의 형성과 발전 분야의 일정한 규칙성들을 관찰하면서 언어학자들은 어떤 흥미 있는 생각을 해냈다. 그들은 단어를 한 언어에서 다른 언어로 번역(일반적인 외국어사전처럼)하는 것도 아니고, 설명을 하는(해석사전에서처럼) 것도 아니고, 알파벳 순서로 배열(거의 모든 "일반적인" 사전처럼)되지도 않는 좀 특이한 사전을 만들 것을 제안했다. 이 새로운 사전에는 가장 보편적이고 "표준적인" 의미 변화 유형과 단어 의미 형성의 "표준" 모델을 포함하기로 되어있다. 바꿔 말하자면 이 사전은 단어가 아닌, 단어 의미를 모아놓은 사전이다.

예를 들어, 이 사전의 '월귤나무 열매'라는 단일 항목에는 러시아어 방언인 журавика, 영어의 cranberry, 에스토니아어의 kuremari 등과 같은 외적 형태로는 전혀 유사하지 않은, 즉 기원이 다른 단어들이 들어갈 것이다. 그러나 이 모든 단어들은 '월귤나무 열매'라는 공통 의미뿐만 아니라, '학의 열매'라고 하는 공통의 문자 의미에 따라 결합되어 있다. 즉, 이들 모두는 동일한 의미 모델로 이루어져 있다.

확실히 그러한 사전의 편찬은 어원학자들의 손에 많은 어원 문제의 해결에 대한 열쇠를 쥐어줄 것이며, 어원 분석의 가장 복잡한 부분인 의미에 대한 문제의 어려움을 덜어줄 것이다. 그러나 이와 같은 사전의 편찬은 아직 미래의 일이다.

при-клонить와 при-слонить, цвет와 свет, 리투아니아어의 perkti'사다'와 piršti'주선하다(특히 '아내를 사다')' 등에서도 발견된다.

제8장 친족어 자료의 도입

여러 단어들의 어원을 고찰하면서 우리는 여러 번 인도유럽어 친족어들의
자료에 관심을 기울여야만 하였다. 그러나 그러한 모든 경우에 있어서 단어
의 어원은 보통 (고대 러시아어를 포함한) 러시아어 자료를 토대로 하여 확
립되었다. 실제로 인도유럽어 자료는 단지 도입된 어원의 진실성을 검증하기
위해서만 사용되었다. 다시 말해서 친족어 자료는 대부분 이차적 역할만을
하였다.

그러나 어떤 단어의 기원을 밝힐 수 있는 고대 러시아어 문헌 자료들이 없
거나, 가까운 슬라브 친족어들의 문헌조차도 없는 경우도 자주 있고, 인도유
럽어 시대에 발생한 대단히 오래된 조어에 관해 언급해야할 경우도 있다. 바
로 그러한 경우, 발트어, 인도-이란어, 게르만어, 라틴어, 고대 그리스어 등
의 인도유럽어 친족어들로부터 상응하는 자료의 도입은 어원 연구에 큰 도움
을 줄 수 있다.

설명되는 일치와 설명되지 않는 일치

러시아어 어원사전들은 러시아어 단어의 기원을 설명할 때 인도유럽어들에

서 많은 상응하는 어휘들이 도입된다는 것을 잘 보여주고 있다. 그러한 일치가 우리들이 관심을 가지는 단어들의 올바른 어원을 확립할 수 있도록 해주는 경우는 대단히 많다. 고대 러시아어에서 бебръ 형태였던 бобр란 단어를 예로 들어보자. 그 단어는 모든 슬라브어들에서 잘 알려져 있고, 리투아니아어에서는 bebras, 고대 고지 독일어에서는 bibar, 라틴어에서는 fiber의 형태로 존재하였고, 기타 인도유럽어에서도 그 단어를 찾아볼 수 있다. 그 단어들은 모두 '비버'를 의미한다. 비록 열거한 일치가 이론의 여지가 없는 것이기는 하지만, 그것으로는 단어의 어원이 전혀 설명되지 않는다.

그러한 종류의 일치는 그 자체로는 단어의 기원에 관한 질문에 완전한 대답을 주지 못한다. 친족어들 내에 비교적 많은 양의 일치(즉, 3-4개의 확실한 예들)의 존재는 단지 그 단어가 아주 오래 전에 생겼음을, 아마도 인도유럽어 시대에 발생했음을 증명해 줄 수 있을 뿐이다. 그렇지만 그 단어가 발생하던 시점에 어떤 의미를 지녔었는가 하는 문제의 해결을 위해서는, 친족어들 가운데 비록 하나의 언어에서일지라도 아주 확실한 형태에 의해 그 단어의 어원을 밝혀야 할 필요가 있다.

бобр란 단어의 경우에 어원 문제의 해결을 위한 열쇠를 제공해 주는 것은 고대 인도어이다. 그 언어에는 '갈색의, 밤색 털의'를 의미하는 babhrus란 단어가 있다. 리투아니아어의 bėras '갈색의, 밤색 털의'와 독일어의 braun '갈색의, 밤색 털의'이란 단어가 그 단어와 가까운 친족 관계를 이룬다. 즉, 비버의 명칭은 털 빛깔에서 비롯되었고, 그 단어의 원래 의미는 '갈색의, 밤색 털의'였다.

그런데 여기에서 아주 자연스러운 질문이 떠오를 수 있다. '비버'와 '갈색의'라는 의미간의 상호 관계가 정반대의 경우는 아니었을까? '갈색의'라는 의미가 '비버의 색깔'이라는 의미로부터 발생한 이차적 의미는 아니었을까(마치 вороной가 '까마귀 색깔의', голубой가 '비둘기 색깔의' 등에서 비롯된 것처럼)? 그러한 질문에 대한 대답은 "아니다"이다. 그 이유는 다음과 같다.

고대 인도어 단어인 babhrus는 '갈색의, 밤색 털의'란 의미 외에도 '커다란 망구스(비버와는 모습이 아주 다른 짐승이다) 모양의'란 의미도 가지고 있다. 그 외에도 고대 인도어에는 '적갈색의 암소'를 의미하는 babhru(러시아어의 буренка와 의미를 비교해보시오)란 단어가 있다. 또한 리투아니아어의 bèris란 단어는 '갈색 털을 가진 말'을 의미한다. 독일어의 Bär는 '곰'(문자 그대로는 '갈색의')을 의미한다. 이처럼 아주 다양한 짐승들(비버, 말, 암소, 곰)이 갈색 털빛에 따라 자신의 명칭을 얻게 되었다. 이러한 명칭 가운데 몇몇은 특정한 털 색깔을 지닌 짐승과 연관되어 있고(말, 암소), 다른 몇몇은 그 짐승 전체를 지칭하는 것과 관련된다(비버, 곰). 후자의 경우는 갈색 털빛이 가장 흔하거나 심지어 유일한 경우이기 때문이다.

бобр의 경우처럼 인도유럽어 친족어 자료들의 도입은 러시아어의 범주 내에서는 확실한 어원적 설명을 얻지 못하는 일련의 러시아 단어들의 기원을 확립시켜준다.

заяц의 고대적 의미는 'прыгун(늘 뛰어 돌아다니는 사람)'이었다. 그 어원은 리투아니아어 동사 žaisti'놀다, 뛰어 오르다'(어간 žaid-)에 의해 확인된다. заяц란 단어의 가까운 "친척"이 고대 인도어에서는 '말'(hayas)의 의미를 지녔고, 고트어에서는 '염소'(gaits)를, 라틴어에서는 '새끼 염소'(haedus)를 의미했음은 흥미롭다. 인도유럽어들의 음성 비교표를 살펴보면, 러시아어의 어두음 з-, 리투아니아어의 ž-, 고트어의 g-, 고대 인도어 및 라틴어의 h-가 인도유럽어의 *gh-로부터 유래되었음을 알 수 있다. 슬라브어와 고대 인도어 단어 형태는 단순어간 *ghai-를 반영하고 있고, 리투아니아어, 고트어 그리고 라틴어에는 그 어간에 접미사 *-d-가 부가되었다. 그 접미사는 고트어에서는 -t-가 되었다[34].

---

34) заяц에서는 기대형인 모음 o 대신에 a가 발견된다. 그러나 슬라브어의 зайка로부터 차용된 리투아니아어 zuikis'토끼'는 좀더 오래된 슬라브어 어간 *зойк를 반영하고 있다.

유사한 종류의 친족어들 간의 일치를 통해 *береза*의 고대적 의미가 '빛나는, 흰'이었음을 알 수 있다. 또한 *галка*의 어원은 '검은'이고, *груздь*는 '부서지기 쉬운', *корова*는 '뿔이 난'이라는 것을 알 수 있다.

그러나 인도유럽어에서 일치되는 자료를 도입하는 것이 모든 단어의 어원을 밝혀주는 것은 아니다. 예를 들어, 러시아어 명사 *мясо*는 일련의 인도유럽어들에서 많은 수의 확실한 일치형을 갖는다. 그렇지만 본질적으로 그것이 그 단어의 어원은 아니다. *червь*, *овца*, *огонь*, *блоха*, *камень* 등의 단어들도 마찬가지이다. 물론 그러한 단어들도 어떤 식으로든 어원을 설정하기는 하였으나, 그러한 어원에 대한 설명은 널리 받아들여지지 못했다.

따라서 친족어로부터 인용되는 일치 자료들은 두 그룹으로 분류될 수 있다. 첫 번째는 분석 단어의 어원을 밝힐 수 있는 것이고, 두 번째는 그 자체로는 어원을 설명하지 못하고, 다만 우리에게 대단히 오래 전에 그 단어가 발생했다는 것, 즉 인도유럽어 시기에 그 단어의 어근이 발생했다는 것을 증명해 주는 것이다.

*луна*란 무엇인가?

*луна*의 어원은 많은 관계 속에서 증명된다. 러시아어 자료만으로는 그 단어의 기원이 어떤 것인지를 알 수 없다. 러시아어에서 기원상 *луна*와 연관된 단어를 찾아보도록 하라. 물론 그런 단어들이 존재한다. 그렇지만 친족어들의 자료를 활용하지 않고 그들을 발견하기란 실제로 거의 불가능하다.

둘째로, *луна*란 단어의 어원문제를 연구할 때 우리는 친족어들의 음성적 일치형에 의거해야 할 뿐 아니라 조어 분석에도 그리고 다양한 의미 변화 연구에도 의지해야 한다.

라틴어의 lūma는 러시아어와 음성면에서뿐 아니라 의미 관계에 있어서도 거의 완전하게 일치한다. 그러나 그러한 대비를 통해 우리는 아무런 진전을 볼 수 없다. 발트어들과 인도-이란어들을 살펴보도록 하자. 그 언어들에 존재하는 일치형을 통해 луна의 -на가 언젠가는 접미사였으며[35], 어근의 끝에는 라틴어와 러시아어에서는 탈락했으나, 몇몇 다른 인도유럽어들에서는 유지되었던 자음군 -ks-가 존재했었음을 알 수 있다. 그러한 자음 가운데 하나는 라틴 민족들의 한 고대 여신의 이름인 Losna에서 찾아볼 수 있다.

그 외에도, 친족어 일치형들은 고대 인도유럽어의 *louksna의 의미가 '달' 하나만이 아니었음을 보여준다. 어떤 언어에서 그것은 '별'(고대 프러시아어)을, 다른 언어에서는 '빛'(아일랜드어)을, 또 다른 언어에서는 '램프'(고대 그리스어)를 의미했다. *louk-s-na란 단어에서 어근 *louk-의 존재는 학자들이 그것을 라틴어의 lūx'빛', lūceo'(나는) 빛을 비춘다'와 그리고 또한 러시아어의 луч(여기에서 ч는 고대 형태 к에서 발생했다. ру-к-а와 ру-ч-ка를 비교해 보시오), из-луч-ать'빛을 비추다'와 대비시키게 해 주었다.

고대 이란어들 가운데 하나에서는 인도유럽어 단어 *louksna의 가장 오래된 의미인 '빛나는'이라는 의미가 보존되었다. 따라서 луна의 글자 그대로의 의미는 언젠가 '빛나는', '빛을 냈다'였다. 이것으로부터 왜 어떤 언어에서는 그 단어의 의미가 '달'이 되고, 다른 언어에서는 '별'이 되었으며, 또 다른 언어에서는 '빛' 또는 '램프'가 되었는가를 알 수 있다. 이러한 어원은 본래의 '빛나다, 빛을 비추다'란 의미에서 모든 그러한 의미로의 발전을 쉽게 설명해 준다.

심지어 가까운 슬라브어 친족어들 간에도 луна의 의미가 완전히 달라졌다

---

35) 유사한 예들과 비교해 보시오. 러시아어 (про-)стор와 어말에 접미사 -на를 가진 сторо-на, страна. волна, струна, борона, чена 등의 경우도 마찬가지이다. 엄격하게 말해, 이러한 모든 경우에서 접미사는 -н-이고, 어말의 -a는 어미이다(비교, вол-н-а, вол-н-ы). 그렇지만 어원 연구에서 그것은 본질적 문제가 아니다.

는 것은 흥미롭다. 즉, 체코어, 폴란드어, 우크라이나어에서 그 단어는 '반사, 노을'을 의미한다. 러시아어의 방언들에서도 луна의 의미로 '노을, 빛'이라는 의미가 사용되며, 그러한 방언에는 또한 лунь '희미한 빛'이란 단어도 존재한다.

"ковать мясо"가 가능한가?

고기는 담금질하는ковать 것이 아니라 자르는 것이다. 그런데 러시아어에는 어원 때문에 그러한 아주 어리석어 보이는 질문을 제기하게끔 하는 한 단어가 있다. 그 단어란 '소고기의 골반 부위'를 의미하는 оковалок이다(이 단어는 방언에서도 목 또는 어깨 부위의 살을 의미한다). 러시아어의 일련의 방언들에서 оковалок 또는 ковалок는 또한 '조각'의 의미를 지닌다. 벨라루시어에서도 그러한 의미로 кавалак란 단어가 사용된다.

оковалок의 형태 구조는 분명하다. о-는 접두사, -кова-는 어간, -л-과 -ок는 접미사. 따라서 о-кова-л-ок는 ковать 동사와 관련될 수 있다. 이는 구조상 о-коло-т-ок란 단어가 колотить란 단어와 관련되는 것과 유사하다[36]. 그런데 ковать와 оковалок간의 의미의 분화는 어떻게 설명될까? 이 질문에 대해 쁘레오브라줸스끼A. Г. Преображенский는 자신의 『러시아어 어원사전』에서 다음과 같이 설명하고 있다.

"о-кова-л-ок는 ковать에서 유래되었다. 그 단어의 최초의 의미는 쇳조각이었으나, 점차 모든 조각을 일컫게 되었다……. 그렇지만 이것은 단지 가정일 뿐이다."

---

36) околоток와 колотить간의 어원 관계는 이미 달В.И.Даль에 의해 언급되었다. 이 대비에 따르면 околоток은 그 지역을 지키는 경비원의 딱딱이 소리가 들리는 지역을 말한다.

위의 설명은 만족스럽지 못하다. 무엇보다도 оковалок와 ковалок란 단어에서는 어디에도 '쇳조각'이라는 과거의 의미에 대한 조그마한 흔적도 남아있지 않다. 접미사 -ок가 없이 형성된 벨라루시어의 кавал이라는 단어 또한 단지 '커다란 조각, (빵, 과일 등의) 조각'만을 의미하지, '쇳조각'을 의미하지는 않는다. 그 외에도 쁘레오브라줸스끼의 어원은 인도유럽어의 일치형에서 볼 수 있는 것과 같은 ковать 동사의 원래적 의미가 아닌 현대의 의미를 근거로 하고 있다.

(슬라브어 외에) 러시아어 동사 ковать의 가장 가까운 "친척어"는 리투아니아어 kauti'때리다, 자르다, 베다'와 독일어 hauen'때리다, 베다, 자르다'이다. 이러한 일치형들은 '때리다'의 의미를 지닌 고대 동사들의 의미 발전이 두 방향으로 이루어졌음을 말해준다. 1) '때리다'→'자르다, 베다'(리투아니아어, 독일어), 2) '때리다'→'(망치로) 치다'→'담금질하다'(러시아어 및 기타 슬라브어들).

금속을 담금질하는 것은 인류역사상 비교적 뒤늦은 현상이므로 '담금질하다'라는 의미가 '자르다'라는 의미보다 뒤늦게 출현했음을 가정할 수 있다. 또한 그러한 보다 이전의 의미를 지닌 흔적들은 러시아어에서 ковалок, кавалок 그리고 оковалок'(고기의) 조각, 부분'이라는 단어의 형태로 남아 있었다.

따라서 оковалок이라는 단어는 그것의 현대적 의미가 아닌 보다 오래된 의미인 '자르다'라는 의미를 지닌 ковать동사로부터 유래된 것이다. 이렇게 оковалок의 어원을 확립할 때에는 인도유럽어 친족어들의 자료 도입이 결정적 역할을 하였다. 그러한 자료의 도입 없이는 그 단어의 동사 ковать와의 의미 관계가 불분명하게 남아 있었을 것이다.37)

---

37) 파스머는 자신의 『러시아어 어원사전』에서 оковалок의 기원을 다르게 설명하고 있다. 그는 이 단어를 뒤늦은 게르만어 차용에 의한 재형성으로 보고 있다.

пшено와 пест 그리고 пихать

얼핏 보기에 위에 열거한 단어들은 어두의 п-외에는 서로간에 어떠한 공통점도 없는 것처럼 보인다. 이 단어들은 모음도 자음도 동일하지 않다. 그렇지만 пест와 пихать의 대비를 통해 학자들은 пшено의 어원을 확립할 수 있었다.

실제로 그를 위해서는 우선 열거된 단어들의 고대적 형태를 재구해야만 했고, 또한 친족어들의 자료 분석이 있어야 했다.

пихать와 пшено는 고대 러시아어에서 пьхати와 пьшено의 형태를 지니고 있었다. 그 단어들의 어근에서는 자음 x(пьх-)와 ш(пьш-)의 교체가 발생한다. x // ш와 동일한 자음교체는 пух-пушок, дух-душа, петух-петушный에서도 찾아 볼 수 있다. 따라서 음성적 관점에서 пьхати와 пьшено는 서로 충분히 대비된다. 음성 ш는 보다 고대형인 x의 연자음화의 결과였다. 그런데 x 소리 또한 슬라브어들에서 s → ch [c → x]로의 음성 변화의 결과이다. 이는 다음과 같은 일치형들을 통해 증명될 수 있다.

리투아니아어	고대러시아어
sau-s-as	cy-x-ъ '마른'
blu-s-a	блъ-x-ъ '벼룩'
mu-s-ё	му-x-ъ '파리'
pai-s-au	пь-x-аю '(나는) 빨는다'

마지막 비교를 통해 пьхати와 пьшено로부터 어근 *pis-'빨다'를 분리해 낼 수 있다. пест(고대 러시아어로는 пѣстъ) '공이, 망치'에서는 동일한 어근이 다른 모음과 함께 쓰인 것을 찾아볼 수 있다.

따라서 пьшено는 동사 пьхати '빨다'와 동일한 어간으로부터 형성되었고, 그 문자적 의미는 '빻은 (곡식)'이었다. 그후 пшено는 '탈곡한 수수'의 의미를 지니게 되었다. 마치 толокно가 толочь와 고대 그리스어 ptisanē '정미된 보리'가 ptissō '(나는) 빻는다'와 관계가 있듯이, 조어적 그리고 어느 정도는 의미적 관계에 있어서 пшено는 пьх(ати)와 연관되어 있다.

여기에서도 пшено의 어원과 관련된 음성적, 조어적, 의미적 분석에 인도유럽어 친족어들의 자료에 계속해서 의지하고 있다. 따라서 그러한 자료의 도입 없이 학자들은 пшено의 어원과 관련한 문제를 확실하게 해결하지 못할 것이며, 더 나아가 많은 일련의 어원 확립에도 성공하지 못할 것이다.

친절한 도움

러시아어 단어들의 어원 확립에 있어 리투아니아어에 관한 지식은 어원학자들에게 특히 많은 유익함을 제공한다. 왜냐하면 모든 인도유럽어들 가운데 리투아니아어는 (라트비아어 또한) 슬라브어들과 가장 유사하기 때문이다. 슬라브어 언어학을 위한 리투아니아어의 가치에 대해서는 러시아에서 이미 19세기 중엽에 걸출한 슬라브어 언어학자인 길페르딩그*A. Ф. Гильфердинг*에 의해 언급된 바 있다.

그는 "리투아니아어 없이는 슬라브어의 학문적 연구는 불가능하며, 생각조차 할 수 없다. 슬라브어의 규범과 특징을 논의하고 있는 몇몇 학자들이 범했던 실수의 주요 원인 가운데 하나는 그들이 리투아니아어에서 제시되고 있는 사실과의 대비를 하지 않은 데서 발생한다"라고 쓰고 있다.[38]

길페르딩그의 진술이 근거 없는 것이 아님을 보여주기 위해 리투아니아어

---

[38] А. Гильфердинг. Собр. соч., т. II. СПб., 1868, стр. 367.

가 러시아어 어원 연구에 보여주는 "친절한 도움"의 몇몇 예들을 살펴보기로 하자.

лук'활'를 예로 들어보자. 단어 воз를 위한 동사 везу나 (су)гроб을 위한 동사 гребу처럼 лук의 어원적 단서를 제공할 수 있는 단어는 러시아어에도 기타 슬라브어에도 존재하지 않는다. 비슬라브어 가운데 러시아어와 가장 가까운 일치형으로 리투아니아어의 lankas'활; 멍에, 아치'와 lankus'잘 휘는, 탄력 있는'라는 단어가 있다. 슬라브어의 토대하에서 лук의 어원은 밝혀지지 않지만, 전술한 리투아니아 단어들은 어근에서의 *e(동사) // *o(명사) 음성 교체와 같은 우리에게 잘 알려진 교체를 반영하고 있는 아주 "투명한" 어원을 가지고 있다.39)

lenk-ti'구부리다' →lank-us'구부러지기 쉬운', lank-as'활, 멍에'.

이러한 리투아니아어 자료와의 대비 덕분에 лука'굴곡, 강의 굽이'나 лукавый'교활한, 약아빠진'(고대 러시아어에서 лукавый또한 '(강의) 구불구불한'을 의미했다)와 같은 러시아어 단어들의 어원을 분명하게 밝힐 수 있다.

슬라브어에서는 어떠한 근거도 없는 러시아어 рука의 어원도 리투아니아어 renku'(나는) 모은다'와 ranka'팔'(여기에서도 인도유럽어의 *e // *o 모음 교체가 존재한다)와의 대비를 통해 쉽게 밝힐 수 있다. 즉, рука는 어원적으로 '모으는' 또는 '모으는 것'이었다. 이렇게 리투아니아어만이 러시아어 단어의 어원에 빛을 비추고 있다.

또한 бес(교회 슬라브어로는 бѣсъ)도 인도유럽어들 가운데 가장 가까운 리투아니아어의 일치형인 baisus'끔직한, 무서운'와의 대비를 통해 어원적으로 분명해진다. 교회 슬라브어의 бѣсъ와 리투아니아어의 baisus가 음성적으로 완전히 일치함은 쉽게 알 수 있다. -ѣ-와 -ai-는 인도유럽어의 이중모음 *oi 로부터 비롯되었다.

---

39) 리투아니아어에서 인도유럽어어의 *o는 a로 나타난다.

이처럼 리투아니아어 자료의 도움 없이 러시아어 단어의 어원적 기원을 밝히는 것이 불가능한 예들을 자주 접할 수 있다. 그리고 그들은 앞서 언급한 길페르딩그의 진술이 옳다는 것을 확실히 증명해 준다.

*　　　*　　　*

이제 몇 가지 결론을 내릴 수 있다. 본 장에서 살펴본 예들은 현대 러시아어에서, 심지어는 고대 러시아어에서 사라진 단어들 간의 많은 어원적 관계들이 인도유럽어 친족어들의 자료의 도움으로 재구될 수 있음을 보여주고 있다. 그 자료는 학자들이 연구하고 있는 단어의 가장 오래된 음성 형태를 재구하는 것과 현재에는 전혀 접미사로 인식되지 않는 과거의 접미사들을 분리해 내는 것,[40] 그리고 단어가 오랜 시간 동안 어떠한 의미변화를 겪었는가를 정의하는 것을 허락해 준다.

거의 모든 러시아어 어원사전에서 만날 수 있는, 그리고 때때로 독자들이 자신의 지식에 회의를 느끼게 하는 많은 인도유럽어의 일치형들은 단순히 전통의 산물만은 아니다. 그러한 일치형들은 단어들의 오랜 역사의 재구와, 그 어원과 관련된 복잡한 문제의 해결을 위해 아주 풍부한 자료를 제공한다.

---

40) 실제로, 예를 들어, луна의 -н-이 역사적으로는 이 단어의 어근이 아니라, 접미사라는 것을 누가 생각할 수 있을까?

제9장 언어와 어원 연구에서의 유추

여태까지 우리는 언어 연구로서의 어원론에 대해 개략적으로 살펴보았다. 이젠 그 어원론 분야의 문을 열고 그 내부로 들어가서, 어원 연구 방법론의 몇몇 문제들을 알아보고, 언어학자들이 단어의 어원을 밝히기 위해 어떤 방법을 사용하는지 살펴보자. 먼저 매우 중요한 일반적인 질문에서부터 시작하도록 한다.

어원 분석에 대한 종합적 접근

4장부터 7장까지 우리는 음성적, 조어적, 의미적 분석과 관련된 어원 연구의 특징들에 대해서 알아보았다. 그러면서 독자들에게는 아주 자연스러운 질문이 생길 수 있다. 단어의 올바른 어원을 결정하기 위해 이 세 분야 중 어느 분야가 가장 중요한가?

19세기말의 학자들은 대부분 관심을 어원 연구의 음성적 측면에 두었다. 사실 엄격한 음성 규칙에 대한 지식이 없다면 어원 학자들의 연구가 실패로 돌아갈 것임을 처음부터 알 수 있다.

최근에는 어원 연구에 있어서 조어 분석에 좀더 중요한 의미를 부여하고 있다. 언어에서 모든 단어는 임의의 조어 유형과 관련이 있기 때문에, 조어적 측면에 대한 어떠한 과소평가도 심각한 어원적 실수를 초래할 수 있다.

현재까지는 어원 분석에 있어서 의미 분야가 가장 덜 연구되었다. 게다가 단어의 의미 발전에서 보이는 규칙성들은 음성학과 조어론 분야에서만큼 연속적이고 항시적이지 못하다. 이런 이유로 몇몇 학자들은 의미 연구가 어원학자들이 연구해야 할 가장 중요한 분야로 생각한다. 의미적 규칙성에 대한 지식 없이는 어원 연구가 실제 사실과는 동떨어진, 의미상 전혀 관련이 없는 공허한 속임수로 전락할 수 있다.

따라서 앞에서 언급한 어원 연구의 세 분야 모두 진실한 학문 분석을 위한 분리될 수 없는 구성 부분들인 것이다. 오로지 모든 분야의 종합적인 활용만이 어원 연구에 있어 신뢰할 만한 결과를 얻어낼 수 있다.

우리 주위에 존재하는 단어들은 동일하지 않다. 그들은 다른 기원을 갖고, 다른 역사를 지닌다. 때로 어원학자는 음성적, 조어적 관계는 아주 분명한 단어와 만나게 된다. 그렇지만 그 단어의 의미적 측면에서는 곤경에 부딪치는 경우가 있다. 반대로 또 다른 경우에는 단어의 음성적 측면이나 조어적 구조를 이해하기 힘든 경우가 있다. 물론 연구의 "무게 중심"은 가장 힘든 분야에 집중되기 마련이다.

그러나 전체적으로는, 이미 위에서 설명한 것처럼, 세 분야 모두를 고려해야만 어원 문제를 성공적으로 해결할 수 있다.

кривой 에 관하여

대응하는 리투아니아어 kreivas'기울어진'처럼 교회 슬라브어 кривъ도 믿을만한 확실한 어원을 가지지 않는다. 이 단어의 어원을 찾기 위해서는 먼 고대로 거슬러 올라가야 한다.

인도유럽어 *e // *o교체 중 특이한 교체는 이중모음 *ei // *oi에서 이 모음들의 교체이다. 음성 변화표에서 볼 수 있듯이, 인도유럽어 *ei는 슬라브 어족에서 и가 되고, *oi는 ѣ가 된다. 그러나 일련의 단순 명사 어간에서 인 도유럽어 *oi는 ѣ로 변하지 않았다. 결과적으로 슬라브어들에서는 새로운 교 체 현상이 일어났다. 즉, бить(*bhei-에서)ː бой, гнить: гной, пить: (за)пой. 모음 o를 지닌 명사 어간으로부터 2차 파생 동사가 형성될 수도 있다ː гнить → гной → гноить, пить → (за)пой → поить.

동시에 모음 и를 지닌 단순 동사 어간으로부터 접미사 -в-를 지닌 명사와 형용사가 형성될 수 있다ː ви-ть → (на-)ви-в-ъ, жи-ть → жи-в-ъ, пи-ть → пи-в-о, ли-ть → (на-)ли-в-ъ 등. 이런 모든 음성적, 조어적 특징들을 다음 의 표처럼 제시할 수 있다. (우리의 관심을 끌고 있는 кривь 또한 있다)

пои-ть ← (за)пой ← пи-ти → пи-в-о
гои-ть ← (из-)гой 41) ← жи-ти → жи-в-ъ
крои-ть ← (по-)крой ← *кри-ти '자르다' → кри-в-ъ

특별한 설명을 필요로 하는 방언이나 사어들이 많은 이유로 이 목록을 더 이상 계속하지 않을 것이다. 위의 예에서는 단지 하나의 재구형 *крити만이 인용되었다. *крити '자르다'는 조어 측면뿐만 아니라 의미 측면에서도 표에 잘 나타나 있다(사어가 된 동사 *крити의 '자르다'란 의미는 2차 파생 동사 кроить로 옮겨갔다). 유일한 재구형 단어 *крити는 한편으로, 위의 표 세 번 째 줄의 복잡한 음성-조어적 모델을 하나의 완전한 것으로 묶어주는 고리 역 할을 한다. 그리고 다른 한편으로는 단어 кривь의 어원을 밝혀준다. 표를 보 면 кривь 단어의 최초 의미가 '잘려진, 베인'이었고, 그 후 의미 변화를 겪어 '비스듬한, 기울어진'이 되었음을 알 수 있다.

---

41) 러시아어 방언들에서 го́ить는 '회복되다, 치료하다'를 의미한다. 단어 изгой 는 고대 러시아어에서 왕위 계승권을 가지지 못한 공후를 의미했다(изгой 는 문자 그대로 (가문에서) '쫓겨난выжитый '을 의미한다).

　　이렇게 확립된 **кривъ**의 어원은 우연적인 것도 아니고, 그 의미 관계 내에서 고립되어 있는 것도 아니다. 이 단어는 확실하게 증명되는 동일 의미열에 포함된다. 예를 들어, 인도유럽어 어근 *skei-'자르다'와 그것에서 유래한 독일어 schief'비스듬한, 기울어진' 또는 라트비아어 škibit'자르다, 베다'와 škĩbs'비스듬한, 기울어진', 러시아어 **косить**[42] (**траву**)와 **косой**, 리투아니아어 kirsti'자르다'와 (이차적인 s-를 포함한) skersomis'비스듬한, 곁눈질로'를 비교해보자. 이와 같이, 위에서 살펴본 음성-조어적 모델을 기초로 한 어원은 (*кри-ти'자르다' → кри-в-ъ'잘려진, 베인' → '비스듬한, 기울어진') 의미적 관계에서도 충분히 설득력이 있다.

언어와 산수

　　이미 초등학교에서 다음과 같은 방정식을 풀게 된다. "2 대 5는, x 대 15(2 : 5 = x : 15). x의 값은?" 문제의 답은 아주 간단히 해결된다. x = (15×2) ÷ 5 = 6. 방정식의 특성은 실세계의 규범성을 반영한다. 우리는 일상생활에서 끊임없이 방정식에 나타나는 규칙들을 사용한다. 가장 단순한 예를 들어보자. 당신이 도로를 건너가려고 할 때 멀리서 자동차가 오고 있다면 당신은 직관적으로 전혀 의심할 여지도 없이 계산을 하게 될 것이다: 다가오는 자동차의 속도 : 내 속도 = 나와 차 사이의 거리 : x. 미지수 x는 차가 나에게 도달할 때까지 당신이 건널 수 있는 거리를 말한다. 그 시간 동안 도로를 건널 수 없다면 걸음을 빨리 하든지, 아니면 기다리는 편이 나을 것이다. 물론 이런 계산은 눈으로 하는 것이고, 무의식중으로 하는 것이

---

42) 친족어인 고대 인도어 šasati'(그가) 자른다'.

다. 그러나 이런 직관적인 계산의 바탕에는 방정식 규칙이 깔려있다.

유사한 현상들은 언어 속에서도 나타난다. "뻬짜야, 너는 또 식탁에서 내려왔구나. 너는 어쩜 그렇게 번잡스럽니 *Какой же ты у меня непоседа!*" 3살짜리 뻬짜는 식탁으로 돌아가서, 자기 자리에 예의바르게 앉으며 묻는다. "엄마, 이제 나 착하지요 *Теперь я уже **поседа**?*"

이 예에서 어린아이가 없는 단어를 만들어낸 것은 중요하지 않다. 중요한 것은 그 아이가 어형성의 바탕에 깔려 있는 모델을 습득했다는 것이다. 방정식 형태는 다음과 같다. нехороший : хороший = непослушный : послушный = непоседа : …… поседа. 아이들은 자주 올바른 모델에 따라 형성된 그러나 언어에는 없는 또는 실제로는 다른 방법으로 형성된 단어들을 만들어낸다. 그러나 그들의 어형성의 일반적 경향은 언어사에서 볼 수 있는 경향과 원칙적으로 차이가 없다.

다음 조어열을 예로 들어보자.

> ши-ть → на-ши-в-к-а, ли-ть → на-ли-в-к-а,
> би-ть → на-би-в-к-а, ви-ть → на-ви-в-к-а

가령 이 명사들 중에 어떤 명사가 아직 언어 속에는 없으나, 그 단어를 만들 필요가 생겼다고 하자. 이때 그 단어를 x라고 할 수 있고, 화살표 대신에 ":" 표시를, 쉼표 대신에 "=" 표시를 한 후에 방정식을 풀 수 있다.

방정식, 유추 그리고 어원

우리의 먼 조상들이 새로운 단어를 만들면서 곧이곧대로 방정식을 풀지는 않았을 것이다. 그러나 신어 형성의 원칙은 동일하였다. 언어학에서는 그러한 신어 형성 방법을 유추43)에 의한 형성이라고 한다. 만일 유추 현상이 언어사에서 아주 중요한 역할을 한다면, 유추 또는 방정식열에 대한 지지는 어원 분석 과정에서 언어학자들이 준수해야 하는 가장 중요한 방법론적 태도 중 하나이다. 단지 언어 발전에 있어 유추는 언어사용자의 의지와는 무관하게 나타난다는 점은 언급할 필요가 있다. 그러나 어원 연구에서 방정식 열의 재구는 의식적이며 분명한 목적 아래 행해져야 한다.

19세기말에서 20세기 초의 언어학자 파울은 자신의 책 『언어사의 원칙들』에서 "유추에 의한 신어 형성은 방정식을 푸는 것과 같기 때문에, 이런 방정식이 성립되려면 최소한 세 가지 항의 존재가 필수적임은 분명하다"라고 쓰고 있다. 아마도 이론상으론 그럴 것이다. 그러나 실제로는 세 가지 성분만으로 불충분하다. 특히 어원 연구라는 방정식을 풀 때는 그러하다. 예를 들어 설명해보자.

분명한 세 가지 성분과 모르는 한 가지 성분을 지닌 방정식($a : b = x : c$)을 살펴보자. 기호를 언어적 내용으로 대치해보자. 모두 알다시피 뿌쉬낀의 작품을 연구하는 문학연구자를 пушкинист라고 부른다. 다른 작가의 작품을 연구하는 전문가를 뭐라고 칭할 것인가를 결정하기 위해 이 모델을 기초로 방정식을 세워보자. 즉, пушкинист : Пушкин = x : Данте. 이 방정식에는 분명한 세 가지 성분이 있으나 황당한 결론이 나옴을 알 수 있다. дантист는 단테 작품을 연구하는 문학도가 아니라 치과의사이기 때문이다. 그렇기 때문에 (분명한 세 가지 성분을 지닌) 단일 유추의 인용은 어원 연구에서 충분한 설득력을 지니지 못한다. 방정식은 일련의 유추 관계에 의거해야 한다. 그런 경우에만 임의의 재구와 어원 비교 조사의 확실성에 대해 말할 수 있다. 앞에서 살펴본 재구 형태 *крити는 조어 관계에 있어서 아주 풍부한 방정식 열을

---

43) 언어에서 유추는 신어 형성과의 관련 외에도 대단히 광범위한 현상이다. 그러나 여기서는 유추의 조어적 측면에만 관심을 두겠다.

지닌다. x : кроити = пити : поити = жити : гоити = (по)чити[44] : (по)коити = гнити : гноити 등.

*крити 형태는 별개의 고립적인 단어쌍과의 우연한 대비에 의한 결과가 아닌, 그 형태를 재구하는 조어열의 규칙적 요소이다.

Антимир와 антилопа

유감스럽게도 많은 방정식열이 있다고 해서 항상 어원 대비 또는 재구가 정확한 것은 아니다.

"세 번째 만남"이라는 이야기에서 빠우스똡스끼*K. Паустовский*는 한 소년이 антилопа의 기원에 흥미를 느끼는 이야기를 쓰고 있다. "나는 анти가 뭔지는 알지만, лопа가 뭔지는 모르겠다"라고 그는 말한다. 실수가 분명함에도 불구하고 소년의 관찰은 흥미롭다. 단어 лопа의 분리는 대단히 많은 요소를 지닌 방정식의 풀이에 기초한다. антимир : мир = антитезис : тезис = антитело : тело = антистрофа : строфа = антициклон : циклон = ⋯⋯ = антилопа : лопа.

사실상 단어 антилопа는 그리스어 접두사 анти-'반-'를 포함하지 않으므로, 위의 열에 그 단어를 배치한다든지, 두 번째 성분으로 лопа를 분리한다든지 하는 것은 명백한 잘못이다. 그러나 좀더 복잡한 경우에 있어서 어원학자 또한 소년의 실수와 다르지 않은 실수를 하지 않는다고 어떻게 보장하겠는가?

그러한 보장은 하나의 방정식 열(그것이 아무리 길다고 하더라도)이 아닌, 유사한 열들의 종합적 전체 내에서만 얻어질 수 있다. *крити의 경우 우리의

---

44) *-кити에서 -чити가 된 것은 и 앞에서 к의 구개음화의 결과이다(4장 참조).

재구는 다음과 같은 방정식들에 토대를 두고 있다.

    a) x : (по)крой = гнити : гной = ······
    b) x : кроити = пити : поити = ······
    c) x : кривъ = жити : живъ = ······

위와 같은 열들은 계속 확장될 수 있다. 그리고 위의 방정식들에서 답은 동일하게 x = *крити가 된다. 이 경우에 우연한 일치에 의함이라고 가정하기는 어렵다. 그리고 위에서 살펴본 방정식열들의 규칙적인 성격이 언어의 실제적 규칙성을 반영함을 알 수 있다.

бракъ[45]와 мракъ

  이 두 단어는 음성적으로뿐만 아니라, 조어 구조도 아주 비슷한 단어들이다. 그러나 이런 생각은 잘못된 것이다. 교회슬라브어 бракъ은 동사 брати에서 접미사 –к–가 부가되어 형성되었다(비교: 러시아어 брать в жены 또는 우크라이나어 побрáлися '결혼하다'). 유사한 조어 모델을 고대 러시아어 знати '구별하다, 지적하다' →знакъ 에서도 찾아 볼 수 있다.

  만일 мракъ가 이런 유형과 관련이 있다고 가정한다면, 우리는 교회슬라브어나 고대 러시아어에서 동사 *мрати를 찾아볼 수 있어야 한다. 그러나 어느 슬라브어에도 이런 동사의 어떠한 흔적도 남아 있지 않다. 이러한 관계에서는 친족어인 인도유럽어들 또한 우리에게 아무것도 제공해주지 않는다.

---

45) 여기서는 게르만 차용어인 брак '결함'이 아닌, 순수 슬라브어 брак '결혼'에 대해 언급하고 있다.

조금 다른 조어 모델이 교회 슬라브어에서 기원한 고대 러시아어 단어 зракъ '모양'에 반영되어 있음을 찾을 수 있다(비교: 러시아어 예 призрак, зорок, зрачок). 여기서 접미사 -к-의 출현과 더불어 어근에서의 e // o 교체 현상을 볼 수 있다: зрѣ-ти(*zer-ti에서) →зра-к-ъ(*zor-k-ъ에서). 그러나 이 경우에도 мракъ를 위한 확실한 유추를 찾을 수 없다.

또 하나의 모델이 남아 있다: *velk-ti(→고대 러시아어 влѣчи, 러시아어 влечь) →*volk-ъ(→волок); *rek-ti(→고대 러시아어 речи'말하다') →*rok-ъ(비교: 러시아어 про-рок). 이 두 경우 모두 -к-는 접미사가 아니고, 어근의 구성 성분이다. 지금까지 보아온 예들 중에서 동사는 -к-를 지니지 않았다. 그러나 이번 예들에서는 везу : воз에서처럼 e // o 교체 현상을 보이며, -к-는 동사와 명사 어근 모두에 있다.

만일 мракъ가 마지막 조어 유형과 관련이 있다고 하면, 우리는 мракъ가 교회슬라브어에서 차용되었다고 보아야한다. 교회슬라브어 단어와 순수 러시아어 단어 간의 관계에 있어서 전형적인 특징 중 하나인 충음성 규칙은 우리에게 잘 알려져 있다(врагъ-ворогъ, градъ-городъ, прахъ-порохъ 등). 그래서 우리는 규범적으로 교회슬라브어 мракъ와 러시아어 방언 морок'암흑, 어둠'을 유도해내는 원시슬라브어 형태인 *morkъ를 생각해낼 수 있다. морок의 파생어로는 морочить(문자 그대로) '어두워지다', '(기분을) 암울하게 하다'가 있다.

волок와의 유추를 이용하여 мрак과 морок의 어원문제 해결을 위한 다음과 같은 방정식을 세울 수 있다. *velk-ti : волок = x : морок. x = *merk-ti 임을 쉽게 알 수 있다. 그러나 첫 번째 재구형 *velk-ti가 고대 러시아어 влѣчи(влечь)[46]형태로 규범적으로 반영됨에 비해, 단순동사인 *merk-ti는 슬라브어들에 남아있지 않다. 여기서 원시슬라브어 단어 재구 형태와 완벽하

---

46) 비교: 러시아어 влеку와 리투아니아어 velku'(나는) 끈다, 잡아당긴다'

게 일치하는 동사가 남아있는 리투아니아어에 도움을 청해보자. 리투아니아어 merkti'눈을 감다, (눈을) 가늘게 뜨다'.

결과적으로 리투아니아어 merkti와 러시아어 морок과 мрак의 비교를 통해 이 단어들 사이의 어원적, 의미적 관계를 알 수 있다. 이 비교를 통해 мрак는 어원적으로 사람이 눈을 감았을 때 느끼는 어둠에 대한 주관적인 인상이라고 결론지을 수 있다. '눈을 감다'와 '암흑, 어둠'이라는 개념 사이의 관계는 반대 인상에 의해 지지될 수 있다. 눈을 감으면서 사람은 눈에 보이는 주변 세계의 형상들을 마치 암흑 속에 있는 것처럼 '꺼버린다'.

이러한 모든 것들이 일상생활과 분리될 수 없는 공통적 인상이라는 것은 언어 자체의 사실들이 증명해 준다. 리투아니아어 동사 merkti와 친족어 관계에 있는 러시아어 단어는 су-мерк-и, с-мерк-ать(ся), мерк-ну-ть이다. 고대 러시아어 меркнути는 '어두워지다, 어둑어둑해지다'를 의미했고, 일련의 슬라브어 친족어들에서 그와 상응하는 단어는 '눈을 깜빡거리다'라는 의미를 지닌다. 리투아니아어 동사 merkti는 '눈을 감다'뿐만 아니라, 재귀 형태로 '(불이) 꺼지다'라는 의미를 지닌다.

Зракъ와 злакъ

고대 러시아어 зракъ'모습'의 어원을 찾는 데는 별로 큰 어려움이 없다. 그러나 злакъ의 경우에는 문제가 좀더 복잡해진다. зна-ти → зна-к-ъ 유형도, *merk-ti → мрак-ъ 유형도 모두 부적당하다. 만일 зракъ와의 유추를 통해 방정식을 세워보면 문제는 달라진다. zer-ti(→зрѣти) : *zor-k-ъ(→зракъ) = x : *zol-k-ъ(→злакъ). 이 방정식의 답으로 x = *zel-ti가 얻어진다. 그러나 슬라브어들에서 이 재구된 동사의 어떠한 흔적도 남아 있지 않기 때문에, 이 해답에서 어떠한 유용함도 얻어낼 수 없다.

그러면 리투아니아어를 살펴보자. 슬라브어 з는 리투아니아어의 ž와 대응하며(음성변화표 참조), 실제로 '자라다, 성장하다'라는 의미를 지니는 동사 želti[47]를 기대했던 대로 발견할 수 있다. 이 동사의 파생어들로는 리투아니아어 želmuo'싹', želmenys'파종', 그리고 어근에 다른 모음을 지닌 žole '풀'가 있다.   러시아어에 '식물의'라는 어원(즉, '자라다, 성장하다'라는 의미를 지닌 동사와 관련된 단어)을 지닌 단어는 злак외에도, зелье[48]와 зелень이 있다. 이 단어들과 의미들의 고대성은 다음과 같은 인도유럽어 일치형들에 의해 확인된다: 라틴어 helus, (h)olus'야채' 또는 프리기아어인 zelkia'야채'.

마지막으로 언어에서는 식물 이름에 따라 자주 다양한 색깔의 의미와 그 색의 뉘앙스가 부가된다는 점을 언급하고 싶다. вишневый, малиновый, сиреневый, оранжевый(비교: 프랑스어 orange '귤'), лимонный 등. 러시아어 형용사 зеленый와 리투아니아어 žalias'녹색의'는 어원적 관점에서 자라는 풀, 관목, 나무들의 색깔을 의미한다. 유사한 의미적 발전을 색깔의 의미가 식물의 외적 특징 중 하나인 추상성에 기초하고 있는 to grow'자라다, 성장하다'와 green '녹색의'과 같은 영어의 예에서도 찾아볼 수 있다.

*   *   *

지금까지 살펴본 것처럼 유추는 언어사에서 아주 중요한 역할을 한다. 유

---

47) 별표 표시가 붙은 재구 형태의 원시슬라브어 단어들을 현대 리투아니아어에서 매우 자주 찾아볼 수 있다는 것을 독자들은 이미 알았을 것이다. 불가리아 학술원 회원인 게오르기예프B. Георгиев는 이 언어의 구조가 아주 고대형이라는 것을 다음과 같이 역설적으로 말했다. "우리가 원시슬라브어의 직접적인 자료를 가지고 있지 않기 때문에, 어떤 경우에는 그들의 자리를 리투아니아어 자료로 채울 수 있다." 위에서 살펴보았던 몇몇 예들이 이 불가리아 학자의 생각을 입증해 준다.

48) 다른 슬라브어들에서 이 단어는 다양한 의미를 지닌 "친족어"들을 지닌다: '풀', '야채', '곡식류', '양배추', '수영(식물의 일종)'.

추는 방정식의 해결에서와 동일한 원칙에 기초한다. 예전에 우리가 학교에서 산수 문제를 풀었던 것과 유사하게, 어원학자들도 단어 재구시 언어 발전의 고대 단계를 계속해서 살펴보면서 문제들을 해결해야 한다. 어원 문제가 복잡하지 않은 방정식들보다는 더 어려울 것이다. 그 과제에서 미지수는 "x"만이 아니라, "y", "z" 그리고 다수의 미지수가 있을 수 있을 것이다. 앞에서 살펴본 예들에서 우리는 단지 가장 공통적인 특성 내에서 유사한 어원 문제의 해결 도식을 개괄해보았다.

산수 문제의 방정식은 학생이든, 아니면 선생이든 해결할 수 있을 것이다. 그러나 어원 문제는 지금까지 해결되지 않은 문제들이 많이 남아있다. 해답이 없는 그러한 문제들은 어떤 어원사전에서도 적지 않게 찾아볼 수 있다.

제10장 몇몇 일반적이지 않은 어원들

만일 모든 분석 단어들이 음성적, 조어적, 의미적 변화에 대해 잘 알려진 유형적인 일정 체계 속에 포함되어 있다면, 어원 학자들의 작업에는 별다른 어려움이 없을 것이다. 그러나 유감스럽게도 이 체계들 각각은 언어 내에서 매우 본질적인 변환을 겪는다. 그 외에 어떤 체계와도 전혀 관련되지 않고 발생한 단어가 적지 않게 존재하고 있다.

앞에서 살펴본 유형적 변화 체계들과의 관련 없이 발생한 몇몇 단어의 예들을 살펴보도록 하자.

잭슨 대통령이 새로운 단어를 만들었다

영어를 공부하는 사람은 누구든지 그것의 정서법의 어려움을 통감하게 된다.

영어에서는 다르게 쓰고 동일하게 읽는 단어들이 있다. 예를 들어, right '옳은'와 rite'의식'는 〔райт〕로 동일하게 발음된다. 반대로 read'읽는다'〔ри:д〕와 read'읽었다'〔ред〕처럼 철자가 똑같은 두 단어가 다르게 발음되는 경우도 있다. 때로 음성 영상은 표기된 단어의 실제적인 "문자적" 내용이 그 발음에 있어서 거의 아무 것도 남아있지 않을 만큼 심각한 변화를 겪기도 한다. 즉,

영어 단어 nature'자연'는 〔нéйче〕로 발음된다. 영어에서 동일한 문자 a는 (단어 내의 위치에 따라) 완전히 다른 소리들인 〔a〕, 〔o〕, 〔эй〕 등으로 발음될 수 있다. 이러한 모든 것들이 영어 정서법 습득에 심각한 어려움을 야기한다. 영어 단어의 표기와 발음간의 불일치는, "영어로 **맨체스터**라고 쓰면, **리버풀**이라고 읽어야 한다"라는 농담이 있을 정도로 심각하다.

백여 년 전에 살았던 미국 대통령 잭슨은 들리는 대로 영어를 표기할 것을 제안하였다. 그에 관해서는 다음의 이야기를 통해 판단해 볼 수 있다.

언젠가 대통령에게 결재 서류가 올라왔다. 그것을 살펴보고 그는 "All correct!"'좋아!'라는 말과 함께 그것을 승인했다. 자신의 결재를 표현하기 위해 대통령은 그 단어들을 서류에 표기했다. 단지 그것은 그 단어의 축약형이었다. 영어의 정서법에 따르면 그 단어의 축약형은 A.C.(all correct)가 되어야만 했다. 그런데 잭슨 대통령은 정서법 규칙이 요구하는 문자들을 쓰지 않고, 발음에 따라 O.K.라고 표기했다. 영어로 두 번째 철자는 〔кэй〕라고 불리므로, 대통령의 결재는 okay〔оу кэй〕라고 읽혔다. 이렇게 하여 잭슨 대통령 덕분에 현재 가장 널리 사용되는 새로운 단어인 okay가 발생하였다.

깡패 *шантрапа*

그렇지만 그 발생이 이해되지 않는 단어가 о'кей의 경우처럼 예외적인 상황 속에서만 발생하는 것은 아니다. шантрапа처럼 이제는 이미 "이국적"이지 않은 속어의 예를 들어보자. 이 단어의 발생 역시 이해되지 않는다. 이 단어의 기원을 설명하기 위해서는, 아직 농노제가 지배하던 당시의 러시아의 시골로 가야 할 필요가 있다.

한 심심했던 지주가 합창단을 만들 생각으로, 프랑스인 가정교사에게 자신의 농노들 가운데 적당한 인물들을 뽑을 것을 위임하였다. 촌장의 지시에 따라 사방에서 지주의 집으로 사람들이 모여들었다. 프랑스인은 차례대로 응시자들의 노래를 들었고, 시험을 잘 치른 사람들을 서기가 합창단원 명단을 적고 있는 베란다로 보냈다. 그렇지만 응시자의 대부분은 불합격했다. 프랑스인은 그러한 불합격자들의 노래를 다 듣고 나서는 "ne chantera pas[не шантра́ па]'(이 사람은) 노래를 부르지 않을 것이다'"라고 말하며, 몸짓으로 이미 많은 불합격자들이 아쉬운 듯 모여 있는 쪽을 가리켰다. ne chantera pas란 말은 이 당시에 수십 번씩 되풀이되었다. 이때 지주의 집으로 다가오던 촌장은 사람들을 보고 합창단에 선발되었는지를 물었다. 그러자 자신들도 무식하지 않다는 것을 보여주기를 원했던 한 농부가 "Не! Шантрапа!"라고 이해할 수 없는 대답을 하였다. 그에 대해 촌장은 "뭐, "шантрапа"라고. 너희들은 일이나 하러 꺼져!"라고 소리쳤다. 이렇게 하여 러시아어에 아무 짝에도 쓸모없는 불량배를 의미하는 새로운 욕설이 탄생하게 되었다.

몬테비데오

이 남아메리카 도시명의 어원에 관해 재미있는 전설이 존재한다.

세계일주를 하던 마젤란의 범선들은 천천히 남아메리카 연안을 따라 나아가고 있었다. 육지는 오랫동안 수평선 뒤에 감춰져 있었다. 육지가 있을 것으로 짐작되는 방향을 주의 깊게 바라보던 한 선원이 갑자기 큰 소리로 소리쳤다. "Monte vide eu!"나는 산을 보았다.'

또 다른 전설에 따르면, '나는 산을 보았다'는 표현을 범선에 타고 있던 스페인 수도사가 라틴어로 말했다고 한다. "montem video". 그 산의 이름은 시에로였다. 그 후 바로 그곳에 도시가 건설되었고, 그 도시는, 전설에 따르면, 선원 혹은 수도사의 기쁨에 찬 외침의 추억에 따라 이름을 몬테비데오라고 칭하게 되었다.

그러나 전설은 단지 전설일 뿐이다. 역사 연구자들은 몬테비데오란 도시 명칭이 아마도 다른, 즉 매우 실질적인 원인에서 기인했을 거라고 보고 있다. 남아메리카 연안에 도달한 최초의 항해자들은 아주 원시적인 지형도를 작성하는 습관이 있었다. 아직 항해자들에게 특별한 명칭을 부여받지 못한 모든 산, 구릉, 고지들은 그 지도에서, 서쪽에서부터 또는 동쪽에서부터 차례대로, 로마숫자 I, II, III, IV 등으로 표시되었다.

현재 몬테비데오가 위치한 시에로란 산은 그러한 지도들과 해양 잡지들에서 "6"이라는 숫자를 부여받았다. MONTE VI DE O. 이것은 스페인어로 monte sexto de oeste, 즉 '서쪽에서부터 여섯 번째 산'을 의미한다. 결과적으로 로마숫자 VI을 vi라고 읽은 것에서 미래의 우루과이의 수도인 MONTEVIDEO란 명칭이 발생하였다. 그렇지만 이 설명은 가설에 지나지 않는다.

кворум과 ребус는 무슨 격인가?

사전에서 кворум의 의미는 '최소 의결 정족수'라고 되어 있다.

단어 кворум은 그 어원이 라틴어에 있다. 그것은 qui 'который'라는 대명사의 복수 생격 형태이고, 문자상 'которых'를 의미한다. 이 이상한 어원은 도대체 무엇인가?

오래 전부터 영국의 의회에서는 의장이 라틴어로 개회를 선언하는 전례가 있었다. 그 개회사에서는 의원의 수가 의결 정족수에 달하므로 의원들이 업무를 개시할 수 있다는 것이 선포되었다. 라틴어 표현 quorum praesentia sufficit'коих который присутствие достаточно'의 첫 단어로부터 현대 러시아어 단어 кворум이 유래한다.

언어사에서 사격 형태가 차용 과정에 주격으로 바뀌는 경우는 적지 않다. 또한 단어 ребус는 라틴어 명사 res'물건, 물체, 일'의 복수 조격으로부터 기원했다. 라틴어 rebus의 문자 그대로의 의미는 '물건들로, 물체들로'이다. 그리고 ребус란 단어의 의미는 '수수께끼'인데, 그 수수께끼에서는 낱말 또는 문장이 *물건들이나 물체들로*(보다 정확하게는 그들의 그림으로) 표시된다.

단어에 붙어 있던 어미

우리가 단어 ребус에서 봤던 어미 -бус는 예전에 말들이 끄는 승객 수송용 대형 마차를 의미했던 омнибус란 단어 속에서도 보인다.

라틴어 단어 omnis'모든'의 복수 여격 형태는 omnibus로 '모두에게' 또는 '모두를 위해'란 의미를 지니고 있다. омнибус는 개인용 마차와는 구별되는, "모든 사람을 위한" 대중용 마차였다.

20C초에 대도시의 거리에서 자동차가 말들을 대신하게 되었을 때, 조어 접미사로서의 고대 라틴어의 어미 -бус는 автобус에, 그 후에는 троллейбус에 나타나게 되었다.

사어 омнибус부터 троллейбус까지 다양한 운송 수단을 의미하는 단어 속에 스며든 "어미" -бус는 "공격적"으로 행동했다. 영어에서는 omnibus와 autobus와 같은 단어의 중요 부분이 삭제된 독립어 bus가 나타났는데, 이 단어는 '옴니버스', '버스', '승용차', 심지어는 '여객기'를 의미한다.

도시들과 전치사들

수백 년 전 터키인들이 부유한 그리스 도시인 콘스탄티노플을 침략했다. 그들은 그리스인에게서 이 도시의 명칭을 가끔밖에 들을 수 없었다. 그 대신에 그들은 eis tēn poli(n)[ис тим бо́ли] 또는 eis tan poli(n)[ис там бо́ли]라는 말을 대단히 자주 들었다. 이것은 그리스어로 '도시로'를 의미한다. 터키인들은 이 단어를 도시의 명칭으로 잘못 알아들었다. 그리하여 고대의 콘스탄티노플은 Стамбул(Истамболи에서)로 불리게 되었다.

위와 같은 경우를 어떠한 예외적 현상으로 여길 수는 없다. 그리스어의 전치사와 관사는 polis'도시'란 단어뿐만 아니라, 도시들과 섬들의 명칭과도 결합된다. 예를 들어 그리스어의 방언에서 Koc라는 섬은 Stanko로 불린다. 이 명칭은 우리가 이미 알고 있는 '-로'를 의미하는 전치사 (방언 형태는 es), 관사 그리고 과거의 섬의 명칭이 결합하여 발생했다. 즉, (e)s tan Kō. 여기서 Kō는 Kōs의 대격 형태이다.

유사한 "변형"이 그리스 도시와 섬의 경우 외에도 나타난다. 1618년부터 1619년까지 러시아를 방문한 영국의 여행가 리차드 제임스는 자신의 일기 속에 Псков이란 도시의 명칭을 Вопсков란 형태로 기록하고 있다. 외국인이 러시아 단어를 잘못 이해한 것으로 생각해서는 안 된다. Вопсков이란 형태는 러시아어 방언들에서 발생했고, 리차드 제임스는 전치사가 없는 주격 형태로 그것을 자신의 일기에 정확히 기록한 것이다. 러시아어 방언에서 이와 직접적으로 대비되는 현상은 도시명에 존재하는 어두의 В-를 삭제하는 것이다. 왜냐하면 이 В-를 전치사로 파악하기 때문이다. 바로 그렇게 러시아어 방언들에서 Варшава는 Аршава로 변화되었다.

이상의 예들은 특수한 예들이 아닌, 언어학에서 소위 **과잉분할**переразложение이라고 일컫는 보편적 현상이다. 바로 그렇기 때문에 니끼노프*В. А. Никонов*가 자신의 『지명 소사전』에서 Стамбул의 어원이 eis tēn poli(n)이라는 것을

"지명에 관한 평범한 농담"으로 간주한 것은 잘못이다.

앞에서 살펴본 단어들의 대부분이 역사적으로는 다양한 사격 형태였음도 흥미롭다. кворум-라틴어 quorum(생격)으로부터, омнибус-라틴어 omnibus (여격)로부터, Стамбул-그리스어 eis tēn poli(n)(전치사를 포함한 대격)으로부터, ребус-라틴어 rebus(조격)로부터.

틴에이저와 레몬에이드

열세 살 먹은 사람은 이미 어린애가 아니다(비록 모든 열세 살짜리가 다 그렇지는 않지만). 열아홉 살짜리는 이미 어른으로 여긴다. 13살에서 19살까지의 연령대에 있는 사람을 의미하는 특별한 단어는 영어 외에 어떤 언어에도 없다. 영어에서 이 단어의 출현은 매우 재미있는 사연을 갖고 있다.

13부터 19까지의 영어의 모든 수사에는 -teen이라는 어미가 붙는다. 13-thirteen, 14-fourteen, 15-fifteen, 16-sixteen, 17-seventeen, 18-eighteen, 19-nineteen. 이 수사의 두 번째 요소가 독립어로 분리되고, 거기에 영어의 일반적인 복수 어미 -s가 결합된다. 이렇게 13세에서 19세 사이 연령을 가진 젊은 사람을 의미하는 teens라고 하는 완전히 새로운 영어 단어가 탄생했다.

러시아어에도 자신의 전혀 젊지 않은 지인의 나이를 묻는 질문에 대한 역설적인 대답에서 -надцать와 같은 유사한 형태를 들을 수 있다. 물론 거기에는 차이가 있다. 러시아어 "단어" надцать는 독립된 의미를 가질 수 없지만, 영어의 teens는 독립된 어휘로서 어떤 영어사전에서도 그것을 찾을 수 있다. 최근에 우리의 대중매체에 등장한, 영어 -teen과 age로부터 만들어진, 새로운 단어인 тинэйджеры를 살펴보자. 이 단어는 서구에서 20세 미만 연령대의 젊은이를 의미한다.

영어 단어 bus와 teens의 예에서 우리는 단어의 끝 부분이 "독립"을 쟁취하여 독립어가 되는 흥미로운 현상과 접하게 된다. 특히 이 현상은 현대 영어에서 전형적이다. 이미 살펴본 예들과 더불어 미국 영어에서 또 하나의 재미있는 예를 찾아 볼 수 있다.

Have you some ade?-"너 뭐 시원한 것 좀 없니?" 이 문장의 마지막 단어를 영어 어원사전에서 찾는 일은 너무도 무익하다. 왜냐하면 그것은 아주 최근에 발생했기 때문이다. 이 새로운 영어 단어의 기원은 프랑스에서 찾을 수 있다. 차가운 음료의 프랑스 명칭 limonade, citronnade와 orangeade는 영어로 차용되어졌다. '차가운 음료'란 의미를 갖는 ade라는 독립어는 그러한 모든 "차가운 음료들"로부터 비롯되었다.

또한 프랑스 단어 citronnade의 운명도 흥미롭다. 러시아어에는 그 단어의 앞부분이 유입되어 ситро의 형태가 되었고, 미국 영어에서는 뒷부분인 ade가 유입되었는데, 이들의 의미는 '시원한 과일 음료'로 동일하다.

Ней лон과 лавсан

20세기 들어 섬유산업에 합성섬유들이 등장한다. 나일론이 없을 때는, 그러한 종류의 인공 섬유를 의미하는 단어도 없었다. 그러다가 한 영국 회사가 아직 어떠한 명칭도 지니지 못한 새로운 합성섬유를 만들어 내기 시작했다. 이 새로운 생산품의 이름을 과연 무엇으로 할 것인가? 회사는 그 섬유의 이름을 공모하게 된다. 이 공모에 350개의 단어가 응모되었다. 승리는 단어 nylon에게 돌아간다. 그때부터(1920년대 말) 새로운 합성섬유와 함께 이 단어는 세계로 급속히 확산된다.

нейлон, капрон, поролон 등과 같은 일련의 현대적 "합성섬유"의 명칭과 나란히, 시대의 정신에 부합하는 단어 лавсан도 있다. 이 단어의 발생 역사는 매우 특별하다. 이 합성섬유를 최초로 개발한 연구소의 명칭에서 이 합성섬유의 명칭이 부여되었다. лавсан이란 단어는 다음 명칭의 축약형이다: Лаборатория высокомолекулярных соединений Академии Наук (СССР).

규칙과 예외

우리는 кворум과 ребус, Монтевидео와 Стамбул, нейлон과 лавсан 등과 같은 단어들의 어원을 살펴보았다. 이 어원들은 앞장에서 설명된 어원과 무엇이 다른가? 무엇보다도 그것들은 잘 알려진 독자성, 즉 자신들의 특징적인 "비규범성"으로 구별된다. 실제로 미국 단어 okay가 발생할 당시의 상황이 완벽하게 반복될 수 있는 조건을 설정해보자. 그것은 반복되기에는 지나치게 "비규범적"이다. 그것이 반복된다고 하더라도, 그렇게 생긴 단어가 새로운 어휘로 받아들여질 것인지는 확실치 않다.

우리가 살펴본 단어들 가운데 어느 것도 어떠한 조어 "기준"에도 포함되지 않으며, 그 단어들에서 어떠한 전형적 의미 변화도 관찰되지 않는다. 간단히 말해 우리 앞에 놓여 있는 것들은 단어 생성의 독특하고 독창적인 상황을 반영하는 "외톨이" 어원들이다.

자신의 연구 활동을 하며 어원학자들은 언어 내의 모든 단어들이 임의의 음성적, 조어적 혹은 의미적 틀과 반드시 관련되어야 하는 것은 아님을 충분히 이해하고 있다. 단어의 탄생과 그 삶은 미리 준비된 도식과 틀이란 프로크라스테즈의 침대에 눕히는 것만으로 모든 것이 해결되는 것은 결코 아닌 대단히 복잡한 과정이다. кворум, омнибус, шантрапа, лавсан 등과 같은 단어들의 "비전형적" 어원이 그 좋은 예이다.

그렇다면 그것은 우리가 앞에서 살펴본 음성적, 조어적, 의미적 규범성들이 어원학자들의 연구에서 어느 정도 그 가치를 상실한다는 것을 의미하는가? 물론, 그것은 아니다. 우선 무엇보다도 과학은 반드시 규범성을 지녀야 한다. 예외 없는 규칙은 없다는 말이 있기는 하지만, 모든 예외는 규칙을 검증할 뿐이다. 본 장에서 우리는 독특한 "예외적" 어원들과 만났다. "규칙"이란 연구하려는 단어에 대한 면밀한 음성적, 조어적, 의미적 분석과 관련된 어원이다. 그리고 바로 그러한 방향으로 어원학자들의 주된 노력이 집중되는 것이다.

제11장 단어와 사물

지금까지 우리는 언어의 친족 관계와 음성학, 조어론, 의미론에 관해, 즉 순수하게 언어학적 성격의 문제들에 관해 이야기해 보았다. 그렇지만 어원학자들은 자주 자신의 연구에서 언어학과는 완전히 동떨어진 문제들과 계속해서 접하게 된다. 그러한 문제들 가운데 하나를 본 장에서 다루어 보겠다.

나무에서 자라는 순무

"호박은 완두콩을 제외할 경우, 북쪽지방에서 자라는 오렌지과의 유일한 식용 작물이다." 어느 날 신문 기사에서 이와 같은 농업 기사를 접하고 미국의 농장주들은 매우 놀랐다. 이 상황은 마크 트웨인의 「내가 어떻게 농업신문을 편집했는가」라는 희극 소설 속에서 일어난 일이다. 그 신문기사에서 작가는 메밀 블린의 파종, 나무에서 자라는 순무, 무더운 계절에 알을 낳기 시작하는 거위 그리고 기타 흥미로운 사실들에 관하여 썼다.

농업신문의 실패한 편집자와 같은 서글픈 상황에 처하지 않기 위해서, 어원학자는 음성 변화 또는 단어 형성 및 변화의 특수성과 관련된 규범성에 관해서도 알아야만 한다. 달리 말하자면, 어원학자는 언어와 직접적으로 관련되지 않은 지식들에 관해서도 알아야 한다는 것이다. 단어의 기원에 관하여 기술하기 위해서는, 그 단어에 의해 의미되는 대상에 관한 충분히 정확한 개념을 지니고 있어야 한다. 실제 사실들과 괴리된 오로지 "이론적인" 연구의 경우는 어원 연구에 있어서도 나무에서 자라는 순무가 출현할 가능성이 높다.

실제로, 앞에서 이야기한 выдрать에서 단어 выдра가 기원했다는 허구적인 어원의 경우를 생각해 볼 필요가 있다.

그와 같은 выдра의 경우는 언어학자들에 의해 확인된 어원에 포함되지 않는다. 본질이 단어가 아니라, 그 단어에 의해 의미되는 대상과 관련이 있을 때 어원학자들은 자주 어려움을 겪게 된다. 다음의 예를 살펴보자.

건초더미가 덮어씌워졌는가?

러시아어 단어 стог와 기타 슬라브어들의 상응 단어를 몇몇 학자들은 고대 그리스어의 stegō‘(내가) 덮어씌운다’, 리투아니아어의 stogas‘지붕’ 그리고 일련의 기타 인도유럽어 친족어 단어들과 대비시켰다.

음성적인 면에서 이 어원은 어떠한 의심도 일으키지 않는다. 비교되는 단어들의 소리는 일치한다. 고대 그리스어 stego는 라틴어 tego‘(내가) 덮어씌운다’가 toga‘고대 로마인의 헐렁헐렁한 남자용 상의’(문자 그대로는 ‘덮개’)와 관련이 있는 것처럼 러시아어 стог와 관련이 있다. 동사 어근 모음 e와 명사 어근 모음 o의 차이는 다양한 인도유럽어들에 있어서 가장 전형적인 조어적 특징 가운데 하나이다. 다음의 러시아어 예들을 비교해 보자.

везу-воз   беру-(на)бор
теку-(по)ток   несу-ноша

гребу-(су)гроб бреду-брод 등

음성적 일치가 관찰되고, 조어 규범이 잘 알려진 언어적 사실들에 일치하는 등, 모든 것이 제대로인 듯 보인다. 의미 또한 그리 나쁘지 않다. стог는 그저 단순한 건초더미나 베어낸 곡물더미가 아니다. 비를 피하도록 덮어씌운 건초(곡물)더미이다. 마치 ноша가 '무언가 가져온 것', набор가 '무언가 고른 것', сугроб가 '한군데로 모은 것', '한군데로 모은 (눈)'을 의미하듯, стог는 '덮어씌운 (건초 또는 곡물)'을 의미한다.

뛰어난 체코 언어학자인 바쫄라프 마헤크의 체코어 및 슬로바키아어 어원 사전을 펼쳐보자. 거기에는 적지 않은 새롭고도 흥미로운 어원들을 포함한 많은 양의 작업이 있다. 마헤크는 어원의 실제적인 측면에 많은 관심을 기울였다. 그의 사전에는 필자가 기술하고 있는 대상들을 재해석한 것이 적지 않다. 그렇지만 "건초 더미를 결코 덮어씌우지 않았다"라고 한, 단어 стог에 관해 기술한 어원에 대한 마헤크의 반대는 고려될 수 없다.

마헤크의 반대는 언어적인 측면과는 관련이 없다. 게다가 만일 그의 주장이 옳다고 한다면, 위에서 열거한 모든 논거들이 흔들리게 될 것이다. 그러나 이 경우에 마헤크는 실수를 하였다. 건초나 베어낸 곡물더미가 비를 피하기 위해 늘 겉이 덮어씌워져 있지는 않다. 또한 이 체코의 언어학자가 방문한 시골에서는 건초더미를 실제로 덮어씌우지 않을 수도 있다. 그러나 러시아의 많은 시골 마을에서는 *stego '(내가) 덮어씌운다' → стог '덮어씌운(건초, 곡물)'의 어원이 순수하게 언어학적 논거에 의해서만 증명되는 것이 아니라는 것을 눈으로 확인할 수 있다.

단어 стог의 예는 단어의 기원을 확립하고자 할 때에 언어외적 사실도 중요한 가치를 지닐 수 있음을 확실히 보여준다.

언어학자와 역사학자

저명한 폴란드 어원학자인 브류크너는 역사학자의 한마디가 그 즉시 언어학자의 대단히 정밀히 논증된 결론들을 없앨 수도 있다고 말했다. 이러한 언급은 진실의 비중이 크다는 것을 말하는 것이지만, 진실이 전부는 아니다. 언어학자가 역사학자를 고쳐주는 반대의 경우도 흔하다.

훌륭한 로마군 사령관이자 정치가이며 역사학자인 줄리어스 시저는 "게르만인들은 농사를 짓지 않는다"라고 썼다. 그런데 언어학자들의 연구는 고대 게르만어들에 '개간하다', '씨 뿌리다', '알곡', '이삭', '밀', '써레' 등의 의미를 지닌 단어들이 존재했음을 보여 주었다. 그리고 그 단어들이 시저가 살았던 시대(기원전 1세기) 이후에 게르만어들에서 발생되었을 가능성은 없다. 왜냐하면 인도유럽 친족어들에 그 모든 단어들의 확실한 대응형이 있기 때문이다. 또한 그 단어들이 다른 언어들에서 차용되었을 가능성도 없다. 왜냐하면 그들의 음성 구조로 보아 순수 게르만 단어이기 때문이다.

따라서 전쟁터라는 예외적인 공간에서 게르만인들과 만났던 줄리어스 시저에게는 게르만인들의 농업 발전에 관한 충분한 정보가 없었을 것이라는 결론에 이르게 된다. 게다가 그가 모든 게르만 종족과 접촉한 것은 아니다.

무진장한 가축지기

단어와 사물간의 관계들은 일방적인 관계가 아니다. 사물에 대한 지식은 상응하는 단어들의 발생과 발전 과정을 정확히 추적할 수 있도록 도와준다. 다른 한편으로 단어와 단어 발전의 특성에 관한 지식은 개개의 사물과 사건의 역사를 새롭게 조명할 수 있도록 해준다.

시저와 게르만인들 보다는 보다 우리에게 가까운 자료를 통한 비슷한 예를 하나 더 살펴보도록 하겠다.

고대 러시아어 문헌 가운데 하나에서 다음과 같은 구절을 발견할 수 있다. "Но скотница твоя …… не скудна есть и неистощима, раздаваема и не оскудеваема." 만일, скотница의 현대적 의미인 1)'가축을 지키는 일꾼'이나 2)'가축의 우리'를 가지고 생각한다면, 위의 구절은 이상스럽게 들릴 것이다. 심지어 우리가 고대 러시아어에서 단어 скот(ь)ница가 '공금, 공금 보관소'를 의미한다는 것을 알았을 때에도, 우리는 그렇다고 하더라도 왜 여기에 скот 가 들어가는가 하는 불만스러운 느낌을 떨칠 수 없을 것이다.

고대 러시아어에서 단어 скот는 현대적인 의미와 더불어 '돈, 재산'이라는 의미를 지니고 있었다. 이것도 우연한 일치인가? 아니다. '가축'과 '돈, 재산'의 개념은 많은 언어에서 어원적으로 연관된다. 고대 프리즈어[49] 단어 sket 는 '가축'과 '돈'을 의미했고, 라틴어의 pecu는 '가축'을 의미했고, 그 단어에서 파생한 pecunia는 '돈, 재산'을 의미했으며, 고대 영어의 feoh는 '가축'과 '돈'을 의미했다.

비슷한 유형의 다른 경우들도 많이 있다. 이미 열거된 예들로도 '가축'과 '재산, 돈'의 개념이 언어의 역사 속에서 서로 분리되지 않고 연관을 맺고 있었음을 명백히 알 수 있다. 또한 라틴어 단어 pecu와 pecunia의 예에서 알 수 있듯이 '돈, 재산'의 개념은 '가축'의 개념에서 파생된 이차적인 것임을 알 수 있다.

이 경우에는 언어적 사실이 역사적 사실 분석에 기대는 것이 아니라, 반대로, 언어적 증명이 가축이 교환 수단('가축'→'돈')이었고 사람들의 중요 재산('가축' = '재산')이었던 고대 인도유럽어족의 문화-역사적 관계를 밝혀주는 것이다.

---

[49] 고대 프리즈어는 고대 게르만어 가운데 하나이다.

뜨개질한 벽들

그렇지만 실재에 관한 연구가 무엇보다도 자주 언어 연구에, 그 반대의 경우가 아니라, 도움을 준다. 독일 언어학자인 메린거는 자신의 한 저작에서 "사물에 대한 연구 없이는 어떠한 단어 연구도 있을 수 없다"라고 피력했을 정도로 사물의 연구와 관련된 문제에 특히 많은 관심을 기울였다. 그는 "단어와 사물"이라는 공통의 제목을 지닌 다수의 연작 논문을 썼다. 그의 많은 어원 가운데 가장 성공적인 것은 Wand'벽'란 독일어 단어의 기원에 관한 연구이다.

메린거는 많은 수의 고고학적, 역사적 그리고 민속학적 자료들을 분석하고 나서, плетень'바자울'이 많은 민족들에게 가장 보편적인 벽의 형태 가운데 하나라는 결론에 도달했다. 그것은 그에게 단어 Wand'벽'의 기원을 독일어 동사 winden'감다, 뜨다'과 연관시키도록 해 주었다.

메린거의 설명의 진실성은 러시아어 단어인 (плести와 연관된) плетень 및 그 단어와 친족관계에 있는 고대 러시아어 плеть, плетина, плоть'울타리', оплоть'울타리, 벽, 담장'(현대 러시아어 оплот'확실한 보호, 지지'와 비교해 보시오)와 같은 예들에 의해 확인될 수 있다. sieti'묶다'와 연관된 리투아니아 단어 siena '벽', хэрэк'엮다'와 연관된 хэрэм 및 기타 다양한 세계 각국어의 단어들에서도 동일한 기원이 존재한다.

통나무가 도려내어졌는가?

이미 앞서 언급한 바 있는 체코 언어학자 마헤크는 슬라브어 단어 *kolda (→러시아어 колода)가 결코 어디서도 안을 도려낸 통나무를 의미하지는 않았다고 밝혔다. 실제로 그러했던가?

달은 자신의 유명한 네 권으로 이루어진 사전인 『대러시아어 해석 사전*Толковый словарь живого великорусского языка*』에서 단어 колода의 의미로 (몇몇 다른 의미와 더불어) 다음을 제시하고 있다: 1) '대충 마무리한 커다란 통'(구유통), 2) '(나무로 만든) 컵', 3) '내부를 도려내어 만든 통나무 배', 4) '내부를 도려내어 만든 관', 5) '내부를 도려내어 만든 벌통'.

단어 колода의 모든 열거된 의미들은 나무를 도려내어 만든 대상을 지시한다. 그리고 이것은 단어 колода를 리투아니아어 kalti '도려내다'(알다시피 리투아니아어의 a는 슬라브어의 o와 일치한다)와 대비시킬 수 있게 해준다. 그리고 리투아니아어 단어는 다시 동사 колю, колоть가 '깨뜨리다, 패다'(колоть сахар, орехи; колоть дрова), '쿡쿡 찌르다'(колоть иглой) 그리고 '도살하다'(колоть свиней) 외에 언젠가 리투아니아어 동사의 의미와 일치하는 '도려내다'란 의미를 가지고 있었다는 것을 추측할 수 있게 해준다.

단어 колода '(도려낸) 통, 컵, 벌통, 배'는 자신의 의미 관계 내에서 달이 열거한 долбуша, долблёнка '도려내어 만든 컵', '도려내어 만든 벌통', долбушка, долбанец '도려내어 만든 배'와 같은 단어들과 비교될 수 있다.

즉, 단어 колода의 경우에는 사물 그 자체가 자신의 명칭의 기원을 확립하는 데 도움을 준다.

사슴이 "농부"?

아마도 많은 사람들이 사슴лось이 сохатый란 또 하나의 다른 이름으로 불린다는 사실을 알고 있을 것이다. 그런데 왜 сохатый인가? 그 단어의 기원을 밝혀보도록 하자.

러시아어에서 -атый 형태의 단어들이 독특한 그룹을 이룬다는 사실은 잘 알려져 있다. борода가 있으면 бородатый, горб가 있으면 горбатый, хвост가 있으면 хвостатый로 불린다.

이 그룹의 단어들에는 또 한 가지 작은 특징이 있다. 예를 들어, носатый한 사람이란 어떤 사람인가? 이는 단순히 코нос가 있는 사람이 아니라, 코가 큰 사람을 의미한다. 단어의 뒷부분 -атый는 그 단어에 бородатый 또는 горбатый 와 같은 단어들과는 또 다른 뉘앙스를 부여한다.

이렇게 볼 때, сохатый는 соха나 큰 соха가 있는 짐승을 의미한다. 그런데 соха는 과거에 땅을 갈 때 사용하던 농기구이다. 그리고 현재도 땅을 파헤치는데 사용하는 쟁기나 보습의 한 부분을 сошник라고 부른다. 러시아어 단어 соха와 친족 관계에 있는 고트어의 hoha는 '쟁기'를 의미한다.

그런데 땅도 갈지 않는 사슴에게 왜 쟁기가 필요했을까? 여기에서 그 단어가 의미하는 사물 그 자체가 어원학자에게 도움을 줄 수 있다. 두 갈래로 갈라진 큰 나무 줄기가 고대에는 쟁기로 사용되었다. 쟁기의 한쪽 끝은 날카롭게 다듬고 불에 그슬어 경도를 강화하였다. 나중에는 거기에 금속으로 된 촉을 씌우게 되었다. 농경의 역사에서 그러한 쟁기는 땅을 갈기 위한 평범한 막대와 현대적 쟁기 사이의 중간적 도구였을 것이다.

고대의 쟁기의 역사와 관련된 그러한 전기적 자료들의 반영물이 언어 내에서 발견된다. соха의 가장 가까운 친족어 가운데 하나인 посох는 우리에게 원시적인 형태의 곡괭이 또는 좀더 정확히 말하자면 우리의 먼 조상들이 씨를 뿌릴 때 사용하던 끝이 날카로운 막대를 연상하게 한다. 지소체 단어 сошка'막대, 끝이 두 갈래로 갈라진 받침대'는 단어 соха의 최초의 의미에 대한 조금의 의심도 남겨두지 않는다. 끝으로 리투아니아어 단어 šaka'가지'와 기타 친족 관계의 외국어들은 그 단어의 기원 확립에 도움을 준다.

이제 사슴이 왜 сохатый로 불렸는지 분명해진다. 그것은 두 갈래로 나뉜 사슴의 뿔 때문이었다.

이미 앞에서 열거한 다른 예들과 마찬가지로 실제 사물이 단어 сохатый의 어원 결정에 결정적 역할을 하였다. 단어 сохатый가 어떻게 기원하였는가를 밝히기 위해서는 coxa로 땅을 갈았다는 것 외에도, coxa가 무엇이고, 어떻게 생겼으며, 무엇으로 만들었고, 어떻게 발전되어 왔는가를 알아야 할 필요가 있었다.

Тюмень은 얼마나 많았나?

임의의 단어와 마찬가지로 지명도 자신의 역사를 지닌다. 어원론과는 불가분의 관계를 지니는 지명과 그들의 기원과 역사를 연구하는 학문을 지명학 *топонимика*[50]이라 부른다.

순수 어원 연구에서와 마찬가지로 지명 연구에서도 오로지 언어적 사실 한 가지로만 연구를 국한시키는 것은 불가능하다. 지리와 역사에 관한 지식이 특히 중요한 가치를 지닌다.

Тюмень이란 도시명의 기원에 관한 문제를 예로 들 수 있다. 이 도시는 러시아인들에 의해 1586년 그 유명한 예르마크가 죽은 후 얼마 지나지 않아 서시베리아에 건설되었다. 그 도시 지역에 오랫동안 살았던 원주민(만시족)들의 언어는 핀-위구르 어족에 속했다. 이를 토대로 하여 저명한 독일 어원학자인 파스머는 Тюмень이란 지명이 만시어의 Чемгэн에서 유래하였고, 그것은 러시아어로는 '튜멘으로'를 의미한다고 주장하였다. 원칙적으로는 그러한 설명이 가능하다(Стамбул의 어원에 대해 생각해 보시오). 그러나 역사적 지리적 사실들은 파스머의 그러한 주장을 증명해주지 않는다.

---

[50] 그리스어 단어 topos'장소'와 onyma'이름'에서 기원

우선 한 가지 기묘한 모순을 생각해보자. 도시 Тюмень은 서시베리아에 16세기말에야 건설되었는데, 16세기 중반의 서유럽 역사학자들의 글과 지도에는 крепость Тюмень, царство Тюмень, Тюменская орда 등의 표현이 나타난다. 게다가 한 러시아 연대기는 따따르 한인 또흐따므이쉬가 시베리아 땅인 Тюмень에서 죽었다고 적고 있다. 그것은 러시아인들에 의해 Тюмень이 건설되기 거의 이 백 년 전인 1406년에 발생하였다.

이 사실들은 무엇을 말해주는가? 이것은 동명의 도시가 러시아인들에 의해 건설되기 이미 오래전부터 Тюмень이라는 지명이 서시베리아에 존재해왔음을 말해준다. 그 외에 이미 15세기에 존재했던 시베리아의 튜멘왕국이 16세기 말에 건설된 도시의 만시어 명칭에서 유래되었을 리도 없을 것이다. Тюмень이라는 지명의 기원은 어딘가 다른 곳에서 찾아야 할 것이다.

역사적 지리적 자료들에 대한 분석은 서시베리아에서 Тюмень이 단일한 지명이 아니었다는 것을 보여준다. 테레크 하구와 멀지 않은 카프카즈에서는 도시 Тюмень과 Тюменка강이 알려져 있었다. 16세기의 영국인 탐험가 젠킨슨은 책에 아스트라한에서 남서쪽으로 100 마일 떨어진 곳에 Тюмень이라는 나라가 있다고 기록했다. 고대 러시아 문헌에서 우리는 아스트라한 지역의 Тюменка강에 관한 기록을 찾을 수 있다. 끝으로 스이르다리이(중앙아시아)에서 흘러나오는 Тюмень 관개수로에 관해 15-16세기 문헌들이 기록하고 있다. 이 고대의 지명은 현재까지 Тюмень-арык라는 철도역의 명칭으로 남아있다.

열거된 모든 지명들이 어떤 공통의 기원을 지니고 있다는 것에 관한 의심은 들지 않을 것이다. 그런데 그것이 무엇인가? 중앙아시아(Тюмень 관개수로)-테레크 하구(도시Тюмень)-카스피 해 북서해안(국가 Тюмень)-볼가 강 하류(Тюменка강)-서시베리아(Тюменская орда, 도시 Тюмень). 지도에서 그 지점들을 연결해 보면 13-14세기 몽고-따따르 군대의 원정로가 나타난다.

Тюмень이라는 지명과 몽고-따따르의 정복간의 관계는 실제 역사적 언어적 증거들에 의해 확인된다. 현대 몽골어에는 түмэн'일만, 무량수'이란 단어가

있다. 똑 같은 단어를 다른 몽골어들에서도 만날 수 있다. 칭기즈칸과 그의 후계자들이 통치한 몽고제국에서 tümen이란 단어는 일만의 군대와 한에게 일만의 군대를 바쳐야만 하는 부족 집단을 의미했다.

후에 그러한 강제성이 사라지면서 tümen이란 단어는 그 의미상 단어 улус(현대 몽골어 улс‘국가’와 비교해 보시오)와 비슷한 행정 용어로 변화되었다. 여기에서 몽고-따따르 군대의 루트를 따라 страна Тюмень, Тюменская орда, Тюменское царство 등과 Тюмень이라는 몇몇 도시와 거주지가 출현하였다.

이상을 통해, 본 장에서는 학문으로서의 어원론은 인간 지식의 모든 다양한 분야에 계속적으로 의거해야만 한다는 결론을 내릴 수 있다. 대상에 대한 충분히 명료한 개념을 지니지 않고서는 그 대상을 지시하는 단어의 기원에 대해 확신을 가지고 판단할 수 없다. 이것이 단어의 기원에 관해 연구하면서 고고학자, 역사학자, 민속학자, 생물학자, 지리학자 및 기타 학자들의 연구와 어원학자들의 관심을 끌었던 사물, 대상, 현상들에 관해 상세히 기술된 다양한 지침서에 지속적으로 관심을 기울여야만 하는 이유이다.

제12장 구상에서 추상으로

자신의 저작들 가운데 하나에서 메이에는 다음과 같이 쓰고 있다. "어원사전을 살펴보면서 우리는 인도유럽어가 추상적이고 보편적인 의미의 어근과 단어들을 가지고 있었다는 인상을 받게 된다." 이러한 어원학자들의 보편적 잘못에 대해 다른 언어학자들도 언급하였다. 그러한 심리적인 잘못은 아주 쉽게 설명된다. 다양한 인도유럽어들에서 공통의 기원을 가진 단어들을 비교하면서, 어원학자는 인도유럽어 원시형태를 재구한다. 음성적, 조어적 재구와 더불어 단어의 가장 오래된 의미 또한 재구해야만 한다. 그런데 기원적으로 동일한 단어의 의미들이 자주 다양한 언어 속에서 본질적으로 변화되었기 때문에, 그 안에서 어떤 공통점을 찾으려고 노력하면서 어원학자는 때로 구체적으로 상세한 의미를 무시하기 시작한다. 그 결과 재구된 인도유럽어의 의미는 실제보다 더 "불명료하고", 더 추상적이 된다. 그리고 거기에서 보편적이고, 추상적인 의미에서 개별적이고, 구체적인 의미로의 의미 발전에 관한 잘못된 관념이 생겨난다.

실제로 많은 수의 언어적 사실들은 인도유럽어들에서 단어의 의미 발전이 구체적인 것에서 추상적인 것으로 옮아갔음을 말해주고 있다. 사상사에서 추상적 개념들이 구체적인 묘사를 토대로 하여 비교적 뒤늦게 형성되는 것처럼, 언어에서 좀더 추상적인 의미를 지닌 단어들은 일반적으로 구체적인 의미를 지닌 단어들을 토대로 하여 나타난다.

точка, арена 그리고 поприще

앞에서 열거한 내용들이 옳다는 것은 아마도 인도유럽어들의 고대사 속의 많은 예들에 의해 증명될 수 있을 것이다. 그렇지만 그것을 위해 우리가 반드시 인도유럽어 시대에 관심을 기울일 필요는 없다. 구상에서 추상으로의 의미 발전의 규범성들은 단어들 간의 어원 관계가 아주 분명한 현대 러시아어의 예들에서 분명하게 제시될 수 있다. 단지 우리가 우리의 일상에서 사용하는 많은 단어들의 어원에 대해 일반적으로 관심을 기울이지 않을 뿐이다.

예를 들어, воспитание, отвращение, предыдущий와 같은 단어들의 문자 그대로의 의미에 관해 생각해 보자. 그들의 어원은 아주 분명하다. 문자 그대로 воспитание는 '양육', отвращение는 '(불쾌한 물건이나 사람을) 치우는 것', предыдущий는 '앞으로 가는 것'을 의미한다. 이러한 모든 경우에서 구체적인 기원적 의미는 언어 내에서 좀더 추상적인 의미를 획득한다. 심지어 추상적 개념을 의미하는 단어들인 отрезок, касательная, секущая란 수학 용어들도 완전히 구체적인 동작을 의미하는 резать, касать, сечь란 동사들로부터 파생되었다.

실제 대상들로부터 최대한으로 추상화된 기하학적 개념들인 "점"과 "선" 또한 어원적으로는 완전히 구체적인 단어들에서 비롯되었다. 러시아어 точка(тычька로부터)는 고대 러시아어의 тъкнути[51] '꽂다, 찌르다'에서 비롯되었고, 체코어의 bod '점'는 bodadi '찌르다'(불가리아어의 бод '찌르는 것'와 비교해 보시오)에서 비롯되었으며, 고대 그리스어의 stigmé '점'는 어원적으로 '찌르는 것'의 의미에서 비롯되었다. 라틴어의 punctum '점'은 pungo '(나는) 찌른다'에서 유래하였다. 리투아니아어 단어 taškas '점'(teška '방울져 떨어진다'에서 유래)에는 다른 의미 모델이 반영되어 있다. 여기에서 "점"은 '찌르는 것'이 아니라,

---

51) 현대 러시아어의 ткнуть 그리고 тыкать와 비교해 보시오

‘물방울’의 의미에서 비롯되었다. 우크라이나어 단어인 крапка‘점’(крáпати‘방울 져 떨어지다’에서 유래)도 동일하게 언급될 수 있다.

끝으로 러시아어 단어 линия는 자신의 일련의 유럽 친족어들처럼 라틴어 단어 linea에서 차용되었다. 그 라틴어 단어의 문자 그대로의 의미는 ‘아마 (亞麻)(실)’이다.

이러한 구도 속에서 라틴어에서 러시아어로 들어온 단어 арена의 역사를 추적해보는 것도 흥미로울 것이다. 라틴어 단어 (h)arena의 최초의 의미는 ‘모 래’였고, 그 후 ‘모래로 덮인 장소’가 되었다가, 마지막으로 ‘활동 무대’가 되었다. 두 번째와 세 번째 의미를 우리는 러시아어 단어 арена에서 찾아볼 수 있다.

러시아어 단어 поприще도 그러한 의미들의 개략적인 조합을 포함한다. 일반 적으로 이 단어는 ‘활동범위 또는 영역, 직업의 유형’을 의미한다. 그러나 이것 은 후기의 이차적 의미이고, 단어 поприще는 어원적으로 동사 попирать‘짓밟 다’와 관련이 있다. 지금은 이미 사라진 ‘달리기, 씨름 및 기타 경기를 위한 장 소’란 고대의 의미가 이 단어의 어원적 기원에 좀더 가깝다. 단어 поприще의 현대적 의미의 추상적 특징은 그것이 발로 짓밟히지는 않는다는 점에 있다.

горе, печаль, скорбь.

인간의 다양한 느낌과 감정을 의미하는 대단히 많은 단어들 또한 구상에서 추상으로의 의미 발전의 결과물이다. 즉, ‘슬픈’이라는 의미를 지닌 단어들의 근저에는 ‘자르는, 무는’이라는 개념이 대단히 자주 내포되어 있다. 다음의 단 어들이 그러한 어원을 가진다. 리투아니아어 kartus‘슬픈’는 어근 *ker-‘자르 다’와, 고대 러시아어 бридкый‘괴로운, 슬픈’은 брити‘자르다’와, 영어 bitter ‘슬픈’는 to bite‘물다’와 관련된다. 러시아어 형용사 горький는 다른 어원을 지니기는 하지만, 마찬가지로 동사 гореть와 관련되는 구체적인 어원을 지닌다. 다시 말해 단어 горький는 어원적으로 '타는 듯한'을 의미한다.

또한 많은 구체적인 의미들이 인간의 내적 정신상태 표현과 관련된 많은 추상적 단어들의 근간에 놓여있다. 즉, 동사 гореть는 형용사 горький뿐 아니라, 명사 горе와도 어원적으로 관련된다. 단어 печаль 또한 (동사 печь와 관련되는) 비슷한 어원을 지닌다.

'고통, 슬픔'을 의미하는 단어들은 자주 '물어뜯다'란 의미를 지닌 동사로부터 형성된다. 여기에서도 정신 상태의 모습이 완전히 구체적인 행위를 내포하고 있다. 우크라이나어의 грижа '슬픔'(гризти로부터), 어간 grauž-'물어뜯다'에서 형성된 일련의 리투아니아어 단어들, 러시아어의 угрызения와 грусть가 그러하다. грусть의 가장 그럴듯한 어원들 가운데 하나가 동사 грызть와 연관시키는 것이다. 마지막으로 단어 скорбь는 아마도 고대 영어의 동사 sceorfan '물어뜯다, 물다'과 어원적으로 대비될 수 있을 것이다.

стыд와 срам

고대 러시아어에서도 현대 러시아어의 방언들에서도 단어 стыд가 어근에 모음 y를 가지고 있었음이(студ(ъ)) 증명된다. 이러한 두 가지 이형태는 고대 슬라브어의 y // ы 모음교체를 반영한 것으로, 우리는 그러한 예를 дух:-дых(비교: от-дых, дых-ание), слух:слых, у-пруг-ий:прыг-ать 등의 예에서도 발견할 수 있다.

студ(ъ) 형태는 어원학자에게 그것을 про-студ-а와 стужа(*студ-ja에서 유래) 같은 단어들과 대비시키도록 하였다. 그러한 대비의 결과 단어 студь // стыдь의 어원은 다음과 같이 설명되었다. 처음에 그 단어는 '추위'란 의미를

지니고 있었다. 그 후 벌거벗은 사람이 느끼는 추위의 물리적 느낌을 의미하였다. 그런데 벌거벗은 사람은 추위에 대한 물리적 느낌 외에도 студь // стыдь란 단어에 의해 의미되는 도덕적 불안감도 체험한다. 이렇게 해서 물리적 느낌과 관련되었던 단어가 추상적인 영역의 도덕적 윤리적 성질의 느낌으로 이동하게 되었다.

단어 студь // стыдъ의 의미는 어떤 부도덕한 행위가 드러났을 때 사람들이 느끼는 불안감을 의미하는 것으로 가일층 발전하였다. 그것으로부터 '창피함' 및 '양심의 가책'과 같은 현재 그 단어의 가장 보편적 의미가 유래되었다.

비교적 최근에 어간 студ-에는 '추위'의 의미가, 어간 стыд-에는 '부끄러움의 감정'이라는 의미가 확보되었다. 그렇지만 체코어 stydnouti '차가워지다'와 러시아어 방언 студ '부끄러움'와 같은 예들은 그러한 구분이 항상 모든 곳에서 적용되는 것은 아니라는 것을 말해 준다.

단어 стыд의 어원을 근거로 하여, 저명한 소련 언어학자인 라린 _Б.А.Ларин_ 은 윤리-도덕적 성격의 어휘 형성 시에[52] '추위'의 의미를 지닌 단어 활용의 다른 예로서 단어 срам의 새로운 어원을 제안하였다. 이 새로운 어원은 교회슬라브어 срамь 및 고대 러시아어 соромъ와 리투아니아어 šarma '서리'와의 대비에 근거한다. 두 단어는 *k′orm-이라는 동일한 어근에서 유래할 수 있다(음성 대비표 참조). 여기의 의미 모델 또한 단어 студь // стыдь의 경우와 유사하다. 즉, 교회슬라브어 мразъ '서리'와 동일한 의미를 지닌 기타 슬라브어 단어들이 단어 мразь와 관련이 있는 것처럼 리투아니아어 šarma '서리'는 교회슬라브어 срамь와 관련된다.

---

52) 비교해보시오. 교회슬라브어의 мразъ, 러시아어의 мороз와 мразь, мерзкий , стылый '추운'와 стылый '불쾌한', 러시아어 방언 стыгнуть '차가워지다'와 고대 그리스어의 stygnos '혐오스러운'.

'짧은'과 '가로 놓여있는'

구체적인 단어와 개념들이 그 단어가 표현하는 현대의 추상적 개념들의 기저에 놓여있는 경우를 우리는 이미 여러 번 보았다. ловить, схватывать와 понимать 또는 оплот'벽'→'방어'의 예를 기억해 보시오. 또한 защита란 단어는 어근에 щит란 구체적 의미의 단어 어간을 포함하고 있다.

대상의 형태를 의미하거나 또는 시간-공간 관계를 의미하는 단어들 가운데서 구상에서 추상으로의 의미 발전의 특히 많은 예들을 찾아볼 수 있다. 앞에서 우리는 이미 кривой, косой, предыдущий와 같은 단어들에 관해 살펴보았다. 러시아어 단어 глубокий는 고대 그리스어 동사 glyphō'(내가) 도려낸다'와의 비교를 통해 어원적으로 명확해진다. 이러한 대비를 통해, 세르보-크로아티아어의 (дубим'내가 파낸다'에서 비롯된) дубок'깊은' 또는 불가리아어의 (дылбам'내가 파낸다'에서 비롯된) дылбок'깊은'의 경우와 마찬가지로, '깊은'이라는 의미가 '도려내는'이라는 좀더 고대적이고 구체적인 의미로부터 비롯되었다는 것을 알 수 있다.

단어 овальный는 궁극적으로는 후기 라틴어 ovalis'계란 모양의'로부터 차용된 것이다. ovalis는 명사 ovum'계란'으로부터 형성되었다. 단어 спиральный도 유사한 기원을 갖는다. 그 단어의 근저에는 그리스어에서 차용된 라틴어 명사 spira'굴곡'가 존재한다.

추상적 개념과 그것을 반영하는 단어들의 형성 구도 속에서 '짧은'과 '가로 놓여있는'의 의미를 지닌 일련의 형용사들의 어원도 재미있다. 교회슬라브어의 кратъкъ와 러시아어 короткий는 고대 어간 *kor-t-를 반영하고 있다. 이 어간에서 -t-는 би-т-ый, коло-т-ый, поро-т-ый 등의 단어에서와 마찬가지로 접미사이다. *kor-는 우리가 이미 알고 있는 어근 *ker-/*kor-'자르다, 베다'로서, кор-н-ать(최초의 의미는 '자르다'), чер-т-a(어원적으로는 '분할지'를 의미53)) 등과 같은 단어들에서 찾아볼 수 있다. 달리 말해, 단어 короткий의 현대적 의미는 좀더 고대적 의미인 '잘라낸'에서 유래한 이차적 의미이다. 영어에서 to shear'자르다'에서 유래한 short'짧은'는 그러한 의미 모델을 정확히 반영한다. 라틴어의 curtus'잘라낸, 짧은'와 리투아니아어의 trumpas, 라트비아어의 strups'짧은' 또한 마찬가지이다.

그렇지만 '잘라낸'이란 의미가 항상 '짧은'이라는 의미로 발전하는 것은 아니다. '기울어진'이라는 의미를 지니는 형용사들도 동일한 기원적 의미를 지닐 수 있음을 앞에서 이미 보았다. 그러한 의미 또한 변할 수도 있다. 가능한 가일층의 의미 발전 방향 가운데 하나를 도식화하면 다음과 같다: '기울어진'→'비스듬히 놓인'→'가로 놓여있는'. 바로 그러한 의미 변화들을 리투아니아어 단어 (s)kersas'가로 놓여있는'에서 찾아볼 수 있는데, 이 단어는 기원적 의미로 '횡단하여'를 가지는 러시아어 전치사 через(고대 러시아어 чересъ)와 가까운 친족 관계를 형성한다(비교: мост через реку). 어원 구도 속에서 리투아니아어 (s)kersas와 고대 러시아어 чересъ는 고대 러시아어 чьрту '(내가) 자른다', 러시아어 방언 чересло'쟁기의 날'(문자 그대로는 '자르는 도구'), 리투아니아어 kertu'(내가) 자른다', kerslas'자르는 도구', skersti '자르다'와 대비될 수 있다.

우리는 언어에서 추상적 의미를 지닌 단어의 형성 시에 완전히 새로운 형성이 일어나는 것이 아니라, 좀더 보편적인 의미를 지닌 이미 존재하는 구체적인 단어를 활용하거나 혹은 기존의 구체적인 단어의 파생어로 쉽게 받아들여질 수 있는 새로운 단어가 만들어진다는 것을 보았다. 다양한 노동 과정 ('자르다', '베다', '도려내다' 등)을 의미하는 동사들이 추상적 어휘의 형성에 특히 중요한 역할을 수행하였다.

---

53) 고대 러시아어 чьрта'분할지'와 чьрту, 리투아니아어 kertu'(내가) 자른다'와 비교해 보시오.

"Поби мразъ *обилье* по волости"

노브고로드 연대기의 이 구절은 추위가 나라 안의 обилье를 못 쓰게 만들었다는 것을 전해준다. 고대 러시아어 문헌들과 방언 자료들은 현재의 단어 обилие가 언젠가 대단히 구체적인 의미인 '거둬들이지 않은 곡식'의 의미를 가지고 있었다는 것을 증명해준다.

저명한 러시아 어원학자인 뜨루바체프*О. Н. Трубачев*는 이 단어에 대해 흥미로운 어원을 제시하였다. 그는 단어 обилье의 어간을 обил-로 보았고, 그 어간은 동사 о-би-ти, би-ти'두들겨 떨어뜨리다'의 파생형으로 생각했다. 어간 обил-에서 접미사 -л-은 гни-ти, бы-ти에서 유래한 어간 гнил-(ой), был-(ой)에서와 동일한 기원을 갖는 것으로 여겼다. 따라서 집합명사 обилье의 기원적 의미를 '두들겨 떨어뜨린, 탈곡한 (알곡)'으로 보았다(비교: гнилье, тряпье 등).

이러한 의미 재구는 обилье가 '거둬들이지 않은 곡식', '탈곡하지 않은 곡식'을 의미하는 러시아어 민중 방언들 및 고대 러시아어 문헌들과 모순되는 것처럼 보인다. 그러나 첫째로 현대 러시아어의 хлеб의 의미의 합(거둬들이지 않은 곡식, 알곡, 빵)[54]은 거기에서 좀더 진지한 의미적 진전이 가능함을 말해준다. 둘째로, 고대 러시아어에서 обилье는 '알곡'의 의미를 지닐 수 있었고, 그것의 고대성은 일련의 슬라브어 상응어들에서 확인될 수 있는데, 그 상응어들은 '알곡'의 의미를 지닌다(슬로바키아어의 obilie, 슬로베니아어의 obilje).

따라서 이 경우도 고대의 구체적인 의미가 후에 추상적인 의미로 발전되어진 예로 볼 수 있다.

---

[54] 현대 러시아어어에서 이 세 가지 의미는 복수형이 다르다. '빵'은 хлебы, '거둬들이지 않은 곡식'은 хлеба, '알곡'은 단수로만 사용된다.

"Было, да *быльём* поросло."

'존재하다'란 의미를 지닌 동사보다 더 큰 추상성을 지닌 동사가 있는지 생각해 보자. 다른 임의의 동사들은 자신이 관계하는 주어에 임의의 실제적 외형을 제공한다. 예를 들어, 동사 идёт, бежит, летит는 일정한 이동의 형상을 창출하고, сидит, лежит, стоит는 공간에서 상태의 형상을 만들어 낸다. 일반적으로 이러한 동사들 모두 어떤 주어와도 결합할 수 있는 것은 아니다. вода идёт, бежит라고 말하는 수는 있지만, вода сидит는 안 된다. время에 대해서는 보통 идёт, бежит, летит, стоит를 사용하지만 сидит와 лежит는 사용하지 않는다. 우리의 일상생활에서 이와 유사한 예는 무수히 많다. 어떤 관계 내에서 모든 동사는 행위 또는 상태의 주체를 특징짓기 때문에, 그러한 특성화로 확정된 구체적 윤곽은 주체의 특질과 항상 일치하지는 않는다. 여기에서 주어와 술어의 "양립불가능성"이 초래된다.

이러한 견지에서 동사 быть는 언어 내에서 특별한 위치를 차지하고 있다. 개별적 뉘앙스의 부재와 높은 단계의 추상성은 이 동사가 임의의 물질적 또는 추상적 주어와 실제적으로 결합하는 것을 허용한다. 동일한 이유 때문에 동사 быть는 많은 언어에서 동사-연사로서 사용된다.

이미 살펴본 바처럼, 추상적 의미를 지닌 단어들이 일반적으로 구체적인 의미를 지니는 단어의 토대에서 형성되기 때문에, 어떤 구체적 의미들이 быть와 같은 그러한 추상 동사의 근저에 자리잡을 수 있는지를 알아보는 것도 흥미로울 것이다.

러시아어 동사 быть(고대 러시아어 быти)에 관해 말하려면, 우리는 그 어원을 밝히기 위해 было, да быльём поросло란 속담으로 돌아가야만 할 것이다. 존재했던 그 무엇을 가득 덮은 быльё란 도대체 무엇인가? 동사 быть는 былой, быль, былина, 과거형 был 등 외형상 단어 быльё와 유사한 몇몇 파생어들을 가지고 있다. 그들은 어떻게 단어 быльё와 연관되며, быльё는 무엇을 의미하는가?

그 속담에는 단어 быльё가 없는 было, да *травой* поросло란 이형태가 있다. 따라서 단어 быльё는 그 의미가 단어 трава에 유사하다고 볼 수 있다. 그러한 가정을 받아들인다면, 우리는 곧 러시아어에서 단어 былинка가 '풀의 작은 줄기'를 의미한다는 것과, чернобыл(풀의 일종)이 '검은 풀'이란 문자 그대로의 의미를 지닌다는 것을 알 수 있을 것이다. 슬라브 친족어들의 사전을 살펴보면, 교회슬라브어와 고대 러시아어의 быль과 былие'풀', 슬로베니아어의 bilje, 체코어의 byli'잡초' 등과 같은 단어들을 찾을 수 있다. 러시아어 방언에서 단어 былина는 '풀의 작은 줄기'를, былие와 быльё는 '풀'을 의미한다.

이제 быльём поросло란 표현은 이해가 되었을 것이다. 그렇지만 단어 быль '옛날 일'과 быль'풀', былина'영웅 서사시'와 былина'풀의 작은 줄기'가 어떤 관계를 지니는가는 아직도 불분명하다. 동음이의어라는 우연적 일치인가 아니면 그들 간에 어떤 내적 관계가 존재하는가? 인도유럽 친족어들이 이 질문에 대답해 준다.

고대 러시아어의 быти처럼 리투아니아어 단어 būti도 '있다'를 의미한다. 라틴어 동사 fuit'있었다'도 동일한 의미를 지닌다. 고대 그리스어의 상응어에서는 몇몇 예기치 않은 의미들을 만날 수 있다. phyō'(내가) 낳는다, (내가) 기른다' 또한 이 동사의 일련의 형태들은 '자라다, 성장하다'를 의미한다, phyma'나무의 마디', phyton'식물, 새싹, 어린 줄기', phykos'해초'. 이 모든 단어들은 быльё, былинка, быль과 공통점이 있을 뿐 아니라, 그들의 기원적 의미를 '무언가 자라는 것'으로 규정할 수 있다. phylon'혈통, 종족'과 physis'자연'와 같은 고대 그리스어 조어들은 우리가 살펴보고 있는 러시아어 단어들과 계속적으로 연관된다. 첫 번째 단어는 그 조어 방법상(접미사 -l-) 슬라브어 상응어들과 일치하고, 두 번째 단어는 구체적 의미인 '태어나다, 자라다'에서 추상적 의미인 '존재하다'로의 의미 발전 관점을 위한 관건이다. 즉, 최초의 구체적 의미를 지닌 동사들은 고대 그리스어 physis(비교 phyō

'(내가) 낳는다')뿐 아니라, 러시아어 при-род-а(род-ить에서)의 근저에 존재한다. '자연'과 '본질'이란 개념의 관계는 현대 러시아어에서도 분명히 드러난다(예를 들어, природа вещей와 сущность вещей를 비교해 보시오).

따라서 былье와 быль의 예는 동사 быть가 '자라다, 낳다'란 기원적 의미를 지녔음을 증명해 준다.

'하다', '창조하다', '만들다'

위의 의미를 지닌 동사들 또한 대단히 높은 추상성을 지닌다. 이론상 Что делает X?란 질문에 대해서는 무수히 많은 대답이 가능하며, 그 수는 무제한적이다. сидит, стоит, лежит, бежит, спит, читает, пишет, слушает, ест, зевает, строгает …… 만일 пишет мелом, карандашом, кистью, в тетради, на доске, на стене, быстро, медленно, задумчиво 등등의 많은 이형태들을 고려한다면, 그 무한한 이형태들의 의미를 포괄하는 단어 делать의 그 엄청난 내용에 대해 생각하기조차 힘이 들 것이다.

'창조하다', '만들다'란 의미를 지니는 동사들의 추상성 정도도 위의 동사보다 다소 작기는 하지만, 그들도 어떤 하나의 일정한 행위를 표현하지는 않는다. 그런데 그러한 동사들의 근저에는 어떤 하나의 구체적인 행위가 존재한다. 예를 들어보자.

со-зд-ать(고대 러시아어로는 со-зьд-ати)란 단어는 그 안에 교회 슬라브어 зьдъ'진흙', 고대 러시아어 зьданыи'진흙의', зьдарь'항아리를 만드는 도공' 등의 의미를 포함하고 있다. 따라서 созда(ва)ть란 추상적 단어는 '진흙으로 만들다'란 의미를 지닌 고대의 동사로부터 기원되었다.

고트어 skapjan과 독일어 schaffen'만들다, 창조하다'은 고대의 '(나무를) 자르다, 잘라내다, 도려내다'란 구체적 의미의 토대하에서 비교적 새로운 의미를 만들어 내었다. 리투아니아어의 skaptas'숟가락을 만들 때 사용하는 굽은 칼', skopti'칼로 잘라내다' 등과 같은 대응어들이 그것을 증명해준다.

단어 мазать에는 게르만어들에서는 이미 오래 전에 사라진 고대 의미가 보존되어 있었다. 고대 영어 makōn'하다, 만들다', 영어 to make, 독일어 machen'만들다'.

리투아니아어 동사 daryti'하다'는 러시아어 деру(어근 *der-/*dor-)와 동일한 기원을 지니는데, dirbti'일하다'와 darbas'일'는 어원적으로 고대 인도어 동사인 dṛbhati'뜨다, 땋다'와 관련된다. 이처럼 친족어들의 도움을 받아 '하다'와 '일하다'란 공통의 개념을 통해 구체적인 노동과정의 모습을 알 수 있다.

목수와 방직공

러시아어 동사 тесать와 가장 가까운 인도유럽어 상응어들 역시 목공기술과 관련된 의미를 가지고 있다. 리투아니아어 tašyti'깎다', 고대 인도어 takšati'(그는) 목수일 한다', taštar'목수', 고대 그리스어 tektōn'목수'. 그런데 동일한 어근에서 유래한 라틴어 단어는 '방직공'이란 의미를 지닌다. 이러한 불일치는 어떻게 설명될 수 있는가?

고대 그리스어에서 '깎다, 목수일 하다'란 구체적인 의미의 토대하에서 추상적인 의미를 지닌 technē'기술, 수공업'란 단어가 발생했다. '깎다'란 의미의 고대성에 대해서는 인도유럽어들의 상응어들이 증명해준다. 추상적 의미를 지닌 technē란 단어의 상응어들은 친족어에 없다. 라트비아 단어 remesis'목수'에 의해 어원이 설명되는 러시아어의 ремесло란 단어에서도 비슷한 의미를 찾을 수 있다.

　주요 인도유럽어들에서 ('목수'란 파생 의미와 마찬가지로) '깎다'란 의미의 완전한 일치는 그 의미가 가장 오래된 것임을 말해준다. 라틴어에서는 그 흔적이 잘 보존되었던 의미 변동이 나중에 일어났다. texo'(나는) 짠다, 뜬다' 그리고 '(나는) 건설한다', textrinum'방직 공장' 그리고 '(방직공이 아니라 목수가 일하는) 조선소'. 방직공의 언어에서뿐만 아니라, 목수의 언어에서 만날 수 있는 '뜨다', '연결하다'란 의미가 '깎다'에서 '짜다'로의 의미 발전의 연결고리였을 수 있다(비교해 보시오. 고대 러시아어 плету와 оплоть'벽', 리투아니아어 sieti'연결하다'와 siena'벽'). 또한 пришить доску란 목공 용어는 다양한 수공업 분야 간의 밀접한 관계를 잘 보여준다.

＊　　　　＊　　　　＊

　구상에서 추상으로의 공통 의미 발전 경향은 수 세기에 걸친 인간 사회의 역사 속에서 발생한 인간 사고의 실제적 변화를 반영한다. 단어들의 의미사의 이러한 중요한 특성에 대한 고려는 어원학에 있어서 최우선적인 지위를 차지한다. 왜냐하면 그것이 많은 경우에 완전히 실제적인 토대하에서 의미적 재구를 허용하기 때문이다.

제13장 단어사의 중간 단계에 관하여

모든 학문에 있어 증명의 체계 내에서의 "연속성"이란 대단히 중요한 가치를 지닌다. 예를 들어, 수학 문제를 푸는 과정 중에 어떤 한 부분의 셈이 부정확할 경우, 최종 결과가 틀린 것으로 나타난다는 것을 우리는 익히 알고 있다. 바로 그러한 부정확한 결과는 연산의 연속성의 파괴로 인해 초래된 것이다.

논리적 판단, 장기판의 수읽기, 실험 등에서 그와 유사한 상황이 나타난다. 만일 우리가 진행되고 있는 반응의 연속성을 파괴한다면, 그리고 또한 어떤 실험 과정에서 나타난 반응들 가운데 한 가지만을 수용한다면, 화학 실험은 만족할 만한 결과를 이끌어 내지 못할 것이다.

생산 과정과 실험 속에서 그리고 학교에서의 과제와 많은 학문적 문제들의 해결에 있어서 출발점과 종착점은 일반적으로 중간 고리들의 완전한 연쇄에 의해 서로 연결되어 있다. 그러한 것 없이 인간의 실제적 또는 이론적 행위는 불가능하다.

Август에서 y까지

앞에서 제시한 것과 유사한 예들이 어원 연구에서도 관찰된다. 일반적으로 단어들은 수 세기에 걸친 발전 과정 속에서 대단히 심각한 변화를 겪어왔다. 단어의 음성 형태와 의미가 본질적으로 변화되었다. 조어 과정들 또한 언어 내에서의 근본적인 변화를 야기하였다. 따라서 만일 우리가 연구의 출발점과 종착점 사이를 확실하게 연결해 주고 있는 모든 중간 고리들을 복원하지 못한다면, 우리가 알고 있는 단어의 형태들 가운데 가장 오래된 것과 그것의 현재 형태의 직접적인 비교는 대단히 억지스러운 것으로 여겨질 것이다.

예를 들어, 전문가들을 제외하고 어느 누가 프랑스 단어인 août(〔y〕로 발음된다)'8월'가 라틴어 동사 augere'크게 하다, 확장하다'와 어원적으로 관련이 있다고 믿을 수 있겠는가? 그러나 만일 우리가 라틴어 단어 augustus'위대한'의 프랑스 단어 août로의 적법한 음성 변화의 모든 단계들을 순차적으로 재구한다면, 동사 augere와의 관련이 거짓으로는 여겨지지 않게 될 것이다. 그리고 우리가 음성적 연결 고리뿐만 아니라, 조어적, 의미적 중간 고리들도 재구한다면, 프랑스 단어의 어원은 아주 분명하게 이해될 수 있을 것이다. 어근 aug-'크게 하다, 확장하다' → *augos'확장, 확대' → augustus'위대한' → Augustus(옥타비아누스 황제에게 헌정된 칭호) → Augustus(옥타비아누스 아우구스투스의 이름이 붙여진 달(月)의 명칭, 비교: июль은 줄리어스 시저의 이름에서 비롯됨).

모피mex에 대해 한 가지 더

프랑스 단어 août의 예에서 우리는 단어의 음성 형식이 〔аугу́стус → y〕처럼 완전히 다른 모습으로 변화될 수 있음을 보았다. 물론 모든 경우에 있어서 그러한 변화들이 그처럼 판이한 결과들을 야기하지는 않는다. 러시아어사와 관련된 음성 변화의 예들 가운데 하나를 살펴보자.

어원사전들에서 단어 мех는 일반적으로 라트비아어 maiss'자루'와 대응하고 있다. 러시아어와 라트비아어 발달의 현대적 단계에서 이 단어들은 단지 어두의 м-만을 공통점으로 지닌다. 심지어는 비교 대상 단어들의 철자의 수조차 동일하지 않다. 그러나 음성 변화의 개별 고리들을 밝히면서, 비교 대상 단어들의 가장 오래된 형태를 재구해 보겠다.

비교적 최근인 1918년 이전까지만 해도 러시아어 단어 мех의 철자는 3개가 아니라, 4개였다. 게다가 철자 가운데 하나는 지금처럼 쓰이지도 않았다. 즉, мѣхъ였다. 이 단어에서 철자 ѣ(ять)의 존재는 언젠가 거기에 장모음 혹은 이중모음(oi 혹은 ai)이 존재했음을 말해준다. 그 모음들은 최종적으로 ѣ가 되었다(음성 비교표 참조.). 라트비아어 단어의 ai 또한 좀더 고어형인 oi 혹은 ai에서 유래될 수 있다. 다른 친족어 자료들은 단어 мѣхъ와 maiss에서 러시아어의 ѣ와 라트비아어의 ai의 고어형이 oi라는 것을 말해주고 있다. 따라서 그들의 고어형을 재구해 보면 비교 대상 단어들의 앞부분(мѣ-와 mai-)이 동일하다는 것을 알 수 있다. 발트어(즉, 리투아니아어, 라트비아어, 혹은 고대 프러시아어)의 s는 이미 앞에서 언급한 것처럼(8장의 예 참조) 슬라브어의 ch[x]와 일치된다. 따라서 러시아어의 мѣх- 와 라트비아어 mais-는 서로 완전하게 일치한다.

그렇다면 어말의 -ъ(러시아어)와 두번째 -s(라트비아어)는 어떻게 설명할 수 있는가? 약화(즉, 대단히 짧은) 모음인 ъ(ер)는 자음 s와는 일치될 수 없지 않은가! 여기에서 다시 우리는 지나온 음성 변화의 중간 고리들을 재구할 필요가 있다.

고대 인도유럽어에서 많은 명사 및 형용사 남성 형태는 어미 -os를 가지고 있었다. 이 어미들은 고대 그리스어에서 변화 없이 유지되었다. dom-os'집', ne(v)-os'새로운'. 라틴어에서 고대의 어미 -os는 -us로 변화되었다. dom-us, nov-us. 고대 인도어와 리투아니아어에서 어미 -os는 -as로 변화되었다. nav-as'새로운'.

라트비아어는 리투아니아어와 매우 유사하다. 그러나 다음에서 예로 든 단어들에서 이들 언어 간의 본질적인 차이를 발견할 수 있다. 리투아니아어의 어미 -as는 라트비아어의 (모음 a가 탈락된) -s에 대응한다.

리투아니아어   라트비아어
kaln-as   kaln-s '산'
ret-as   ret-s '드물게'
lauk-as   lauk-s '들판'

슬라브어들에서 고대 어미 -os는 가장 뚜렷한 변화를 겪었다. 모음 o는 ъ로 약화되었고, 어말의 -s는 전부 탈락했다. 나중에 어말의 모음 ъ도 발음되지 않게 되었으나, 고대 발음의 흔적들은 그 후로도 오랫동안 철자상으로 유지되었다. 러시아어에서는 1918년에서야 어말에 철자 ъ를 쓰는 것을 폐지하였다.

단어 비교의 결론을 내리고 난 뒤, 우리는 일련의 친족어들에서 인도유럽어의 어미 -os의 음성적 운명을 반영하는 다음과 같은 표를 만들 수 있다.

고대 그리스어   -os   리투아니아어   -as
라틴어   -us   라트비아어   -s
고대 인도어   -as(-ah)   고대 러시아어   -ъ

따라서 라트비아어 mais-s에서 어말의 -s처럼, 단어 мљх-ъ에서 어말의 -ъ는 기원상 동일한 어미 -os의 그 특성상 서로 다른 음성 변화의 결과물이다. 결론적으로 러시아어 мљх-ъ와 라트비아어 maiss는 동일한 기원형인 *moisos에서 유래하였으며, 상호간에 완전히 일치함을 알 수 있다. 그리고 그것은 비교 대상 단어들 각각의 가장 오래된 음성 형태에 대한 점진적이고 체계적인 재구를 통해서만 가능한 것이다.

다람쥐 *белка*와 다람쥐의 *беличий*

음성 분석만이 단어사의 연구에 있어서 상실된 중간 고리의 재구를 요구하는 것은 아니다. 조어 과정의 분석에 있어서도 그러한 중간적인 "다리들"의 재구가 요구된다.

최근 저명한 러시아 어원학자인 샨스끼*Н. М. Шанский*는 특히 조어적 중간 고리의 재구에 관한 많은 문제들을 연구하고 있다. 그의 예들 가운데 하나를 살펴보도록 하자. 그것은 아주 단순하면서도 명확한 예이다.

이 예는 단어 беличий의 기원에 관한 것이다. 어느 누구도 단어 беличий가 белка로부터 기원하였고, 그 짐승의 명칭이 형용사 белый와 관련이 있다는 사실을 의심하지는 않을 것이다. 아무리 그 설명이 명백하다고 하더라도, 그 설명은 옳지 않다. 아니 더 정확히 말한다면 완전히 옳은 것은 아니다. 실제로 белка는 궁극적으로는 형용사 бел(ый)에서 기원하였다.

고대 러시아어 문헌들에서 단어 вльверица와 влькша '다람쥐'를 자주 접할 수 있다. бљла вльверица '흰 다람쥐'란 어구로부터 단어 бљла가 발생했고, 나중에 бљлка가 발생했다(희귀한 흰 다람쥐가 특히 높이 평가되었다).

그러나 형용사 беличий는 이상스럽게도 명사 белка로부터 기원하지 않았다. 남성 어미 -ок와 여성 어미 -ка를 지니는 활동체 명사들의 형용사형은 어미 -ичий가 아니라 -очий가 부가되어 형성되었다.

```
сур-ок  -  сур-очий        гал-ка   -  гал-очий
пасын  -  ок-пасын-очий   русал-ка  -  русал-очий
```

따라서 белка로부터 형성된 형용사라면 беличий가 아닌 белочий의 형태를 지녀야만 한다. 동시에 -ичий로 끝나는 형용사들은 러시아어에서는 어미 -ик (남성)와 -ица(여성)를 지니는 명사로부터 형성되었다.

суслˉик ‒ суслˉичий   девˉица ‒ девˉичий

плотнˉик ‒ плотнˉичий птˉица ‒ птˉичий

따라서 형용사 беличий는 белка가 아닌 белица에서 기원하였다. 실제로 고대 러시아어 문헌들에서는 дљвица가 дљва에서 기원한 것처럼, 단어 бљлица '다람쥐'가 명사 бљла로부터 기원했음을 발견할 수 있다. 다람쥐에 관한 다른 고대 러시아어 명칭(вљверˉица, вљкшˉица)의 영향하에 접미사 -ица가 단어 бљла에 부가되었음도 가능하다.

조어적 중간 고리의 재구 덕분에 단어 беличий의 어원사는 다음과 같이 제시될 수 있을 것이다. бљлˉ'흰' → бљла вљверица → бљла '다람쥐' → бљлица → бљличий （→беличий）.

위에서 살펴본 беличий와 같은 단어의 예는 어원 연구에 있어서 얼핏 보기에 가장 분명해 보이는 예들도 실제로는 분명한 것이 아니라는 사실을 말해 준다. 많은 경우에 있어 беличий의 예 보다는 훨씬 복잡한 분석을 필요로 하는 조어적 중간 고리의 재구는 학자들에게 단어의 형성과 발전의 주요 단계를 한발 두발 추적하는 데 도움을 주고 있다.

스빠르따크 Спартак, 스빠르따크의 회원들 спартаковцы, 대경기회 спартакиада

만일 인기 있는 스포츠 단체들 가운데 하나의 명칭이 왜 스빠르따크 *Спартак* 인지를 묻는다면, 아마도 많은 사람들이 다음과 같이 대답할 것이다. 스빠르따크는 고대 로마 시대의(B.C 1세기) 대규모 노예 반란의 지도자 이름이었다. 그의 이름을 따서 스포츠 단체의 명칭을 스빠르따크라고 불렀다. 그리고 또한 그 단체에 속한 축구, 농구, 하키 및 기타 스포츠 팀을 그렇게 불렀다. 전체적으로 이 대답은 옳다. 그러나 거기에는 훨씬 더 복잡했고, 몇 단계의 발전과정을 거친 단어의 의미사의 출발점과 종착점만이 반영되어 있다.

제1차 세계 대전기에 독일에서는 칼 리브크네흐트와 로자 룩셈부르크의 지도하에 나중에 "스빠르따크 연맹"으로 통합된 사회-민주주의자 혁명 단체가 조직되었다. 그 명칭은 모든 종류의 착취와 억압에 반대하는 저항의 상징으로서 그리고 노동자 계급의 해방을 위한 투쟁의 깃발로서 연맹에 부여되었다. "스빠르따크 연맹"의 활동은 독일 공산당 조직을 위한 토대를 마련했다(1918-1919).

단어 спартаковцы도 당시에는 스포츠 단체 스빠르따크의 회원이 아닌, 혁명적 노동 단체의 회원을 의미했었다. "북 치는 젊은이의 노래"에서 그것을 알 수 있다.

우리는 포성이 울리는 곳으로 갔다.
우리는 눈앞에서 시체들을 보았다.
스빠르따크 대원들-용감한 전사들,
그들의 부대가 전진한다.

즉, 단어 спартаковцы의 발생은 독일의 혁명 운동사와도 관련이 있다.

끝으로 노동자 단체들의 대규모 스포츠 경기인 спартакиада는 국제 노동자 스포츠 발전에 있어 커다란 역할을 했다. 최초의 국제 노동자 대경기회спартакиада는 1921년 프라하에서 열렸으며, 그 후 1928년에 모스크바에서, 그리고 1931년 베를린에서 개최되었다. 스포츠 시합의 명칭인 спартакиад는 이제 고대 로마에서의 봉기한 노예들의 지도자의 이름보다는, 오히려 과거의 투쟁의 전통을 공산당이 계승한 독일에서의 혁명적 스빠르따크 연맹과 유럽 여러 나라들에서 처음으로 발생한 혁명적 노동 운동과 관련이 있다.

첫 노동자 대경기회가 개최된 후인 1935년에야 스포츠 단체 스빠르따크가 결성되었다. 따라서 고유명사인 스빠르따크와 이 단체의 명칭의 단순한 대비는 그 단어의 의미 발달에 지대한 영향을 끼친 일련의 대단히 본질적인 중간 고리를 무시한 채 다만 단어사의 출발점만을 지적하는 것이다. Спартак → "Союз Спартака", спартаковцы → спартакиада → 스포츠 단체 "Спартак".

30년대에 부차적으로 생성된 단어 спартаковцы는 러시아어에서 이미 '스포츠 단체 스빠르따크의 회원'이란 새로운 의미를 획득했다.

필드하키 *хоккей с мячом*와 아이스하키 *хоккей с шайбой*

대략 1940년대에 캐나다와 기타 여러 나라들에서는 퍽을 가지고 하는 하키를 즐겼으나, 소련과 스칸디나비아에서는 공을 가지고 하는 하키가 가장 대중적인 인기를 차지했다.

전쟁이 끝난 후 소련에는 아이스하키가 널리 보급되었다. 이 두 다른 형태의 하키를 어떻게 러시아어로 구분하였는가? 소련에서는 필드하키를 비교적 오랫동안 즐겼기 때문에, 그 경기는 오랫동안 그저 단순히 하키라고 불려졌다. 반면에 새로운 경기는, 필드하키를 캐나다에서 러시아식 하키라고 부르는 것처럼, "канадский хоккей '캐나다식 하키'"라는 명칭을 얻게 되었다.

오늘날 러시아에서는 캐나다식 하키를 하키라고 부르며, 러시아식 하키를 "공을 가지고 하는 하키 *хоккей с мячом*"라고 부르고 있다. 이와 같은 두 스포츠 경기 명칭의 변화는 어떻게 그리고 왜 발생하였는가? 그 변화가 다음과 같은 식으로 발생할 수는 없다. 1) канадский хоккей → хоккей, 2) хоккей → хоккей с мячом.

만일 그러한 변화들 가운데 첫 번째 것이 발생했다면, 이 두 경기는 어느 땐가는 하나의 이름인 хоккей로 불렸어야만 한다. 그와 같은 현상은 불명확한 혼란을 야기했을 것이다. 만일 두 번째 것이 먼저 발생했을 경우에는 канадский хоккей가 хоккей с мячом과 대립된다. 비록 그것이 가능하더라도, 그러한 대립은 논리적인 관점에서 매우 적절치 못하다. "캐나다식" 하키는 "러시아식" 하키와 대비될 수 있고, "공을 가지고 하는" 하키는 "퍽을 가지고 하는" 하키와 대비될 수 있기 때문이다.

канадский хоккей가 хоккей가 되는 과정에는 хоккей с шайбой가 хоккей с мячом과 대비되는 중요한 중간 단계가 존재한다.

1) канадский хоккей → хоккей с шай бой → хоккей с шай бой → хоккей

2) хоккей → хоккей → хоккей с мячом → хоккей с мячом

얼음 벌판에서 공을 가지고 하는 하키가 소련에서 가장 인기 있는 경기였을 때, 그것은 канадский хоккей(제1단계) 또는 хоккей с шайбой(제2단계)와는 달리 단순히 хоккей라고 불렸다. хоккей с шайбой가 хоккей с мячом과 대비될 때(제3단계), 어느 정도 균형의 시기가 대두되었다. 그리고 새로운 경기의 폭발적인 인기가 결국 현재의 хоккей로 불리도록 만들었다. 반면 이전의 хоккей는 хоккей с мячом으로 불리게 되었다(제4단계).

20여 년의 기간 동안 러시아어에서 단어 хоккей는 자신의 내용의 본질적 변화를 겪었다. 앞에서 지적한 중간 단계들을 거치면서 그 명칭은 한 경기에서 다른 경기로 전이되었다.

발자크와 어원론

유감스럽게도, 어원 재구에 있어 음성적, 조어적, 의미적 중간 고리가 항상 고려되는 것은 아니다. 동사 черпать를 예로 들어보자. 어원사전들에서는 이 단어가 인도유럽어 어근 *ker-'자르다, 베다'에서 기원한 것으로 보고 있다. 때때로 인도유럽어 어간 *kerp-가 그 의미를 지닌다고도 언급한다. 그렇다면 그러한 '어근에 기원을 둔' 어원은 과연 무엇을 제공할 수 있는가? 어떻게 '자르다, 베다'란 의미가 '퍼내다, 꺼내다'로 변화될 수 있었을까? 그러한 의미 변화가 발생할 수 있는 것일까? 조어적-의미적 중간 고리가 동사 черпать의 어원의 비밀을 밝힐 수 있도록 도와주는 열쇠이다.

기원적 동사어근 *ker- // *kor-'자르다, 베다'에 접미사 -p-가 부가되어 '그루터기, 조각, 파편'의 의미를 지니는 파생 명사 어간 *ker-p-(→고대 슬라브어 чрљпъ, 러시아어 череп)가 형성된다. 단어 черепок은 같은 의미를 지니는 череп(ъ)의 지소 형태이다. 동사 чрљпати'퍼내다, 꺼내다'는 단어 чрљпъ로부터 파생되었으며, 문자 그대로 'действовать черепком'을 의미한다. 이 동사는 고대의 모델에 따라 만들어졌다. 예를 들면, 러시아어 방언 ляга '다리'(비교: ляжка) → лягать'걷어차다', 리투아니아어 galva'머리' → galvoti '생각하다'(문자 그대로 '머리로 행하다')가 있다.

즉, 인도유럽어의 동사 어근 *ker-의 기원적 의미와 동사 черпать의 의미 간의 관계는 중요한 중간 고리의 고려를 통해서만 이해될 수 있다. *ker-'자르다, 베다' → *ker-p- → чрљпъ'조각, 파편' → чрљпати'조각으로 행하다, 퍼내다'.

중요한 중간 고리를 무시하는 어근기원 어원들(어근 *ker-'자르다, 베다'에 유래된 것으로 보는 черпать와 같은 유형)은 프랑스 언어학자 쥘레론이 매우 독살스럽게 조소한 단어의 "역사"를 상기시킨다. 그는 그것을 대략 다음과 같이 묘사된 발자크의 전기와 비교하였다. "발자크는 푸른색 옷을 입고 자신의 유모의 무릎에 앉아있었다. 그리고 잠시 후 그는 『인간희극』을 탈고했다."

*　　　*　　　*

　따라서 단어의 음성사, 조어사 그리고 의미사에 있어 중간 고리를 밝히는 것은 올바른 어원의 제시를 위해 대단히 중요한 의미를 지닌다. 앞에서 살펴본 예들에서 그 중간 고리들은 연구의 세 가지 주요 관점 가운데 어느 한 가지 관점 내에서 주로 재구되었다는 사실을 언급할 필요가 있다. 일반적으로 실제 어원 연구에서는 음성 분야뿐 아니라, 조어 또는 의미 분야에 있어서의 중간 고리의 재구를 동시에 취급하여야 한다. 물론 이러한 종합적인 재구는 좀더 복잡하다. 그러나 그러한 재구 속에서 어원학자들은 본 장에 기술된 분석의 주요 원칙들을 이용한다.

제14장 방언과 어원

　지금까지 어원 연구의 다양한 방법과 사례들을 살펴보면서, 우리는 주로 해당 언어의 자료나 혹은 다양한 문헌들 속에서 증명되는 여러 언어들의 자료에 의지해왔다. 러시아어의 예들 가운데 대부분은 문학어의, 즉 표준어적 규범을 반영하는 어휘들이었다.

　러시아 표준어는 민중 방언들에 존재하는 많은 단어들을 받아들였다. 그러나 단어들의 대부분은 그 방언의 전형적 특성을 나타내면서 단지 비교적 제한된 지역에서만 살아남았다. 쁘스꼬프와 보로네쥐 주의 주민들은 똑같이 러시아어로 말한다. 그러나 쁘스꼬프 사람들이 자신의 대화에 사용하는 어휘들 가운데 다수는 보로네쥐 사람들에게는 이해되지 못할 것이며, 그 반대의 경우도 마찬가지이다.

　방언 어휘 연구는 어휘론 학자의 연구에 있어 가장 중요한 측면들 가운데 하나이다. 앞에서 우리는 이미 여러 번 고대 러시아어에 존재했었던, 그러나 현재에는 사라진 어휘들이 많은 방언들 속에서 살아남아 있음을 확인하였다. 그러한 방언들의 고어성은 음성, 조어, 의미 등과 같은 언어의 모든 측면에서 나타나고 있다.

E와 "ЯТЬ"

현대의 러시아어 화자들 가운데 누가 문자상 e와 ѣ(ять)로 표기되었던 고대 러시아어의 상이한 발음에서 비롯된 〔e〕소리를 구별할 수 있을 것인가? 심지어 e와 ѣ가 문자 상으로 구별되었던 19-20세기 초에도 해당 소리는 러시아어 표준어에서 동일하게 발음되었다. 그러나 노브고로드 방언에서는 지금도 원래의 (혹은 ь에서 유래한) e와 달리 역사적으로 ѣ 위치에서 발음되는 〔и〕 소리를 들을 수 있다. 비교해 보시오. сѣно, сѣвъ -노브고로드식 발음〔сино〕, 〔сив〕. 그에 비해 семь, серна -노브고로드식 발음〔семь〕, 〔серна〕.

러시아어와 우크라이나어를 비교할 경우에도 동일한 현상이 관찰된다. 단지 여기서는 문자상에도 유추적 이화가 반영되었다.

고대 러시아어	우크라이나어
бѣлыи, сѣрыи, свѣтъ	бiлий, сiрий, свiт 그러나
меньше, темныи, верхъ	менше, темний, верх

모든 러시아어 어휘들이 우크라이나어와 일치형을 가지는 것은 아니기 때문에, 앞서 언급한 노브고로드 방언의 특성은 어원 연구에 있어 중요한 의의를 획득한다. 특히 단어가 고대 러시아 문헌에 나타나지 않거나, 그러한 문헌에서 e와 ѣ의 표기의 혼동이 존재할 경우에는 더욱 그러하다.

음성 비교표에서 볼 수 있는 것처럼, 모음 ѣ는 인도유럽어의 *ē 또는 이중모음 *oi와 *ai로부터 비롯되었다. 따라서 다른 친족어들의 변화를 고려하면서 우리는 단어 пена(пѣна)를 라틴어의 (s)pūma '거품'와 비교할 수 있는데, 이는 인도유럽어의 *oi가 고대 슬라브어와 고대 러시아에서는 ѣ로 규칙적으로 변화되었고, 라틴어에서는 ū로 변화되었기 때문이다(음성 비교표 참조). 그러나 ѣ에서 비롯되지 않은 e를 가진 슬라브어 단어들을 ū를 가진 라틴어 단어와 대비시킬 수는 없다. 따라서 현재까지 일련의 러시아어 방언들에서 유지되었던 발음상 상이한 두 〔e〕의 구분은 인도유럽어들의 대응형 선택에 있어 언어학자들의 안내자로서 기능할 수 있다. 또한 그러한 대응형들은 단어의 어원 확립에 있어 자주 결정적 역할을 수행한다.

глухмень과 кусмень

우리는 '침엽수림'이라는 단어의 어원을 살펴보면서(5장에서), 그 단어로부터 고대적 접미사 -мень을 분리했었다. 그렇지만 그것은 오래 전에 러시아어에서 자신의 생산성을 상실하였기 때문에, 현대 러시아어 단어에서 그 부분은 이미 접미사가 아니다. 그렇지만 рамень이라는 단어가 형성되던 무렵에 -мен(ь)은 그 단어의 접미사였다.

이제 현대 러시아어에서 어근에 부착되어 사어화된 접미사를 가진 단어들이 얼마나 되는가를 살펴보기로 하자. камень, пламень, ячмень 등이 확실한 예일 것이다(кремень과 ремень은 그 기원이 불분명한 단어들이다). 만일 우리가 방언에도 관심을 가진다면, 유사한 예들은 훨씬 많아질 것이다. 몇몇 예를 들어보자. голо́мень '外海', '옹이가 없는 나무의 부분', глухме́нь '벽촌', житме́нь '보리', кусме́нь '조각', сухме́нь '건조한 날씨'. рамень이라는 단어 또한 방언에서 기원하였다.

рамень이라는 단어는 어떤 슬라브어에도 일치형이 없다는 것을 특히 강조할 필요가 있다. 그럼에도 불구하고, 그 단어는 고대에 생성된 단어인데, 왜냐하면 이미 우리가 살펴보았듯이 그 단어는 일련의 인도유럽어들에서 대응형을 가지고 있기 때문이다. 그것은 표준어에서는 오래 전에 사라진 고대의 조어적 특성들을 여러 가지 유지하고 있는 방언 자료들의 중요성에 관한 또

하나의 증거라고 하겠다.

그들 가운데 많은 수가 고어화된 방언들의 의미론 분야에서 특히 흥미로운 예로서 나타난다. 방언의 어휘가 표준어의 어휘와 얼마나 차이가 지는가를 보여주기 위해 몇 가지 예를 들어보기로 하겠다.

Можно ли пахать шум бредовой метлой ?

현대 러시아어 규범의 관점에서 이 문장은 난센스이다. 실제로 모든 사람들은 농부들이 항상 쟁기로 밭을 간다는 것은 잘 알고 있다. 올바른 생각을 가진 사람이라면 누가 빗자루로 밭을 갈 것인가?!

또한 '경작하다'라는 것은 들이나 밭, 땅에 해당되는 것이다. 그것은 누구에게나 자연스럽다. 그런데 소음을 경작하다*пахать шум*라니……

마지막으로 *бредовая метла*란 표현에 관한 문제이다. 우리 모두가 알다시피 '꿈', '보이는 것', '사상', '계획' 등과는 *бредовая*가 사용될 수 있다. *бредовая метла*란 표현은 어떤 러시아어 표준어 사전에서도 찾아볼 수 없다.

이상으로 우리는 *пахать шум бредовой метлой*란 표현 속의 단어들 간의 모든 관계를 살펴보았고, 그러한 관계들 간의 어느 하나도 우리가 알고 있는 *бредовой, пахать, метла, шум*이란 단어들의 일상적인 의미와 일치하지 않는다는 것을 알게 되었다.

그렇지만 *пахать шум бредовой метлой*는 단순히 우연적인 단어의 나열도, 아무런 의미 없는 열거도 아니다.

앞의 예에서 *шум, бредовый* 그리고 *пахать*란 단어는 러시아어의 쁘스꼬프 방언으로부터 가져온 것이다.

일련의 러시아어 방언들에는 бреди́на'버드나무'와 бред'버드나무'란 단어가 존재한다. бредовый는 '버드나무, 버드나무 가지로 만들어진' 또는 '버드나무 껍질로 만들어진'이란 의미를 지닌 형용사이다. 이제 우리는 бредовая дуга, бредовая метла, бредовые лапти 등의 어결합을 이해할 수 있을 것이다.

동사 пахать는 러시아어 방언들에서 몇 가지, 때로는 서로 관계가 먼 의미들을 지닌다. 1) '땅을 갈다', 2) '가다', 3) '잘게 썰다, 자르다', 4) '청소하다', '쓸다'.

러시아어 북부 및 서북부방언에서는 열거한 의미 가운데 특히 '쓸다'라는 마지막 의미를 자주 접할 수 있다.

그러므로 сени-то ещё и не паханы나 Поди, подпаши мост('마루를 쓸어라') 와 같은 방언적 어구들은 이제 누구에게도 의혹을 일으키지 않을 것이다. 더 나아가 пахать란 동사와 공통의 어근을 가진 спахивать 또는 спахнуть (пыль)'먼지를 쓸다'란 널리 통용되는 속어적 어휘들을 기억해낼 수도 있을 것이다.

끝으로 쁘스꼬프 및 일련의 기타 방언들에서 шум은 '쓰레기'를 의미한다. 즉, не кудай шуму за порог란 방언적 표현은 не выврасывай мусор за порог 란 표준어 표현과 일치한다.

따라서 пахать шум бредовой метлой를 러시아 표준어로 번역하면 '버드나무 빗자루로 쓰레기를 쓸다'가 된다.

Про тракториста, который орал, и про ушканов.

пахать가 '쓸다'를 의미하는 방언들에서, рамень이란 단어의 기원을 살펴볼 때 이미 언급했듯이, '경작하다, 밭을 갈다'의 의미로는 일반적으로 동사 орать 가 사용된다. 따라서 북부지방 어디에서든지 "Тракторист Сидоров целый месяц *орал* на самых удалённых от деревни землях"란 표현을 듣게 되더라도 놀라지 않기를 바란다.

대체로 방언들에서는 우리가 알고 있는 대단히 많은 단어들이 우리에게 전혀 익숙하지 않거나, 때로는 전혀 예기치 않은 의미로 사용된다. 앞서 열거한 예들 외에도 그러한 방언적 어휘들로 родни́к'친척', враг'골짜기', стая'헛간', борозда'써레'와 같은 단어들을 예로 들 수 있다. 러시아어 표준어에는 포함되지 않는 많은 단어들도 방언에서 만날 수 있다. шал'쓰레기', свéсья'처제', лони́'작년에', порáто'많은', ушкáн'토끼'.

만일 위에서 열거한 마지막 세 단어의 의미를 알지 못했다면, 북부 방언을 알지 못하는 사람은 아르한겔스크에서 온 사냥꾼의 "Лони́ порáто ушкáнов дóбыл"이란 말을 이해하기가 아주 곤란할 것이다.

방언 사전들

달*В. И. Даль*이 저술한 네 권짜리 『대러시아어 해석사전*Толковый словарь живого великорусского языка*』에는 19세기의 러시아 방언들에 관한 풍부한 자료들이 수집되어 있다. 또한 거의 백 년 전에 <u>뽀드브이소쯔끼</u>*А. О. Подвысоцкий* 에 의해 『아르한겔스크 방언사전*Словарь областного архангельского наречия*』이 제작되었다.

현재 러시아 과학 아카데미 러시아어 연구소는 여러 권으로 된 『러시아 민중 방언사전*Словарь русских народных говоров*』를 출판하고 있고, 뻬쩨르부르그대학에서는 『쁘스꼬프 지역 방언사전*Псковского областного словаря*』의 초판본이 인쇄되었다. 또한 스몰렌스크, 뱌뜨까, 야로슬라프 및 기타 방언 자료들을 수집한 많은 수의 사전들이 존재한다.

지역적 어휘에 관한 연구 작업은 오늘날 특히 집중적으로 이루어지고 있다. 학자들은 매년 다양한 방언 채집을 떠나고 있고, 러시아어 방언의 특성과 그것의 과거 및 새로운 특징을 연구하고 있다. 그러나 교육, 출판물, 라디오 및 텔레비전의 강력하면서도 점증하는 데 영향을 받아 방언 어휘들은 점차 실생활에서 사라지고 있다. 현재 표준어들은 방언들 간의 차이를 없애면서, 다양한 방언들 속에 점점 더 깊이 파고들고 있다.

고고학자 및 역사학자들은 오래된 도구, 돌, 나무, 금속으로 만들어진 다양한 물건들, 고고학적 기념물, 그림 및 조각품들, 고대의 서명, 비명 및 돌에 새긴 글씨 등 물질 및 정신문화의 다양한 고대 기념비들을 면밀하게 수집하고 연구한다. 그러한 기념비들을 통해 인류의 모든 역사가 재창조된다. 과거에 사라진 많은 것들은 고고학자들의 치밀한 작업과 고고학적 발굴 덕분에 재구될 수 있었다.

러시아어 및 기타 현대 언어의 방언들에 관한 문제는 훨씬 복잡하다. 만약 오늘날 표준어의 영향으로 그 방언에만 유일하게 존재하는 어떤 단어가 사라진다면, 앞으로 그 단어는 어떤 "발굴"에 의해서도 재구될 수 없을 것이다. 이것이 방언학자들의 연구가 오늘날 중요한 가치를 지니는 이유이다. 후세를 위해 방언 속에 포함된 러시아어의 모든 풍요로움을 지키는 것은 지역사전의 집필진들 앞에 가로놓인 주요 과제 가운데 하나이다. 박물관의 고고학적, 역사적 전시품들이 우리 조국의 먼 옛날을 재구해 주는 것처럼 박물관의 지역사전들은 학자들에게 러시아어의 먼 과거의 역사를 통찰할 수 있게 해준다.

방언 자료는 이미 오래 전에 표준어에서 사라진 무한한 고대의 어휘 및 어형들을 포함하고 있는 무진장한 보고이다. 방언 자료의 분석은 러시아어 연구에 있어 중요한 위치를 차지한다. 그렇지만 여기에서 우리는 다만 방언 자

료 연구가 단어의 기원을 찾는 어원론 학자들을 어떻게 도와주는가 하는 부
분적 문제만을 언급하기로 하겠다.

방언 어휘들과 어원

пахать'쓸다', шум'쓰레기', мост'마루', орать'경작하다', бредовый'버드나무
의' 등과 같은 예들은, 러시아어 표준어와 그 방언들에서 동일하게 발음되는
많은 단어들이 의미적으로 분명한 차이를 지닌다는 것을 보여준다. 그러한
단어들 가운데 어떤 것들은 실제로는 상이한 기원을 지니지만, 외형적으로
동일하게 발음되기도 한다(동음이의어). 표준어의 враг와 방언의 враг'골짜기'
를 예로 들 수 있다. 다른 경우에는 의미의 이화가 뒤늦은 의미 변화의 결과
로 발생되었다. 그러한 의미 변화가 표준어에서는 대단히 자주 발생하였으나,
동시에 방언에서는 고대의 어휘 의미가 유지되었다.

러시아어 방언에서는 단어의 고대적 의미뿐 아니라, 표준어에서는 사라진
조어 유형들 가운데 많은 것들도 남아 있다. коровай란 단어의 어원 연구에
서 그것과 조어 구조가 유사한 방언 어휘인 коротай가 커다란 도움을 주었음
을 기억할 것이다.

많은 인도유럽어들에서 잘 알려진 접미사 -в- // -т-의 교체는 러시아어 표
준어에는 거의 흔적이 남아있지 않다. 그러나 방언들에서는 пе-в-ун / пе-т-ун
'수탉'55), чер-в'낫' / чер-т-а'물건을 자르는 도구'등의 예들을 발견할 수 있다.

이미 우리가 살펴본 것처럼 러시아어 방언들의 음성적 특성도 적지 않게
중요한 가치를 지닌다. 그리고 방언 단어들은 그 단어들의 어원에 관한 문제
를 확실하게 해결해 줄 수 있는 좀더 오래된 과거의 음성 형태를 자주 간직

---

55) 두 단어에서 접미사 -ун은 비교적 나중에 출현하였다. 그렇지만 교체되는 접미사
-в-와 -т-는 아주 고대의 것이다. 교회 슬라브어의 пѣт-ъ'수탉', 러시아 방언 пе-в-ел
과 пе-т-ел'수탉', 우크라이나어의 пi-в-ень'수탉'을 비교해 보라

하고 있다.

домовой 와 леший

고대인들은 그들 주변에 다양한 영적 존재들이 살고 있다고 믿었다. 그들 가운데 어떤 것은 선한 존재였고, 어떤 것들은 악한 존재였다. 집을 지켜주는 домовой는 선한 존재로 여겼다. 그것을 친근감 있게 дедушка, батанушка 로 또는 존중의 의미로 хозяин이라고 부른 것은 우연이 아니다.

먼 옛날 인간은 집 밖에서 여러 가지 위험과 계속적으로 부딪혔다. 숲에는 야생의 짐승들이 살고 있었고, 들에는 겨울 눈보라가 자주 불었다. 물에서 작은 배들은 쉽게 뒤집힐 수 있었고, 그곳에서 사람들은 물밑으로 끌어들이는 водяной를 보았다. 그렇게 하여 사람들에게는 선하지 않은 영적 존재들인 водяной, полевой, боровой(침엽수림에 사는 정령), леший에 대한 믿음이 생겨났다.

дом과 домовой, вода와 водяной, поле와 полевой, бор와 боровой 간의 어원적 관계는 아무도 의심하지 않는다. 예를 들어, домовой는 러시아어에서 명사뿐 아니라 형용사로도 사용된다. 다만 (표준어 규범상) 강세 위치는 다르다. домóвая кухня, домóвая книга. 다른 단어들도 마찬가지이다. водяной насос, полевой цветок, боровая дичь.

다만 лес와 леший의 관계는 분명하게 나타나지 않는다. 그것은 첫 단어의 어근에는 -с-가 있고, 두 번째 단어에는 -ш-가 존재한다는 문제가 아니다. 유사한 음성적 교체는 쉽게 설명된다. 왜냐하면 그러한 교체는 ве-с-на // ве-ш-ний, пи-с-ать // пи-ш-у. вку-с-ить // вку-ш-ать의 경우와 정확히 일치하기 때문이다.

의미 구조 내에서 '숲의 정령'으로서의 леший와 лес 간의 관계는 완전히 단일하다. 그런데 왜 그 정령은 лесной(водяной, домовой 등처럼)로 불리지 않았을까? 아마도 고대에는 명사 лес로부터 다른 형용사인 леший가 형성되었을까? 그러한 추측은 그럴듯해 보인다. 그렇다면 왜 러시아어에 "водяная, полевая, боровая птица или дичь"는 있어도 "лешая птица"는 없는 것일까?

그런데 어디에도 그런 표현은 없는가? 러시아 표준어에서 леший란 단어에는 '숲의'라는 의미는 없다. 그런데 쁘스꼬프 방언에는 그러한 의미가 존재한다. 그곳에서는 лешие утки, лешие яблоки, лешие мухи, лешая земля란 표현을 찾아볼 수 있다. 그리고 그러한 모든 경우에서 леший는 '숲의'란 의미를 지닌다.

그렇게 쁘스꼬프 방언 자료는 леший '숲의 정령'의 어원 연구에 남아 있던 작은 의혹들도 확실하게 제거해 준다.

*　　　*　　　*

방언의 가장 특징적 특성 가운데 하나는 표준어에서는 오래 전에 대부분 사라진 아주 고대적인 특징이 수 세기 동안 변질되지 않고 남아있도록 해주는 놀라운 능력이다. 그러한 방언의 고대성은 언어의 음성적, 조어적, 의미적 측면과도 관련되어 있다.

단어의 가장 고대적 층위를 밝혀주는 방언 자료가 어원 연구에 있어 중요한 역할을 하고 있는 것은 바로 그 때문이며, 새로운 지역 사전의 출판이 언어 역사학자들에게, 특히 단어의 "전기작가"인 어원 학자들에게 늘 가장 생생한 관심을 불러일으키는 것 또한 그 때문이다.

제15장 차용어

모든 언어에는 그들의 고유어 외에도 고대나 현대에 차용된 단어들이 많이 존재한다. 그리고 그들의 어원을 결정하는 데는 독특한 특징이 있다.

러시아어에 차용된 단어가 얼마나 많은가를 살펴보도록 하자. 아무 신문이나 하나를 골라보자. "러시아의 스포츠"란 신문을 골랐다고 하자. 그 신문의 한 면을 보니 1970년의 월드컵 기사가 실려 있다. футбол'축구'은 이미 알려진 것과 같이 영어로부터 차용된 단어이다. 즉, foot는 영어로 '발'을 의미하며, ball은 '공'을 의미한다. форвард, офсайд, пенальти, гол, аут 등과 같은 축구용어들 역시 영어에서 차용된 단어들이다.

다시 다른 면을 펼쳐들면, гимнастика'체조', баскетбол'농구', волейбол'배구' 경기에 관한 기사를 볼 수 있을 것이다. 그러한 경기 명칭들 모두 외래어이다. 단어 спорт도 차용된 단어이며, олимпиада, призер, хоккей, шайба, диск, стадион, матч, тайм, бокс, спринтер, стайер, гроссмейстер, цейтнот, старт, финиш란 단어들도 역시 차용된 단어들이다.

한편, 이러한 풍부한 외래어들은 스포츠 용어에만 국한되는 것일까? 항공용어를 예로 들어보자. пилот, штурман, радист, стюардесса; фюзеляж, мотор, шасси 등도 모두 외래어이다. 병원이나 약국에서도 우리는 терапевт, хирург, ангина, аппендицит, аспирин, стрептоцид, скальпель, инъекция, донор 등의 외래어들을 듣게 된다. кино, радио, телевизор; газета, журнал; геометрия, физика , химия; культура, прогресс, демократия; революция, социализм, коммунизм, партия 등과 같은 단어들은 현대 러시아어에서 대단히 중요하면서 떼어낼 수 없는 부분이 되어, 우리의 생활 내에 공고히 자리잡은 외래어들이다.

명장 *мастер*과 제자 *подмостерье*

어떤 언어에 외래어들이 풍부하다는 것은 그 언어가 불충분하다는 것을 증명하는 것인가? 결코 그렇지 않다. 오히려 그 반대이다. 어떤 언어가 국제적 어휘를 쉽게 받아들일수록, 그리고 다른 언어들에도 존재하는 그러한 중요한 단어들을 자국어에 더 많이 포함하면 할수록, 그 언어는 보다 완전해지고 풍부해진다.

언어는 단어를 단순히 차용하지는 않는다. 차용을 외국어를 모국어로 편입하는 단순하고 기계적인 과정으로 보아서는 안 된다. 그 과정은 대단히 복잡하게 진행된다. 예를 들어, 보통 어떤 단어가 러시아어로 들어가면서, 그 단어는 문법적으로 러시아어 단어처럼 형성된다.

мастер란 차용어(비록 어느 언어로부터 차용되었는지는 불분명하지만)를 예로 들어보자. 그 단어는 유사한 형태의 다른 모든 순수 러시아어 단어들처럼 똑같이 변화한다. мастер, мастера, мастеру, мастера, мастером, о мастере 등. 그러한 격변화 형태들은 러시아어에서만 찾아볼 수 있다.

러시아어 단어 мастер는 독일어 Meister나 또는 영어 master와도 그리고 공통된 어원을 지니는 다른 외국어들과도 발음이 다르다. 마지막으로 러시아어를 제외하고는 어느 언어에서도 мастерство, мастерская, мастерица, мастеравой, подмастерье, мастерить 등과 같은 파생어들을 찾아볼 수 없다.

따라서, 단어 мастер는 단지 그 기원만이 외래어이다. 그리고 자신의 문법 구조, 조어 관계, 발음의 특성 그리고, 보다 중요한, 언어 내에서의 용법에 따르면, 그 단어는 전형적인 러시아어 단어이다. мастер처럼 러시아어로 유입된 단어들은 러시아어를 왜곡하지도, 러시아어만의 어떤 독특한 특징을 없애지도 않는다. 반대로 차용된 단어들은 러시아어에, 러시아어의 발음, 문법, 조어 특성에 적응하였다.

현재까지도 러시아어에서 편안하지 않게 여겨지는 외래어들이 비교적 적지 않다는 것 또한 사실이다. 그리고 다른 단어들과는 달리 그러한 단어들은 심지어 전형적인 러시아어 격변화 어미를 지니고 있지도 않다. кино, пальто, кофе, ралли, радио 등. 그러나 그와 같은 단어들이 러시아어에 커다란 영향을 끼칠 만큼 그렇게 많지는 않다.

쉬쉬꼬프 장군과 дама приятная во всех отношениях

19세기 초의 몇몇 반동주의적 활동가들은 많은 양의 국제어들(демократия, конституция, культура, прогресс 등)이 러시아어로 유입되는 것을 외래어에 의한 언어의 "오염"으로 보았다. 특히 교육부장관이었던 쉬쉬꼬프А. С. Шишиков 장군은 열렬한 국어정화주의자пурист[56]였다. 예를 들면, 그는 외래어 тротуар 대신 단어 топталище(이 단어는 그 자신이 고안하였다)를 그리고 галоши 대신 мокроступы를, фортепьяно 대신 тихогрома를 사용할 것을 제안하였다.

이미 러시아어에 널리 확산된 외래어를 자신의 애국적인 고안물로 바꾸려는 쉬쉬꼬프의 노력은 러시아 진보 계층의 커다란 비판을 받게 된다. 예브게

---

56) пурист는 라틴어 purus'깨끗한'에서 기원한 단어로 지나친 외래어의 사용을 지양하고 모국어의 순수성을 지키려는 사람들을 의미한다.

닌 오네긴 8장에서, 나중에 러시아어가 된(комильфо́), 프랑스어 표현 comme il faut[57]를 사용한 후, 뿌쉬낀은 이렇게 비꼬았다.

…… 쉬쉬꼬프 용서하게:
어떻게 번역을 해야 할지 모르겠네.

쉬쉬꼬프 장군은 아무런 필요 없이도 문자 그대로 매 걸음마다 자신의 말 속에, 그것마저도 이상하게 발음하면서, 프랑스어 단어를 사용하던 고골의 "모든 관계에서 원만한 부인"의 경우와 극한 대립을 보였다. 그처럼 그것들 없이도 쉽게 해결되는 외래어나 용어들을 러시아어에 부적절하게 채워 넣는 것은 항상 모국어의 실제적 순수성을 위해 투쟁하는 사람들의 정당한 반대를 불러일으켰다.

차용의 유형들

러시아어에서 외국어에서 기원한 단어는 차용의 기원에 따라(그리스어 기원, 터키어 기원, 게르만어 기원 등), 차용의 방법에 따라(구어적 경로, 문어적 경로) 그리고 차용어가 러시아어 어휘에 얼마나 공고하게 들어왔느냐에 따라 구별될 수 있다. 예를 들어, 그리스어 차용어들은 주로 문어적 경로를 통해 러시아어로 들어왔으나, 터키어 차용어는 구어적 경로를 통하여 들어왔다. 문어적 차용은 무엇보다도 먼저 러시아어 표준어의 재산이 되었다. 그런 반면 구어적 차용은 보통 주로 지역적 제한성을 띠던 방언들을 통해 확산되었다. 국경지역에서 자주 접할 수 있던 이중언어 사용은 구어적 차용의 원천이었다.

---

[57] Comme il faut-'고상한, 우아한'. 문자그대로는 как надо, как следует를 의미한다.

외국어에서 기원한 단어는 외래어와 외국어로 구분될 수 있다. 러시아어에 동화되어 이미 러시아어 고유의 단어로 여겨지는(혹은 거의 그러한) 단어들은 순수 차용어에 속한다. баржа, деготь, кровать, лошадь, пакля, плита, редька, рынок, сарай, свёкла, слесарь 등. 이와는 달리 외국어 단어는 러시아어에 완전히 "순응하지" 않은 단어들이다. 그들은 외국에서 유래한 단어로서 느껴지며, 그렇기 때문에 때로는 варваризм[58]이라고 불리어진다. 그리고 이러한 단어들은 외국어 사전의 항목에 포함된다. 특히 국제어 및 정치-사회, 학문-기술, 스포츠 등의 전문용어들 가운데 외국어가 많다. коммюнике, интервью, креатура, реле, баттерфляй, ралли. 이러한 단어들이 외국어에서 기원했다는 것은 그들 가운데 다수가 격변화 형태를 가지지 않는다는 것에서도 보인다. 그러나 이미 정착한 차용어와 외국어 사이에 정확한 경계를 설정하기란 어려운 일이다. 게다가 비교적 최근에 러시아어에 동화된 많은 단어들은 18-19세기에는 외국어로 여겨졌었다. адмирал, политика, физика(18세기), пейзаж, фрак, жилет(19세기). 뿌쉬낀의 시를 비교해보자:

> Но *панталоны*, *фрак*, *жилет*,
> Всех этих слов на русском нет[59]. (예브게니 오네긴, 1장)

그와 더불어 많은 외래어들은 러시아어에 정착하지 못하였고, 19세기에는 순수 러시아어 단어에 의해 밀려나기도 했다. 예를 들면, виктория는 победа로, политесс는 вежливость로, презент는 подарок로 대체되었다. 1930년대에 폭넓게 사용되던 외래어 аэроплан은 그의 오랜 경쟁자였던 самолёт에 의해 밀려났다.

---

58) 고대 그리스인들은 그리스인이 아닌 모든 사람들을 варвар라고 불렀다. 따라서 варваризм은 모국어가 아닌 언어에서 유래한 단어를 의미한다.
59) 러시아어에 외래어 사용을 반대했던 쉬쉬꼬프에 대한 풍자적 시사.

그리스어 차용어와 라틴어 차용어

현대 유럽어들 및 다른 언어들에서 많은 수의 국제어들을 찾아볼 수 있다. фабрика , радио, демократия, социализм, революция 등. 이 단어들 가운데 대부분은 그리스어와 라틴어 어근으로부터 형성되거나 또는 그리스어 및 라틴어 단어들과 완전히 일치하게 생겨났다. 그러나 그리스어 차용어와 라틴어 차용어를 접하면서 어원학자들은 하나의 함정에 빠져들 수도 있다. 어떤 단어에서 그리스어 또는 라틴어 어근과 접미사들을 밝혀낸 후, 그 단어가 그리스어 또는 라틴어에서 차용되었다는 결론을 내릴 수 있다.

그렇지만 그리스어나 라틴어 기원 단어들 가운데 많은 수는 그리스어나 라틴어로부터 러시아어로 차용되지 않았다.

많은 그리스어 차용어와 라틴어 차용어들이 그리스어와 라틴어에서 러시아어로 직접 들어오지 않고, 프랑스어, 독일어, 폴란드어 또는 기타 유럽어들을 통하여 들어왔다. 따라서 그것들은 그리스어나 라틴어로부터가 아니라, 그러한 언어들로부터 차용된 것이다. 이러한 경우 어원학자들은 차용 과정에서 기원어*язык-источник*와 매개어*язык-посредник*를 분명히 구별해야만 한다. 전자는 단어의 어원에 대한 물음에 답을 해줄 수 있고, 후자는 러시아어로 유입된 단어의 구체적인 경로를 제시하며, 그들의 음성적, 조어적, 의미적 특징들 가운데 몇몇을 설명해줄 수 있다.

그 외에도 그리스어 또는 라틴어 어근을 지니는 많은 단어들은 그 단어들이 그리스어와 라틴어에 결코 존재한 적이 없었기 때문에 그리스어와 라틴어에서 차용될 수 없다. 그 이유는 많은 단어와 전문용어들은 고대 그리스어와 라틴어를 기초로 새로운 시대에 인위적으로 형성되었기 때문이다. 예를 들어, телефон 또는 геология라는 단어가 그리스어에서, 그리고 аквариум은 라틴어에서 차용되었다고 말할 수 있을까?

그리스어 단어 tēle는 '멀다'를 의미하며, phoneō는 '울리다'를 의미한다. 여기서 형용사 tēlephōnos'멀리 울리는'의 기원을 찾을 수 있다(이 모델을 따르면 tēleskopos는 '멀리 보이는'이다). 그러나 그리스어에 형용사 tēlephōnos는 결코 존재한 적이 없다! 명사 телефон은 새로운 시대에 인위적으로 만들어졌으며, 그리스어에서 차용되지 않았다. 단어 геология 역시 마찬가지로, 이 단어는 география, геометрия, метеорология 등의 단어 유형에 따라 인위적으로 형성되었다. 유사한 현상이 단어 аквариум의 경우에도 나타난다. 가끔 어원사전에서는 이 단어가 19세기에 라틴어에서 차용된 단어라는 주해를 볼 수 있다. 그러나 라틴어에 단어 aquarium'물고기와 해양 동물 및 식물의 번식과 부양을 위한 인공저수조'은 존재하지 않았다. 우리의 관심을 끄는 이 단어는 19세기에 라틴어에서 차용된 것이 아니라, 인위적으로 라틴어 형용사 aquarius'물의'를 기초로 만들어졌다.

따라서 그리스어나 라틴어 어근과 접미사를 지니는 단어들의 경우는 적어도 세 가지 유형의 차용어를 구분해야만 한다. 첫째, 그리스어와 라틴어에서 직접 러시아어에 유입된 단어, 둘째, 다른 언어들을 매개로 하여 차용된 단어, 셋째, 그리스어와 라틴어를 토대로 해서 새로운 시대에 인위적으로 만들어낸 단어.

외래어와 어원

러시아어에는 차용된 단어의 수가 많기 때문에, 그 차용에 있어 기원어의 문제 및 차용 시기와 장소 그리고 구체적 경로들에 관한 문제가 어원학자들의 임무와 관련된 가장 중요한 문제들 가운데 하나이다.

비교적 최근에 차용된 단어는 러시아어 어원사전에서 누락되어 있는 경우가 자주 있다. 어느 언어로부터 차용되었는가를 밝힌 경우는 그래도 나은 편이다. 그러나 그러한 인용은 우리가 관심을 가지는 단어의 어원에 관한 문제를 해결해주지 못한다.

예를 들어, 우리가 театр란 단어의 어원이 알고 싶다고 하자. 『러시아어 어원 소사전*Краткий этимологический словарь русского языка*』에는 다음과 같이 기술되어 있다: "**Театр**. Заимствовано из франц. яз. в XVIII в. Франц. théâtre восходит к лат. theatrum-≪театр≫, являющемуся переоформлением греч. theatron-т. ж."

여기에 열거된 정보가 사실임은 의심의 여지가 없다. 차용 시기와 장소(18세기, 프랑스어), 차용된 단어의 기원어(그리스어), 차용경로(그리스어 → 라틴어 → 프랑스어 → 러시아어) 모두 옳게 기술되어 있다. 여기에는 단 한 가지 театр란 단어의 어원이 밝혀져 있지 않다.

사전에 열거된 모든 자료들은 어원적 과제를 모두 남김없이 해결해주지는 않는다. 왜냐하면 그들은 단지 단어의 역사, 그 단어의 차용의 역사 문제에만 국한되어 있기 때문이다. 단어 театр의 어원은 그 기원에 최대한 근접해 있으나, 그 기원 자체를 밝히지는 못했다.

알다시피 차용된 단어의 어원은 오직 그 단어가 궁극적으로 차용되었던 언어의 자료를 통해서만 확립될 수 있다. 단어 театр의 경우에 그 언어는 고대 그리스어이다. 고대 그리스어에서 theatron은 동사 theaomai'(나는) 본다'에서 파생하였다. 그 단어들 간의 의미 관계에 관하여는 이미 우리가 러시아어 단어 позор(7장 참조)의 역사에 관해 알아보면서 살펴본 바 있다.60)

---

60) 우리가 살펴본 예는 많은 사전들에서 매우 보편적으로 나타나는 설명 부족 현상을 반영한 것이다. 그러한 부족은 새로운 사전인 『러시아어 어원사전*Этимологический словарь русского языка*』(샨스키*Н. М. Шанский* 편저)에서는 거의 제거되었다. 이 사전의 앞부분 다섯 권은(A에서 3까지) 모스크바 대학교 출판부에서 1963-1973년 사이에 출판되었다.

차용어의 여정

단어 театр의 예에서 우리는 이 단어가 한 언어에서 다른 언어로 옮겨가는 어떤 복잡한 여정을 거쳐 왔음을 확신할 수 있었다. 러시아어에는 그리스어에서 기원한 단어들이 대단히 많다. 그러나 그러한 단어들이 러시아어로 들어오는 과정은 다양하였다. 어떤 단어들은 그리스어에서 교회 슬라브어로 차용되었고, 그곳에서부터 주로 종교적인 내용의 서적을 통해 고대 러시아어로 차용되었다. 다른 단어들은 단어 театр의 경우처럼 처음에는 라틴어로 유입되었다가, 그 후 보통 서유럽어들 가운데 한 언어를 매개로 하여 러시아어로 들어왔다.

차용의 그러한 구체적 경로를 결정하는 것은 때로 대단히 어렵다. 왜냐하면 차용이 문헌에 의해 증명되는 경우는 비교적 드물기 때문이다. 그렇기 때문에 차용된 단어의 직접적 기원어를 결정할 때에 차용어의 음성적, 조어적, 의미적 분석이 중요한 위치를 차지한다.

그리스어에서 차용된 경우를 예로 들어보자. th 음[61]을 지닌 그리스어 단어들이 교회 슬라브어를 거쳐 러시아어로 침투할 때, 이 th는 처음에는 특별한 철자 θ(фита)로 옮겨졌다가, 나중에 철자 Ф로 바뀌었다. 즉, Фимиам'향'과 같은 단어에 이러한 기원의 철자 Ф가 있다. 그리스어가 처음에 라틴어로 유입된 경우, th는 자신의 기음성을 상실하면서 단순히 [т]로 발음되기 시작했다. 이것이 라틴어를 매개로 하여 러시아어에 들어온 단어 театр가 철자 Ф가 아닌 т로 시작되는 이유이다.

가끔 동일한 단어가 앞에서 열거한 두 가지 경로를 통해 러시아어로 들어왔다. (라틴어를 경유하는) 서쪽 항로를 통해 들어온 단어들의 경우, 그리스어 th 자리에 러시아어 т를 가진다. (교회 슬라브어를 통하거나 그리스어에서 직접 들어온 것과 같은) 동쪽 항로를 통해 러시아어에 도착한 단어들에서

---

[61] 이 소리는 TX와 유사한, 기음성을 지닌 러시아어 T처럼 발음된다.

는 기원이 되는 th가 러시아어 Ф로 나타났다.

예를 들어, 동쪽에서 온 그리스어 thymiama는 Фимиам 형태로 러시아어에 도착했고, 서쪽으로부터는 тимьян '백리향'의 형태로 도착했다. 그리스어에서 직접 러시아어에 들어온 Фома란 이름은, Томас, Том과 같은 서쪽으로부터 온 "쌍둥이"를 지닌다. 이 단어들은 동일한 이름이며, 어두의 Ф- 와 Т-간의 이화는 방금 살펴본 음성적 특성에 의해 설명된다. 유사한 이화가 (그리스어로부터 온) Фёдор, Феодор와 (서쪽으로부터 온) Теодор의 경우에서도 나타난다.

유사한 현상들이 다른 언어들에서 차용된 경우에도 관찰된다. 즉, 러시아어 단어 чердак와 чертог는 아마도 서로 다른 시기에 그리고 터키어 기원의 다른 민족들에게서 차용된 듯하다. 그러나 터키어 계열의 언어들에서 이 단어들이 기원한 것은 아니다. 단어 чердак와 чертог의 최초의 기원으로서 학자들은 주로 두 개의 구성 요소로 이루어진 페르시아어 čartak를 꼽는다. čar '4'와 tak '집의 높은 부분, 화랑, 발코니'.

드물게는 한 단어가 어떤 언어에서 다른 언어로 유입된 후, 시간이 지나면서 전혀 알지 못하는 모습으로 다시 되돌아오는 경우도 있다. 러시아어 단어 хрип가 그러한 "왕복" 여행을 했다. 처음에 그 단어는 가장 흔한 전염병 가운데 하나를 의미하면서 grippe의 형태로 프랑스어로 차용되었다. 그리고 그 후에 (외국어의 형상을 하고) 러시아어로 되돌아왔다. 그러한 프랑스로의 여행의 결과 러시아어 хрип는 грипп로 변화되었다.

우주 *космос*와 화장품 *косметика*

여러분들은 космический '우주의'와 косметический '화장의'가 왜 서로 그렇게 닮았는가에 관해 생각해본 적이 한 번도 없습니까? 이 단어들이 어떤 공통의 단일한 기원을 가졌을까요, 아니면 그 단어들 간의 유사함은 단지 우연한 일치에 지나지 않을까요?

우선 이 두 단어의 어원은 그리스어 자료를 토대로 해서만 밝혀질 수 있다는 것을 언급할 필요가 있겠다. 고대 그리스어 동사 kosmeō는 '건설하다, 질서를 잡다, 장식하다'를 의미했다. 여기에서 단어 kosmos의 '정돈, 질서', '세계 질서, 세계 건설, 평화' 그리고 '장식'의 의미가 발생했다. 우리에게 잘 알려진 바처럼, 제일 먼저 단어 kosmos를 '세계, 세계건설, 우주'의 의미로 사용한 사람은 유명한 고대 그리스의 수학자이자 철학자인 피타고라스(기원전 6세기)였다. '장식, 옷차림'이란 의미로서의 kosmos는 이미 호메로스 시대에 알려져 있었다. 즉, 그것은 최소한 피타고라스 시대보다 200-300년 전 이었다.

고대 그리스어 형용사 kosmetikos는 '아름다운 모습을 부여하는, 장식하는'이란 의미를 지녔었고, 어결합 kosmetikē technē 또는 단순히 kosmetikē는 '화장술'을 의미했었다. 즉, 거기에 러시아어 단어 косметика와 косметический의 기원이 존재하는 것이다.

단어 космический는 다른 고대 그리스어 형용사 kosmikos '우주의, 세계의, 우주와 관련된'에서 발생했다.

따라서 러시아어 단어 космос, космический 그리고 косметика, косметический의 기원의 공통성은 다음과 같은 도식으로 나타낼 수 있다.

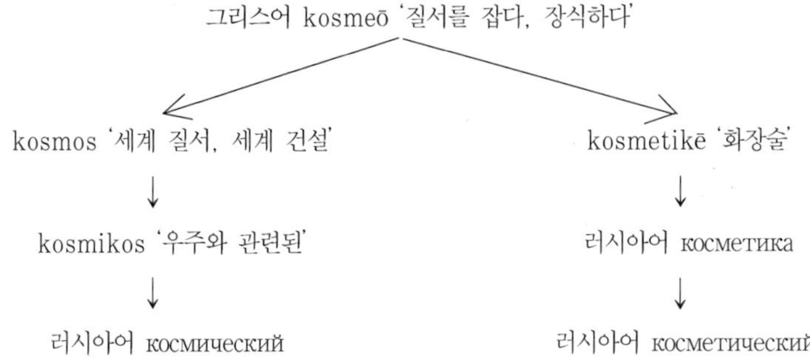

극장의 염소

지금부터 하게 될 이야기는 козлетон'음정이 맞지 않는 노래'이나 다른 속
어적 표현인 петь козлом(또는 драть козла)'서툴게 노래하다'에 관한 것이
아니다. 오히려 이제 우리는 трагедия와 каприччо와 같은 극장과 관련된 그
러한 고상한 단어들을 살펴볼 것이다.

трагедия가 무엇을 의미하는지는 모두가 알고 있다. 그러나 이 단어의 기
원에 대해서 알고 있는 사람은 많지 않을 것이다. 고대 그리스어에서(알다시
피 비극은 고대 그리스에서 발생했다) 단어 tragos는 '염소'를 의미했고,
ōdē[62])는 '노래'를 의미했다. 따라서 tragōdia는 문자 그대로 '염소의 노래'를
의미했다.

도대체 염소와 연극 사이엔 어떤 관계가 있었을까? 고대 연극은 그리스 풍
요의 신 디오니소스의 숭배와 끊임없는 관계를 맺어왔다. 처음에 연극무대에
서는 합창단과 지휘자 사이에 대화 형식으로 디오니소스에 관한 다양한 전설
이 소개되었다. 합창단은 보통 디오니소스를 수행하는 염소 다리를 가진 사
타로스들로 구성되었다. 반인-반염소의 사타로스를 흉내내는 배우들은 염소
가죽으로 가장했다. 염소 다리를 가진 사타로스들의 합창곡은 처음에
tragōdia란 명칭을 얻게 되었다. 그 후로도 '비극'의 발전은 계속되었고, 오
늘날까지 고대의 명칭이 그대로 보존되었다.

каприччо'광상곡'는 이탈리아어로부터 러시아어로 들어온 또 다른 "염소와
관련된" 단어이다.

이 음악 명칭과 каприз'변덕'의 기저에는 이탈리아어 단어인 capra'염소'가
존재한다. 그렇다면 도대체 каприз와 каприччо 사이에는 어떠한 공통점이 있
는 것일까? 자유롭고도 예측할 수 없는 표현들로 가득 차 있는 음악의 특징이

---

62) 이 단어에서 러시아어 단어 ода가 유래했다.

마치 염소의 변덕스런 습성들을 표현하는 것처럼 보았다. 그렇다면 **каприз**란 염소의 습성의 발현이라고도······

лихорадка на устах

трагедия와 **каприччо**란 단어들의 예는 기원어에서는 지극히 평범한 문자 그대로의 의미를 지니는 차용된 외래어들이, 차용되어지는 언어에서는 일상적인 삶과는 동떨어진 무언가 고상한 것으로 받아들여질 수 있다는 것을 보여준다. 그러한 특징은 차용어에서는 매우 자주 나타난다. 왜냐하면 모국어와의 자연적인 관계를 상실한 외래어들은 자신의 어원이 아니라, 오로지 그 단어가 의미하는 대상과만 결합하기 때문이다. 이것이 차용된 어휘와 순수 어휘가 언어 내에서 대단히 자주 서로 다른 층위와 관계를 맺고 있는 이유이다.

월터 스코트는 자신의 유명한 소설 『아이반호』 속에서 매우 흥미로운 관찰을 하고 있다. 영어에서 많은 집짐승들의 명칭은 순수 영어 기원어인데 비해, 그 고기의 명칭은 노르만 민족의 잉글랜드 정복(1066년) 이후에 노르만-프랑스어로부터 차용되었다고 한다.

ox '황소'	beef '소고기'
calf '송아지'	veal '송아지고기'
swine '돼지'	pork '돼지고기'
sheep '양'	mutton '양고기'

영국인 농민들은 가축을 돌보고 있었으므로 모든 집짐승들의 명칭이 순수 영어로 유지될 수 있었다. 그에 비해 음식의 명칭은 지배계층인 노르만인의 종

복들에 의해 사용되었고, 그렇게 영어 속에 파고들었다.

그와 같은 흥미로운 현상은 고상한 문체의 영역에서 교회슬라브어 기원 단어들이 사용되는 러시아어에서도 관찰할 수 있다. 특히 순수 러시아어 단어와 동의 관계인 교회 슬라브어를 비교할 경우 분명하게 나타난다. 다음 단어 쌍들을 비교해보시오. глаза-очи, веки-вежды, лоб-чело, губы-уста, щеки-ланиты, грудь-перси, палец-перст, шея-выя, плечо-рамо 등의 모든 열거된 쌍들은 동일한 신체 부위를 일컫는다. 그들 간의 차이는 의미가 아니라, 문체적 뉘앙스에 있다. 작가인 나로브차또프*С. С. Наровчатов*는 임의의 단어의 사용에 있어서 그 문체적 차이를 분명하게 보여주었다.

Уста целовали и лобзали, они молили и смеялись, были открытыми или сомкнутыми, но лихорадка высыпала только на губах. Перси красавиц вздымались и трепетали, а своему ребёнку крестьянка давали грудь. Хмурилось чело государыни, объявлявшей войну неверным туркам, а молодому рекруту попросту забривали лоб.[63]

*　　　*　　　*

어떤 언어에서 차용어들의 연구는 그 영역이 광범위하고도 흥미롭다. 차용어들에 특징적인 몇 가지 특성을 본 장에서 살펴보았다. 이제 우리는 외래어의 어원을 밝히는 과정에서 어떠한 규칙성이 나타나는가를 알아보도록 하겠다.

---

63) ＜Наука и жизнь＞, 1969, № 10, стр.108. 참고: С. С. Наровчатов. Необычное литературоведение. М., 1970, стр. 80.

제16장 차용어의 어원 결정

앞 장에서 우리는 차용어를 고유어와 구별할 수 있게 해주는 일련의 특징들을 살펴보았다. 우리는 차용어가 때때로 그들이 차용되었던 언어의 공통 환경에서 완전히 분리되면서 언어 내에서 상이하게 나타나는 것을 보았다. 하지만 외래어들의 어원 분석이 고유어의 분석과 본질적으로 다르다는 것은 잘못된 생각일 것이다. 여기에는 차이점보다는 공통점이 더 많을 것이다. 차용어들의 연구 방법론과 원칙들의 연구가 고유 어휘의 어원 연구 영역에서의 상응하는 연구보다 뒤떨어지는 것은 분명하다. 또한, 차용어를 다룬 항목에서 어원사전들은 어떤 논거에 의해 그 사실을 증명하지는 않은 채로 단순히 차용 사실만을 제시하는 데 자주 국한되기도 한다.

이에 관해 플라톤은 무엇이라 생각했는가?

그리스 철학자 플라톤의 대화에서 차용 문제에 관한 다음과 같은 흥미로운 견해를 발견할 수 있다.

"자신이 가지고 있는 모든 수단을 통해서도 어떤 결과를 얻어낼 가능성이 전혀 없을 때, 어원학자는 자신이 관심을 가지고 있는 단어가 외국어로부터 차용된 것으로 설명할 수 있다."

인용된 문장 속에서 우리는 다음의 두 가지 요소에 주의를 기울여 보아야 한다. 첫째, 이것이 가장 중요한 것으로, 차용어들은 보통 모국어의 자료를 통해서는 어원을 밝힐 수 없다는 것이다.[64] 플라톤의 이러한 관찰은 외래 어휘 분류의 중요한 기준 가운데 하나로서 오늘날에도 인정된다. 둘째, 임의의 단어에서 확실한 "토착" 어원의 부재는 (이미 플라톤 시대부터) 그것이 외래어임을 설명하기 위한 충분한 근거로 여겨진다. 그 이후부터 어떠한 언어에서든지 어원학자는 (별 어려움 없이) 똑같거나 비슷한 소리와 의미를 지닌 단어를 찾아내고, 그것으로 차용에 관한 문제가 해결되었다고 생각한다. 오늘날에도 이따금 다양한 어원 연구 논문의 필자들이 그렇게 행동하기도 하며, 심지어는 어원사전들에서조차 그런 일이 있다.

하지만, 차용어들의 어원 결정은 결코 그렇게 단순한 문제가 아니다. 외래어의 실제적 (가상이 아닌) 어원 결정을 위해서 여러 언어들 가운데 하나에서 의미와 발음이 비슷한 어떤 구조를 찾는 것은 별로 가치가 없다. 여러 종류의 많은 언어들에서 그런 단어들은 어디서든지 거의 항상 존재한다. 그러나 대부분의 경우 이런 단어들과의 대비는 아직 전혀 증명되지 않았다. 제안된 어원의 진지한 검증을 위해서는 종합적 증명 체계가 필요하다. 또한 언어학적 체계의 주요 증명은 음성적, 조어적, 의미적으로 나눌 수 있다. 모든 경우에 있어서 차용어의 어원 결정은 몇몇 특별한 특징들로 나누어질 수 있다는 것을 염두에 두어야 할 필요가 있다.

---

[64] 모르는 외래어의 해석을 위한 민간 어원적인 시도에 관해서는 24장에서 다시 다룰 것이다.

음성과 음성 결합

다양한 언어들의 음성 구조는 동일하지 않다. 이점에 대해서는 우리 모두가 외국어를 공부하면서 확인해 볼 수 있다. 예를 들어, 독일어에는 [ж]음, 영어에는 [ц]음, 프랑스어에는 [ц] 또는 [ч]음을 가진 고유어가 없다. 이 언어들 가운데 [ы]음을 가진 언어는 하나도 없다. 반대로 독일어, 영어, 프랑스어 및 다른 언어들에는 일상적인 많은 소리들이, 러시아어에는 존재하지 않는다.

예전에 슬라브어들에는 [ф] 음이 존재하지 않았다. 러시아어 사전의 ф 항목을 펼치고, 고대의 순수 슬라브어 단어가 하나라도 있는지 찾아보라. 단지 차용어들만이 존재하고 있다는 것을 알게 될 것이다. [ф] 음을 가진 고유어가 없는 리투아니아어에도 동일한 현상을 접할 수 있다.

이러한 하나의 특징을 근거로 하여 우리가 관심을 가지는 단어의 외국어 기원에 대한 결론에 도달할 수 있다. 다른 경우에서는 소리 그 자체는 비록 그 언어에서 일상적인 것이기는 해도, 그것이 나타나는 위치가 일상적이지 않은 경우도 있다. 예를 들어, 순수한 라틴어 단어에서는 [ф] 음이 초성에서만 나타난다. faba[фáба]'콩', ferrum[феррум]'철', focus[фокус]'아궁이' 등. 그 때문에 라틴어 scrofa[скрó:фа]'돼지'와 rufus[рý:фус]'적황색의'와 같은 단어들은 차용어로 간주된다.

또한 어원사전에서 문자 A를 찾아 볼 때, 여기서도(ф의 경우처럼) 압도적 다수의 외래어 기원 단어들을 확인할 수 있다. 어두의 모음 [a]는 러시아어에서는 전형적인 것이 아닌 것으로 확인된다. 인용된 예들은, 음성의 위치 분석 또한 외국어에서 기원한 단어들의 어원 결정에 중요한 도움을 줄 수 있다는 것을 보여준다.

끝으로 임의의 언어에서 가능하거나 불가능한 음성 결합 분석은 차용 어휘의 연구에서 중요한 의미를 지닌다. 예를 들어, 독일어에서는 일반적인 어두에서의 [пф]와 같은 자음들의 결합(Pferd[пферд]'말', Pfad[пфад]'오솔길')

은 만일 그것들이 독일어에서 차용되지 않았다면, 러시아어와 영어에서도 존재하지 않았을 것이다.65) 그와 반대로, 러시아어의 어두에서 〔пч〕의 결합(плеча)은 독일어나 많은 다른 언어들에서도 찾아볼 수 없다. 또한 러시아어 및 주로 유럽어들과 같은 일련의 다른 언어에서 나타나는 어두의 〔пс〕는 그리스 기원 단어의 분명한 특징이다(психология'심리학', псевдоним'익명', псалтырь '시편' 등).66)

때로 음성 결합은 예외적으로 어떤 한 언어에서만 유일한 것처럼 훨씬 더 복잡하게 나타난다. 다음은 리투아니아어에서 전형적인 자음 결합의 세 가지 예이다.

〔лкшв〕-pilkšvas 〔пѝлкшвас〕'약간 회색을 띤'
〔нкшт〕-minkštas 〔мѝнкштас〕'부드러운'
〔ргжд〕-bergždas 〔бя́ргждас〕'조광을 포함하지 않는 모암'

마지막 예는 좀더 복잡한 결합이 될 수 있다. 〔ргждж〕-bergždžias 〔бя́ргждас〕'무익한'. 러시아어 모국어 화자들에게 5개의 연속적 자음 결합은 이상하게 여겨질 것이다. 하지만 보다 주의 깊게 러시아어 단어들을 살펴보자. вздрогнул, встреча, агентство. 차용어 агент를 토대로 하여 형성된 러시아어인 마지막 단어에서도 우리는 5개의 자음으로 이루어진 〔нтств〕 결합을 볼 수 있다.

외국어에서 기원한 단어들을 분석할 때 어원학자들은 여러 가지 음성 결합 유형들(자음들, 모음들, 자음들과 모음들, 차용된 소리가 같이 있는 결합)을 "도구"로 가져온다. 이러한 결합들이 종종 독특한 유형의 "명함"으로 나타나기 때문이다.

---

65) 러시아어에서 비교해보시오: пфенниг(독일 차용어)
66) 책에서 특별히 다루어지지 않은 외래어의 어원들에 관한 간략한 정보를 독자들은 『외래어 사전Словарь иностранных слов』에서 찾아볼 수 있다.

바르샤바 대학교의 일본인 총장?

다양한 언어들에서 음성 체계와 자질이 현저하게 다를 수 있기 때문에, 단어의 차용 과정에서 종종 본질적인 음성 변이가 일어난다. 만일 그러한 일이 일어나지 않았다면, 즉 만일 한 언어에서 다른 언어로 차용 될 때 단어의 음성 형식이 변화되지 않고 남아있었다면, 막대한 양의 차용 어휘들의 영향으로 이미 오래전에 그들 언어만의 독특한 음성 체계의 특성을 잃어버렸을 것이다. 하지만 실제에 있어서 일반적으로 언어들 간의 음성적 경계의 완전한 "세탁"을 관찰할 수 없다. 각각의 언어는 본질적으로 자신의 음성 체계를 보유하고 있으며, 차용어는 그 언어의 고유한 발음 체계라고 하는 프리즘을 통하여 굴절되는 것이다.

결국, 차용 과정에서 기원어의 일정한 소리들은 그와 똑같은 소리가 아니라, (완전히 동일한 음성이 없을 경우) 단지 차용 언어의 유사한 소리로 옮겨질 수 있다. 차용 과정에서 발생한 한 음성들의 다른 음성으로의 그러한 대치를 음성교체라고 부른다. 액센트*акцент*처럼 우리에게 잘 알려진 현상을 살펴보면, 음성 교체에 대해 어느 정도 이해할 수 있을 것이다. 액센트란 모국어 조음(발음) 특성이 외래어 발음으로 이동되는 것을 말한다. 예를 들어, 두 개의 유음 〔p〕와 〔л〕 가운데 중국어에는 〔л〕음만이, 일본어에서는 〔p〕음만이 있다면, 자연적으로 중국인들은 러시아어 **город**를 **голод**처럼 발음할 것이고, 일본인들은 단어 **лом**을 **ром**처럼 발음할 것이다.

바르샤바 대학교로 현대 일본어 강좌 강의를 위해 초빙된 한 일본인의 예에서 바로 그러한 음성교체의 독특한 특성을 찾아 볼 수 있다. 폴란드어를 조금 할 수 있게 된 그 일본인이 어느 날 한 카페에서 자신의 테이블 너머에 자리한 어떤 폴란드인과 인사를 하게 되었다. "아마도 당신은 바르샤바로 관광을 오신 모양이지요?"-라고 폴란드인이 물었다. "아니오, 저는 이곳에서 일하고 있습니다"-라고 일본인이 답했다. "어떤 일을 하고 계십니까?" 이에 대해 일본인은 이렇게 대답했다. "바르샤바 대학교의 **총장**입니다(Rektorem uniwersytetu Warszawskiego)." 그 일본인은 강사*лектор*라고 말하고 싶었으리라. 그렇지만 그는 액센트를 제대로 처리할 수 없었으니……

도시 Turku, "ер"와 "ерь"에 관하여

언어에서 순수어들의 어원을 정하는 데 있어서 우리는 보통 인도유럽친족어들의 음성 일치 체계에 의존해 왔다. 그렇지만 차용된 어휘를 다루면서 우리는 음성적 일치가 아닌 음성적 치환을 고려해야만 한다. 이 두 현상들 간의 차이는 다음과 같은 러시아–리투아니아어의 예를 통해 이해할 수 있다. 러시아어 동사 **быть**(고대 러시아어 **быти**)는 리투아니아어 동사 būti'이다'와 순수한 친족 관계에 있다. 이 동사들의 어근에 있는 모음 **ы**와 ū는 **дымъ**-dūmai'연기', **сынъ**-sūnus'아들' 등에서처럼 일반적인 음성적 일치를 반영한다(제 4장의 표 참조). 하지만 리투아니아어 단어 buitis'생활관습'는 러시아어 **быт**와 순수한 친족 관계에 있다고 생각할 수 없다. 왜냐하면, 〔уй〕-〔ы〕 관계는 친족어의 음성적 일치가 아니라, 슬라브어들에서 리투아니아어로의 차용시에 발생하는 음성적 치환의 경우를 반영하고 있기 때문이다. 러시아어 **мыло**→리투아니아어 muilas〔муйлас〕'비누', 고대 러시아어 **тынь**→고대 리투아니아어 tuinas〔ту́йнас〕'울타리'.

음성적 치환 과정에서 슬라브어 유성 자음들은 핀란드어로 차용될 때 상응하는 무성음으로 바뀐다. *долбто(러시아어 долото)→핀란드어 taltta'끌', лъжька(러시아어 ложка)→핀란드어 lusikka'숟가락', търгъ(러시아어 торг)→핀란드어 Turku(지명).

상기 예들은 슬라브어의 유성음들이 핀란드어의 무성음으로 전해졌다는 것으로만 관심을 끄는 것은 아니다. 차용어의 연구는 어원학자들뿐 아니라, 언어사학자들에게도 도움을 준다. 차용어들은 때때로 이미 오래 전에 근원어에서는 사라진 어떤 음성적 특성들을 보유하고 있다. 그 예로 고대 러시아어 단어 лжька를 들 수 있다. 러시아어의 토양 속에서 발생한 음성 변화의 결과(лжька→ложка)로 그 단어에서 "ер"(ъ)는 완전 형성 모음 о로 변화되었지만, "ерь"(ь)는 발음상에서뿐만 아니라, 철자상으로도 사라졌다. 언젠가 고대에 "ер"는 짧은 〔у〕처럼, "ерь"는 짧은 〔и〕처럼 발음되었다. 핀란드 차용어 lusikka는 그러한 고대의 발음을 분명하게 반영하고 있다. 이와 유사한 좀 더 복잡한 다른 경우들에서 차용어의 분석은 언어학자들이 문자 이전의 시대에 대한 재구의 진실성에 관해 입증하는 것을 도와준다.

음성학적 문제 몇 가지 더

대부분의 경우에 단어들은 하나의 언어에서 다른 언어로 차용될 때 개별적으로가 아닌 어느 정도 눈에 띨만한 그룹으로 차용된다. 러시아어사에서도 그리스어, 고대 교회 슬라브어, 독일어, 터키어 및 기타 차용어들의 층위를 언급할 수 있다. 그 층위들 가운데 각각은 어느 정도 근원어의 음성 체계의 특성을 전해주는, 어떤 고유한 음성적 특성에 의해 구별된다.

예를 들어, 터키어 기원의 러시아어 단어는 두 가지 중요한 음성적 특징을 지닌다. 1) 모음조화, 2) 마지막 음절의 강세. 모음조화는 두 번째와 그 다음 음절에서 임의의 모음이 올 수 없고, 오로지 일정한 모음들만이 올 수 있다는 식으로 발현된다. 그들의 성질은 어떤 모음이 첫 음절에 위치하느냐에 따라 결정된다. 러시아어의 터키 차용어들에서 첫 번째와 그 다음 음절 또는 음절들의 모음들은 자주 동일하게 나타난다. арба́, бахча́, чаба́н (а-а́), кизи́л, кишми́ш (и-й), сундýк, тулýп, чубýк(у-ý). 또 다른 결합들 가운데 у-á(зурнá, кумáч, кушáк), а-ý(арбýз, табýн, аýл), а-ы́(балы́к, ары́к, бары́ш)를 자주 만날 수 있다. 모든 인용된 예들에서, 모음조화와 더불어 마지막 음절의 강세를 또한 관찰할 수 있다.

강세의 위치는 근원어의 결정에만 중요한 것은 아니다. 때때로 그것은 중개어를 지적해 주면서 구체적인 단어의 차용 경로를 밝히는 데 도움을 준다. 라틴어와 그리스어 기원의 많은 단어들은 새로운 유럽어들을 통해 러시아어에 들어왔다. 많은 경우들에서 마지막 음절의 강세는 단어의 차용 과정에 프랑스어의 개입에 관해 말해줄 수 있다. 다른 유럽어들의 일반적인 강세 위치와는 구별되는 선어말음절의 강세는 종종 폴란드어를 통한 차용의 논거로 활용된다.

зонт와 зонтик, 무엇이 먼저인가?

우리는 차용어가 어떤 언어에서 다른 언어로 이동할 때 자신의 음성 형식을 본질적으로 변화시킨다는 것을 이미 살펴보았다. 또한 조어 관계에 있어서도 언어는 외국의 "손님"들을 자신의 양식으로 개조하려고 한다. 예를 들어, 네덜란드어 단어 zondek'천막, 햇빛을 가리는 차양'[67]는 처음에는 зондек 형태로 러시아어에 차용되었다. 그 후, 지소 접미사 -ик를 가지는 조어(носик, мостик 유형)의 영향으로 그 단어는 зонтик으로 변화되었다. 그리고 그 후에야 зонтик과의 유추를 통해 명사 зонт가 형성되었다. 그런 방식으로, 어떤 논리와도 모순되게, 러시아어에서 지소형 зонтик가 단어 зонт보다 더 이전에

---

67) 네덜란드어는 독일어와 가까운 친족관계에 있다. 이 단어와 관련하여서는 독일어 Sonne'태양'와 decken'덮다'을 비교해 보시오.

나타났다.

이와 유사한 현상이 단어 фляга와 гармонь의 경우에서도 또한 나타난다. 독일어 Flasche'유리병'는 (폴란드어의 중개를 통해) Фляжка로 차용되었다. 그런데 -жка 형태의 명사들은 러시아어에서 -га 유형의 단어에서 구성되므로 (бражка-брага, книжка-книга, дорожка-дорога), 단어 фляжка에서 새로운 명사 фляга가 형성되었다. 러시아어 조어 규범의 관점에 따라 우리가 зонтик와 фляжка를 зонт와 фляга의 지소체로서, 즉 그들로부터 형성된 단어로서 보아야만 한다는 점이 흥미롭다. 우리가 살펴본 바처럼, 실제로는 조어 과정이 정반대 방향으로 진행되었다. 언어사에서는 그러한 현상을 **역행파생**_регресивная деривация_이라고 부른다.

гармонь 또한 역행파생의 예이다. 이 단어도 좀더 복잡한 어간의 단순화 과정을 거쳐 생성되었다. 단어 гармоника(그리스어 harmonikos'화성의'에서 기원)에서 어말의 -ка가 접미사로 여겨지고, 그것을 제거한 후 гармонь을 얻게 되었다.

혼합어들

그러나 비록 언어가 외국어 어휘를 동화시키려고, 즉 차용어들을 자신의 규범에 최대한 가깝게 하려고 애씀에도 불구하고, 매우 빈번하게 차용어들은 자신의 외국어 기원에 대한 분명한 특징을 유지한다. 이것은 특히 단어의 접미사 부분에서 분명하게 나타난다. 가장 특징적인 외국어 접미사들 가운데 몇몇 예를 들어보면 다음과 같다.

접미사	예	언어[68]
-тор	дик-тор, лек-тор, трак-тор	라틴어
-ист	соф-ист, хор-ист, стат-ист	그리스어
-инг	смок-инг, спинн-инг, мит-инг	영어
-аж	баг-аж, экип-аж, монт-аж	프랑스어
-из-ир-[69]	идеал-из-ир-овать, сигнал-из-ир-овать	독일어[70]
-илья	мант-илья, сегид-илья	스페인어
-ина	балер-ина, мандол-ина, кават-ина	이탈리아어

위의 표에서 알 수 있듯이, 외국어 접미사들의 몇몇은 어원학자들에게 그들이 관심을 가지는 단어의 기원을 어디에서 찾아야 하는가를 알 수 있도록 해준다. 실제로, "이국적인" 접미사는 대단히 빈번하게, 분석되는 단어의 차용의 성격을 증명해 주는 가장 비중 있는 논거이다. 그러나 결론을 서둘러서는 안 된다.

예를 들어, 단어 яровизатор는 외국어 접미사 -из-와 -тор를 지니고 있다. 그럼에도 순수 슬라브어 어간 яров-(비교: яровые)를 지니고 형성되었다. 독일어 접미사 -из-와 -ир-를 가진 동사 военизировать는 슬라브어 어간(비교: воен-н-ый)을 토대로 형성되었다. 러시아어에 그리스어 접미사 -ист의 도움으로 значкист, очеркист, хвостист와 같은 단어들이 형성되었지만, 그 어떤 단어도 그리스어에는 결코 존재하지 않았다. сенаж[71]나 подхалимаж와 같은 러시아어 단어는 (물론, 접미사는 제외하고) 프랑스어에 존재하지 않는다.

그와 유사하게 외국어에서 기원한 접두사를 통해서도 혼합어들이 형성된다. архиплут, протобестия (архиерей, протопоп 등의 모델에 따라). 고골의 "검찰관"에 등장하는 시장의 말을 생각해보자. "Что, ····· архиплуты, протобестии, надубалы мирские! жаловаться? ·····"

따라서, 분명히 차용된 접미사나 접두사가 존재할 때조차도 어원학자는 완전한 단어의 차용적 특성에 대해 확고한 결론을 내릴 수 없다. 각각의 개별적 경우에 있어서 단어의 어원 결정을 위한 면밀하고도 전면적인 분석이 필수적이다. 왜냐하면 혼합어들은 고골의 작품 속의 시장의 시대뿐 아니라, 러시아어의 역사상 아주 먼 시기에도 발생할 수 있기 때문이다.

파리 *муха*에서 코끼리 *слон*를 만들 수 있을까?

이 질문에 대답하기에 앞서, 이 질문을 보다 정확하게 할 필요가 있다. 이 질문은 진짜 파리로 진짜 코끼리를 만드는 것에 관해 말하고 있는 것이 아니다. 유사한 변형을 위하여 파리는 꽤나 작은 "건축 재료"임에 틀림없다. 그렇다면 "파리"의 의미를 지닌 단어가 "코끼리"라는 의미를 갖는 단어로 변화될 수는 없는가? 그러한 견지에서 "파리"로 "코끼리"를 만들 수는 있지 않을까?

유감스럽게도, "파리"는 이 경우에 있어서 적합하지 않은 것 같다. 예를 들어, 사자*лев*라면 가능하다. 투르크어들에는 arslan '사자'이란 단어가 있다. aryslan 또는 그와 비슷한 형태에서 Руслан이라는 고유명사 형태가 고대 러시아어로 들어갔다. 여러 투르크어들에서 "사자"란 단어는 보다 단순한 형태인 aslan으로 나타난다. 사자와 코끼리 같은 이국의 동물들에 대해서 조상들은 단지 소문으로만 알았기 때문에, 차용 과정에서 혼동이 일어났다. 터키어 aslan '사자'은 슬라브어들에서 단어 слон으로 바뀌었다.

그래서, 단어들의 차용시에 "사자"가 "코끼리"로 바뀔 수 있을 뿐만 아니라, "코끼리"도 "낙타"로 바뀔 수 있다. 특히, 러시아어의 верблюд는 하나의 언어에서 다른 언어로 가는 복잡한 연속적 차용의 결과로 인해 나타났다. верблюд

의 어원적 기원은 "코끼리"의 의미를 지닌 고대 이집트 단어이다.

멋쟁이 *пижон*와 맹견 *дог*

만일 "사자"가 차용 과정에서 "코끼리"로 바뀔 수 있고, "코끼리"가 "낙타"로 바뀔 수 있다면, 어떤 언어에서 다른 언어로 단어가 차용될 때 나타나는 어떤 의미적 규범성이 존재하는 것은 아닐까? 존재한다는 것이 밝혀졌다.

그러한 유의 가장 중요한 규범성 가운데 하나는 차용시 단어 의미의 축소 сужение이다. 예를 들어, 투르크어들에서 балык는 '생선'의 의미를, изюм은 '포도'의 의미를 갖지만, 상응하는 러시아어 차용어는 각각 '붉은 생선의 말린 등고기'와 '건포도'를 의미한다. 이러한 의미 변화는 아주 자연스러운 것이다. 그들은 고대 무역의 역사를 반영하는 것이며, балык과 изюм이란 단어가 남동쪽의 국가들로부터 그 제품과 더불어 러시아에 들어왔음을 증명해 주는 것이다. 과거에 러시아인들은 멀리서 온 상인들이 그들이 가져온 것들을 балык과 изюм이라고 칭할 때, 그것들이 말린 생선과 건포도 외에 다른 것도 칭할 수 있다는 것을 알지 못했을 것이다.

단어 дилижанс는 프랑스어에서 기원하였다. 그러나 불-러 사전을 찾아보면, 프랑스어 diligence는 '신속, 민첩'과 '노력, 근면'을 의미함을 볼 수 있다. 모든 사전들이 프랑스어의 faire diligence '서두르다'란 어결합을 토대로 해서 나타난 '우편마차'의 의미를 주고 있지는 않다. 단어 diligence의 모든 의미들 중에서 단지 한 가지, 그것도 부차적인 의미가 러시아어에 차용되었다. 그런 식으로 단어의 차용 과정에서 의미가 축소되는 사례가 또 있다.

단어 пижон 역시 프랑스어 기원이다. 프랑스어로 pigeon은 '비둘기'를 의미한다. 그런데 프랑스어의 전이된 의미 중에서 하나가 러시아어로 들어왔다.

불-러 사전에서 pigeon의 의미로 '비둘기'와 '얼간이, 바보'를 찾을 수 있지만, 우리에게 익숙한 의미인 '멋쟁이, 멋을 부리는 젊은이'는 도저히 찾지 못할 것이다. 러시아어 단어 дог(사나운 개, 맹견)는 알려진 바대로 특별한 종류의 개를 의미하지만, 기원어인 영어에서 dog은 일반적인 '개'를 의미한다.

축구용어인 пенальти는 러시아어로 단지 '페널티킥'을 의미하지만, 영어에서 상응하는 단어는 단지 축구장에서뿐만 아니라, 일반적인 '벌금' 또는 '처벌'과 같은 보다 넓은 의미를 지닌다.

이와 같이 단어 의미의 축소는 차용 과정에서 나타나는 가장 본질적인 의미적 규범성들 가운데 하나이다.

아프리카의 해마 морж

어원학자가 차용어를 분석할 때, 그는 언어외적 요소들에 관해서도 또한 주의를 기울여야 한다. "단어와 사물"간의 문제는 기원어의 연구 분야 외에서도 존재한다. 차용어를 연구할 때는 연대적 자료와 지리적 자료들도 살펴보아야 한다. 분석하는 단어가 언제 어느 언어로부터 차용되었다는 것을 주장하기 위해서 어원학자는 그 당시에 해당 언어로부터의 차용이 실제로 가능했음을 증명해야만 한다.

매우 빈번하게 단어들은 지시 대상과 함께 또는 최초의 소개 과정을 통해 차용된다. 동식물의 경우를 예로 들 수 있다. 유사한 모든 경우에 있어서 실제는 지리적 사실과 결코 모순되어서는 안 된다. 예를 들어, 대단히 이상스럽겠지만, 만약 우리가 кенгуру나 апельсин과 같은 단어의 기원을 에스키모어의 자료들에서 설명하고자 한다면, морж와 같은 단어도 중앙아프리카의 언어들 가운데 한 언어의 자료를 통해서 어원을 결정할 수 있을 것이다.

차용어의 어원 규명에 있어서의 그러한 원칙들의 파괴가 어떤 결과를 초래하는지를 보여주는 아주 분명한 예로서 малахай와 мерин이라는 단어의 기원에 관한 예를 들 수 있다.

귀마개가 달린 털모자 *малахай*

뛰어난 러시아 언어학자인 소볼렙스키*А. И. Соболевский*는 малахай란 단어가 그리스어의 malachion '아욱'에서 유래했다고 주장하였다. 실제로 음성 면에서 그들은 유사성을 지닌다. 그렇지만 그들의 의미는 전혀 비슷하지도 않다. 이 어원을 주장하는 작가의 의미 발전 양상 또한 전혀 납득할 수 없다. '아욱'→'털모자의 일종'→'귀마개가 달린 털모자'.

그러한 "재구" 방식으로는 원하는 모든 것을 증명할 수 있음은 자명하다.

실제로 малахай란 단어는 러시아어에서 전혀 다른 기원을 지닌다. 그 단어의 음성 형태에 관심을 기울이자면, 투르크어들과 몽골어들의 차용어들에서 일반적으로 나타나는 모음조화와 어말 강세가 눈에 띈다. 그 외에도 그 단어는 러시아어 문헌에서는 17세기의 야쿠티아 법령에서 최초로 등장하고 있고, 기타 시베리아와 관련된 법령에서도 찾아 볼 수 있다.

상기의 음성적 특성과 그 단어의 가장 오래된 분포를 고려해 볼 때 그 기원은 서쪽이 아니라, 동쪽에서 찾아야만 한다. 그리고 실제로 학자들은 몽골어에서 малгай란 단어를, 마리어에서는 '털모자'란 의미를 지닌 малахай란 단어를 찾아내었다.

мерин은 어디에서 왔는가?

오랫동안 그 기원을 서쪽이나 북서쪽에서 찾으려 했던 동쪽 기원의 또 다른 단어가 мерин이다. 고대 아이슬란드어에 мерин이라는 단어와 어느 정도는 음성적, 의미적으로 유사한 merr'암말, 여윈 말'란 단어가 존재했었기 때문에, (쁘레오브라쥔스키*A. Г. Преображенский*를 위시한) 몇몇 학자들은 러시아 단어가 바랴그인[72]들로부터 언젠가 차용되었을 것으로 생각했었다. 세르보-크로아티아어의 ма́рва'가축', 폴란드어의 marcha'여윈 말', 체코어의 mrcha'죽은 짐승; 여윈 말' 등과 같은 단어들도 그릇된 가정을 위한 논거로서 사용되었다.

그러나 그러한 설명에는 일련의 대단히 미약한 논점이 존재한다. 비교된 단어들의 음성적 유사성은 명백함과는 거리가 멀다. 그것은 우연적 일치의 결과일 수 있다. 그 외에도, 단어 мерин은 항상 남성이나, '암말' 또는 '여윈 말'의 의미를 지닌 나머지 단어들은 여성이다. 이 대립은 대단히 중요한데, 왜냐하면 짐승 명칭에서의 남성과 여성은 러시아어뿐만 아니라, 다른 슬라브어들에서도 보통 첨예하게 구분되기 때문이다. 특히 그러한 제한은 가축의 성에 따른 명칭이 슬라브어들에서 서로 다른 어근으로부터 형성된다는 점에 반영되어 있다. 러시아어 단어들을 비교해 보라. бык-корова, жеребец-кобыла, кабан-свинья, баран-овца, селезень-утка 등. 이러한 명백한 규범성을 мерин의 경우만 위반할 수 있다는 것은 용인되기 힘들다.

마지막으로 문화사는 말 사육 및 그와 관계된 몇몇 용어들이 동양과 관련이 있다는 점을 말해준다. 단어 лошадь와 буланый 또는 каурый와 같은 말의 털 색깔과 같은 단어들의 동양(터키) 기원은 학자들에 의해 이미 오래전에 입증되었다. 어원학자들의 시선이 동쪽을 향했을 때, 단어 мерин의 기원 문

---

72) 발틱해 북부 연안(스칸디나비아)에 살았던 게르만 민족.

제에 대한 확실한 대답을 얻을 수 있었다.

몽골어에는 고대 몽골어에서 morin이란 형태였던 морь'말'이란 단어가 존재한다. 그것은 현대 몽골어들 가운데 하나인 깔미쯔키어에 존재하는 단어 mörin으로도 증명된다. 따라서 이 단어들 간의 완전한 음성적 의미적 일치와 더불어 동양에서 서양으로 말 사육이 전래되었다는 잘 알려진 사실로 인해, 현재 러시아어 단어 мерин의 몽골어 기원에 관해서는 어느 누구도 의심하지 않는다.

이렇게 우리는 차용어들의 기원에 대한 문제가 어원학자의 작업에 있어서 가장 복잡하고도 흥미로운 분야 중의 하나라는 점을 확인하였다. 순수 러시아어 단어들의 어원을 결정 할 때와 똑같이 여기에서도 연구자는 하나의 언어에서 다른 언어로 단어가 차용될 때 나타나는 음성적, 조어적, 의미적 특성의 일정한 규범성에 항시 근거하여야 한다.

그와 동시에, 다수의 외국어 차용어 연구가 지금까지 가장 미흡하게 연구 조사된 어원학 영역 중의 하나로 남아 있다는 것을 언급할 필요가 있겠다.

제17장 어원적 대사어(쌍둥이 단어)

우리가 일상생활에서 계속 접하고 있는 단어들은 서로간에 복잡하고도 때로는 기묘한 그리고 전혀 예기치 못한 친족관계들 속에 존재한다. 어떤 경우에 그러한 친족관계는 한 언어의 범주 내에서 검증될 수 있다. 즉, 예를 들어 оскомина란 단어는 동사 щемить와 가까운 친족관계에 있다. 러시아어 방언들에는 щемить(<*скемить)와 단지 어근의 모음만이 다른 скомить '아프다'란 단어가 존재한다(e // o교체에 관해서는 이미 살펴보았다).

또 다른 경우에 가까운 혹은 먼 친족관계에 있는 고유어와 차용어가 한 언어 내에 존재하기도 한다. 러시아어인 сторона, волость, горожанин과 교회 슬라브어로부터 온 страна, власть, гражданин을 예로 들 수 있다. 혹은 (좀더 복잡한 경우로서) 순수 슬라브어인 семя와 차용어인 семинар 간의 관계를 들 수 있다. семинар는 sēmen '씨앗'에서 파생된 라틴어의 sēminārium '양묘장, 양식장'에서 기원하였다. 그리고 라틴어의 sēmen은 러시아어의 семен-и와 완전히 일치한다.

방랑하는 단어들

다른 언어들에서와 마찬가지로 러시아어에서도 외국어에서 기원한 단어들 가운데에서 적지 않은 "친척"들을 발견할 수 있다. 다양한 경로를 통해 러시아어로 들어오면서 똑같은 단어가 둘(혹은 그 이상의) 새로운 단어들로 러시아어를 채우는 경우가 대단히 많다. фимиам과 тимьян, чердак과 чертог를 예로 들 수 있다. 또는 магистр, маэстро, мастер, метр(дотель), мистер와 같은 단어들을 비교해 보라. 이 모든 단어들은 라틴어의 magister'책임자, 교사'에서 유래했지만, 러시아어로는 다양한 언어로부터 들어왔다. маэстро는 이탈리아어에서, мистер는 영어에서, метр'교사'와 метрдотель은 프랑스어에서 들어왔다. 또한 다른 경로를 통해 러시아어로 들어온 독일어 차용어인 бургомистр와 бурмистр(문자 그대로의 의미는 '도시의 책임자'이다. 독일어 Burg'도시'와 비교해 보시오)의 뒷부분에서도 동일한 기원어를 발견할 수 있다.

단어들이 동일한 언어로부터 러시아어에 전래되었을 경우, 그러한 예들은 드물지 않다. 그렇지만 러시아어에서는 그 단어들이 어원적으로 동기화되지 않았기 때문에 우리가 그들 간의 친족관계를 알아챌 수 없다. 예를 들어, брошь와 брошюра간에 (음성적인 면 이외에) 어떤 공통점이 있는가? 그렇지만 두 단어가 차용된 프랑스어에서는 broche'장식 핀, 브로치'-brocher'꿰매다, 고정시키다'-brochure'브로슈어, (문자 그대로는) 꿰맨, 고정시킨 (소책자)'의 관계가 특별한 어려움 없이 드러난다.

끝으로, 상이한 시기에 언어에 차용되고 적응된 동일한 단어는 다양한 의미를 가질 수 있거나, 심지어는 서로 다른 음성 형태를 띨 수도 있다. 때로 그러한 "쌍둥이" 단어들 가운데 어떤 것은 문어적 경로로, 다른 하나는 구어적 경로를 통해 다른 언어에 침투하기도 한다. 예를 들어, 문자 그대로의 의미로 '꺼지지 않는'이라는 의미를 지니는 그리스 단어 asbestos는 러시아어에서 асбест(문어적 차용)와 известь(구어적 차용)의 두 가지 형태로 전래되어 사용되고 있다.

기원이 동일하거나 친족관계의 어근들로부터 형성된 단어들에서 발생한 그러한 유형의 친족쌍들을 어원적 대사어[73]라고 부른다.

늑대 *волк*와 구름 *облако*

때때로 대사어 형성에 있어서 그들의 친족관계는 그 친족관계의 특징이 "육안"으로 관찰되기 때문에 비교적 쉽게 규정된다. 가령 독일어 Schneider '재단사'와 Schnitter'곡물 벌취인' 또는 Reiter'기사'와 Ritter'기사'의 예를 들 수 있다. 상응하는 독일어 동사들의 기본 형태들은 앞에서 예로 든 단어들의 어원뿐 아니라, 그 대사어들의 각각의 기원의 공통성을 아주 분명히 해준다. schneiden, schnitt, geschnitten'자르다'(→1.'(옷을) 재단하다', 2.'(풀을) 베다'), reiten, ritt, geritten'말을 타고 가다'.[74]

어근의 상이한 모음 표시법으로 인해 어간의 불일치가 나타나는 러시아어 단어 жерло(<*gbr-dlo-)와 горло(<*gbr-dlo)간의 관계는 쉽게 규명된다. 영어 단어 skirt'치마'와 shirt'셔츠'는 어려움 없이 음성적 특징에 따라 대사어로서 정의된다. 전자는 스칸디나비아어에서 차용된 것이고, 후자는 본래 영어 단어이다. 그러나 모든 경우에 어원적 대사어들이 그렇게 쉽게 판별되지는 않는다. 러시아어 волк와 облако를 예로 들어보자. 그들 사이에 어떤 공통점을 찾을 수 있을까? 그렇지만 공통점은 존재한다.

단어 волк(<*vlk-os)는 어원적으로 동사 волоку, волочь / влеку, влечь (<*velk-ti)와 연관된다. 즉, 단어 волк는 자신의 제물인 양이나 기타 가축을 끌고 가는 존재라는 어원적 의미를 지닌다.

러시아어에서 '연수육로, 배들을 끌어서 통과하는 강 사이의 육지'라는 의미의 단어 волок는 그 형성이 유사하다(*velk-ti→*volk-os)[75]. 러시아어

---

73) 때로는 차용어들의 이형태들만을 어원적 대사어라고 부른다. 어원적 대사어들의 가장 명확하거나, 의외의 예들은 차용된 어휘들 속에서 나타난다.

74) 단어 рей тузы는 reit-라는 어간과 명사 Hosen'바지'에서 형성된 독일어 Reithosen가 변형된 형태이다. 따라서 어원적으로 рей тузы는 '승마용 바지'라는 것을 알 수 있다.

75) 그러한 기원에서 다음과 같은 지명들이 유래하였다: Волоколамск'라마 강 유역의 연수육로', Вышний Волочек'자그마한 상류의 연수육로'.

волочь / влечь(*velk-ti)와 친족관계에 있는 그리스어 동사 helk-ō´나는 끈다´는 헤지히의 고대 사전에 따르면 holkos´늑대´와 holkos´연수육로´를 파생시키고 있다는 흥미로운 사실을 알 수 있다. 이러한 그리스어 등가어는 러시아어에서 волк와 волок간의 일치가 우연한 것이 아니며, 이따금 사전들에서 설명되고 있는 단어 волк의 다른 어원 설명에 대한 시도가 잘못된 것이라는 것을 증명해 준다.

모음 표시법에 보이듯이 단어 облако는 러시아어 내의 교회 슬라브어 어휘이다. 고대 러시아어에서 교회 슬라브어 남성형 облакъ에 일치하는 순수한 러시아어는 оболокъ´구름´였다. 동일한 어간으로부터 현대 러시아어에서는 оболокъ-облакъ의 경우와 마찬가지로 облачко의 "분신"처럼 оболочка가 형성되었다. 우리가 어간 *ob-volk-를 재구한다면, 앞에서 열거한 모든 단어들의 어원은 분명해진다. 그리고 그 어간 내의 -bv-〔-бв-〕 결합은 〔б〕로 단순화되었다. 그 예들은 обвязать → обязать, *обвыкн-(при-выкнуть, от-выкнуть와 비교해 보시오) → обыкн(овенный)에서 찾아볼 수 있다. 따라서 облако는 어원적으로 하늘을 덮어 싸고, 가린 존재를 말한다. 그리고 동사 волочить의 의미를 통하여, облако, волк 그리고 волок 간의 친족관계가 분명해진다.

Радикал과 редька

우리는 이미 외래어에서 기원한 "방랑하는 단어"들 가운데에서 특히 많은 어원적 대사어들을 만날 수 있다는 것에 관해 언급했었다. 또한 그들의 친족관계는 종종 비교적 쉽게 밝혀지는데, 심지어 그 대사어들의 의미에 어떠한 공통점도 없는 경우라도 그것은 마찬가지이다. 예를 들어, '검투사'와 '글라디올라스' 간에는 어떠한 의미적 유사점이 없음에도 불구하고, 라틴어 gladius´칼´

는 그들의 기원의 공통성을 밝히는 데 도움을 준다. 고대 로마에서 гладиатор 는 경기장에서 싸움을 하는 전쟁포로 또는 노예였다. 처음에 그 단어는 문자 그대로 '칼로 무장한 사람'을 의미했다. 라틴어 gladiolus는 gladius'칼'의 지소형이다. 그 단어는 라틴어에서 '작은 칼'의 의미를 지녔을 뿐 아니라, '칼 모양의 잎'(예를 들자면, 수선화의 잎과 같은)을 의미했다. 칼 모양의 잎 때문에 글라디올러스는 자신의 명칭을 얻게 되었다.

трактор와 экстрат간의 어원 관계는 라틴어 동사 trahō'(나는) 끈다'의 어간 tract-를 염두에 둘 경우 분명해진다. трактор는 철자상의 의미로 볼 때 '견인차'를, экстрат는 '추출물'을 의미한다.

무게 단위인 фунт와 пуд는 그 단어들이 의미하는 중량의 근본적인 차이에도 불구하고, 근원적으로는 동일한 라틴어 단어인 pondus'무게'에서 발생하였다.

프랑스어에서 유래한 гарнир, гарнитур 그리고 гарнизон이라는 단어들의 친족관계는 '부가하다, 공급하다' 및 '장식하다, 비치하다'의 의미를 지니는 프랑스어 동사 garnir에 비추어 볼 때 분명해진다.

고대 그리스어 동사 ti-thē-mi'(나는) 놓는다'의 어간 thē-는 тезис(문자 그대로 '상황')와 аптека(그리스어 apo-thē-kē'창고')같은 친족어들의 어원을 설명해 준다.

радикал과 редиска와 같은 단어들은 어원 대사어로서 비교적 쉽게 규정된다. 라틴어 radix'뿌리'에서 형용사 radicalis'뿌리의'가 형성되었다. 이것으로부터 '결정적, 근원적 수단의 지지자'라는 радикал의 의미가 이해된다. 또한 라틴어 radix'뿌리'는 독일어를 통해 러시아아어로 들어온 редька와 редиска란 단어의 최초의 근원지이다.

언어학 *лингвистика*과 고기요리 *лангет*

외래어 연구에 있어 근원어를 규정하는 것뿐 아니라, 차용의 매개어로서의 언어를 규정하는 것도 대단히 중요하다. 매개어는 자신의 특징적 모습들을 외래어에 대단히 자주 부가하며, 그 모습들은 차용어의 음성적, 조어적, 의미적 특성 속에서 발현된다.

즉, 기원상 라틴어 단어인 легальный(라틴어 lex '법률', legalis '법률의')는 러시아어에서 영어라는 프리즘을 통하여 "쌍둥이" 단어 лояльный를 가지게 되었다.

라틴어 pulvis(생격pulveris) '먼지, 가루'는 러시아 차용어 пульверизатор '분무기'의 어간 내에 존재한다. 그렇지만 동일한 라틴어 pulvis는 프랑스어라는 체를 거치면서 우리에게 пудра라는 형태로 왔다.

라틴어 lingua '혀'는 лингвистика '언어학'라는 학술용어의 원천이었다. 프랑스어에서 라틴어 lingua는 langue '혀'로 변화되었고, 지소형 접미사 -ette가 부가되어 languette '작은 혀'라는 단어가 만들어졌다. 이것으로부터 러시아어 단어 лангет의 의미가 출발한다.

러시아어에 존재하는 라틴어-프랑스어 어원적 대사어의 예들은 적지 않다. 라틴어 sub- '아래'와 -jectum '~에 존재하는'에서 발생한 субъект와 сюжет가 그러한 예이다. 그러한 방식으로, 논리학에서는 субъект가 추론의 근저에 놓여있는 대상으로, 통사론에서는 문장의 근저에 놓여있는 것(주어 *подлежащее*)으로, 문학작품에서 сюжет는 작품의 예술적 내용이 근저에 놓여있는 것이라는 의미를 획득했다. 유사한 음성적 상관관계는 проект와 (사어인) прожект 간에도 발견할 수 있다. 라틴어 pro-는 '앞으로'를 의미하고, -ject-는 jacere '던지다'의 어간 가운데 하나이다. 따라서 проект와 (프랑스어식 발음 현상을 간직한) прожект는 어원적 측면에서 미리 작성된 초안을 의미한다. 동일한 어간들에서 형성된 проектор와 прожектор와도 유사한 어원을 지닌다.

그들의 철자상 의미는 (화면이나 빛으로 묘사된) '앞으로 던져진 것'을 의미한다. прожектор와 음성 면에서 유사한 단어인 прожектер는 의미적으로 проект 그리고 прожект와 관련되어 있다.

трюфели와 картошка

외래어에서 기원한 대사어들 간의 어원 관계가 늘 그렇게 단순하게 확립되는 것은 아니다. 실제로 легальный와 лояльный 또는 проектор와 прожектор 같은 쌍들의 소리와 의미는 상호간에 그렇게 확연히 차이가 나는 것은 아니다. 그렇지만 трюфели와 картошка, парабеллум과 дуэль, суббота와 шабаш와 같은 쌍들에서는 문제가 다르다. 전술한 단어들의 음성적 불일치와 서로간의 의미적 거리감은 우리에게 그들의 어원적 인접성에 대한 어떠한 근거도 제공해 주지 못할 수 있다. 그렇지만 그들 모두는 전형적인 어원 대사어이다. 그 것을 확인하기 위해서 우리는 반드시 좀더 철저하고 깊게, 단어의 역사에 대해 연구해야 할 필요가 있으며, 그 단어들이 겪은 모든 음성 변화에 대해 관심을 기울여야만 할 것이다. 또한, 우리가 관심을 가지는 단어들 모두가 러시아어로 들어오기 위해 거쳐야 했던 언어 환경을 고려해야만 한다.

많은 사람들이 трюфели라는 사탕이름을 잘 알고 있다. 그렇지만 사탕의 명칭은 땅속에서 자라는 특별한 종류의 버섯에서 유래한 것이다. 그 명칭은 독일어 Trüffel에서 러시아어로 전래되었다. 그러나 그 단어는 이탈리아어 tartufo, tartufolo에서 차용되었다. 그리고 이탈리아 단어에는 라틴어 terrae tuber '땅의 방울'에서 유래하였다.

감자는 잘 알다시피 콜럼버스의 아메리카 발견(1492년)이후 유럽에 소개되었다. 그 단어는 독일어에서 들어왔다. 독일어 kartoffel은 이화[76]라는 음성 변화의 결과이다. 단어 앞부분의 자음들 t-t는 k-t로 변화되었고 그 결과 최초의 Tartuffel은 Kartoffel로 변화되었다. 독일어 Tartuffel은 이탈리아어 tartufolo'송로의 일종(그리고 '감자')'에서 유래했다. 즉, 감자는 둥근 모양의 땅속에서 자라는 버섯과 유사한 모양 때문에 그러한 명칭을 부여받게 되었다.

парабеллум은 si vis pacem, para bellum이라는 라틴어 표현의 후반부와 관련된다. bellum'전쟁'이라는 단어는 좀더 고어형인 duellum[77]으로부터 형성되었고, 그 단어는 '결투'의 어원이다.

끝으로 суббота와 шабаш는 고대 유대어 šabbāt'토요일'로부터 각각 다른 경로를 통해 들어왔다. шабаш의 의미는 '토요일'→'일의 끝'→'휴식'이라는 의미로부터 발전된 이차적인 것이다.

악기와 관련된 예들

익히 알다시피, 단어들은 한 언어로부터 대단히 자주 해당 대상과 함께 다른 언어로 차용된다. 그러한 관계 속에서, 어떤 민족에서 다른 민족으로 전래된 동일한 악기의 명칭이 음성형식이 변하거나, 어떤 악기에서 다른 악기를 지칭하는 것으로 바뀌는 것과 같은 흥미로운 사항을 관찰할 수 있다. 여러 가지 악기에 대한 명칭들이 발생하고, 그러한 명칭들은 여러 경로를 통해 우리나라 말로 들어와 어원적 대사어 그룹을 형성한다.

кифара, гитара, цитра와 같은 단어들이 바로 그러한 경우이다. кифара는

---

76) 이화에 관한 자세한 내용은 22장 어원학자의 "적들"을 참조하시오.
77) du-→b-로의 변화는 *duis→bis'두번'로부터의 유추이다. *duis 형태는 러시아어 수사 два와 친족관계에 있다.

리라와 비슷한, 고대 그리스의 손으로 튕겨 연주하는 현악기의 명칭에서 비롯되었다. 그 악기를 그리스인들은 kithara라고 불렀다. 뾰뜨르 대제 시대에 기타의 명칭이 서구로부터 китара의 형태로 러시아어에 들어왔으나 오래 유지되지는 못했다. 그리스어 kithara는 라틴어에 cithara의 형태로 차용되었다. 다양한 경로를 통해 인도유럽언어들에 차용되면서, 그리스 및 라틴 단어는 스페인에서는 guitarra'기타'와 cítara'비파와 비슷한 현악기', 프랑스어에서는 guitare'기타'와 cithare'비파와 비슷한 현악기', 독일어에서는 Gitarre'기타'와 Zither'비파와 비슷한 현악기'가 되었다. 현대 그리스어에서 kithara는 '(고대 그리스의) 현악기'도 '기타'도 의미한다는 것은 재미있는 사실이다.

러시아어에서 우리는 (리라와 비슷한 고대 그리스의 악기를 의미)하는 кифара도 гитара도 그리고 цитра라는 단어도 찾을 수 있다. 모든 세 단어들이 동일한 기원에서 발생하였기 때문에, 러시아어에서 그 단어들은 어원 대사어이다.

우크라이나의 бандура, 흑인들(미국의 흑인들)의 банджо 그리고 이탈리아(좀더 정확히 말해서, 현재는 국제적인 명칭이 되었다)의 мандолина란 악기의 명칭들도 비슷한 역사를 가지고 있다. 그들은 그리스의 삼현악기 명칭인 pandoura에서 기원하였다. 그 단어는 이탈리아에 pandura와 pandora의 형태로 전파되었다. 후자는 mandora와 mandola'우크라이나의 악기'로 형태가 변화되었고, 러시아어에 мандолина의 형태로 유입된 단어는 이탈리아어의 접미사 -ino가 부가된 후자의 지소형태이다. 이상으로 어원적 대사어뿐 아니라 음악적 대사어라고도 불릴 수 있을 대사어들을 살펴보았다.

가짜 쌍들

гитара와 цитра, трюфели와 картофель과 같은 예들에서 우리는 어원적 "분

신"들이 서로간에 음성적 측면뿐 아니라 의미적 측면에서도 늘 많은 공통점을 지니는 것은 아니라는 것을 알 수 있었다. 반대로 서로간에 어원적인 연관이 없는 단어들의 음성적인 면이 (부분적으로는 의미적인 면도) 대단히 유사한 경우가 자주 있다.

그러한 예로 кампания와 компания의 예를 들 수 있다. 얼핏 보기에 그 단어들에는 무언가 의미에서도 공통점이 있어 보인다. 실제로 어떤 대중 **캠페인** 활동에는 보통 권위 있는 **컴퍼니**가 참여하지 않는가. 그러나 그것은 단지 그럴듯한 공통점일 뿐이다. 실제로 кампания란 단어는 어원적으로 라틴어 명사 campus'(전쟁)터'와 관련이 있다. 러시아어로는 프랑스어 campagne'군사원정'에서 (폴란드어 또는 독일어를 거쳐) 들어왔다. 또한 компания는 후기 라틴어 compania'단체'에서 유래하였는데, 접두사 com-은 '함께'의 의미를 지니고 있으며, -pania는 단어 panis'빵'와 관련된다. 즉, 어원적 관점에서 компания는 함께 빵을 먹는 사람들의 집단이다(러시아어 однокашники와 비교해 보시오).

또 다른 비슷한 예로 комплекс와 комплект를 들 수 있다. 전자는 라틴어 complexus'끌어들임, 관계'에서 유래하였고, 후자는 라틴어 complētus'완전한'에서 유래하였다. 프랑스어 complet, 독일어 Komplet 그리고 폴란드어 komplet'한 벌'는 러시아어 комплект의 к가 이차적 기원임을 증명해준다. 차용어 комплекс와 комплект의 기원이 된 라틴어들은 상이한 어근을 가진다. 따라서 이들은 어원이 다르다.

그러한 가짜 대사어들은 순수 슬라브어 어휘들에서도 찾아볼 수 있다. 20세기 초기 시들의 발췌 부분들을 비교해 보시오.

Бразды пушистые взрывая,

Летит кибитка удалая.　　　　　　　А. С. Пушкин.

Слышишь? Конь грызет бразды.　　　В. А. Жуковский.

음성면에서 완전히 일치함에도 불구하고, 우리 앞의 두 단어는 다른 단어이다. 전자는 순수러시아어 단어인 *борозды*에 상응하는 교회 슬라브어 어휘이다. 후자에서 음성 〔a〕는 아까니예*аканье*의 결과로 이차적으로 발생했다. 따라서 어원적으로 좀 더 정확한 형태는 고대 러시아어 *бръзды*에서 발전된 *брозды*이다. 즉, 앞의 두 단어는 어원적 대사어가 아니라 동음이의어이다.

연습해 봅시다!

어원적 대사어란 테마는 그 내용이 무한하다. 대사어들에 관한 장을 마치면서 독자들이 어원사전, 백과사전, 외국어사전 및 참고서를 활용해 직접 풀어볼 수 있도록 어원적 대사어 목록을 제시하겠다.

елей -оладья	камин-комната
тужурка-журнал	квартет-квартал
зали-салют	каштан-кастаньеты
гранат-граната-гранит	металл-медаль
князь-ксендз	машина-махина
карьер-карьера	цифра-шифр
композитор-компот	христианин-кретин
парк-паркет	царь-кай зер
каприз-шевро	шарнир-кардинал
картечь-картон	шорты-куртка
госпиталь-отель	шуба-юбка-жупан-зипун
курьер-курс	ходжа (хаджи)-ханжа
кристалл-хрусталь	колпак-клобук
сарай -сераль	сироп-шербет

сатана-шай тан

сервис-сервиз

рацион-резон

галантерея-галантный

том-анатомия

гиацинт-яхонт

архитектор-техника

сервант-сержант

агитация-ажитация

дракон-драгун

дактиль-дактилоскопия

проспект-спектакль

гимнастика-гимназия

астра-астрономия

грамм-грамота

пансион-пенсия

аллея-аллюр

пика-пике́

бинт-бант

карикатура-шарж

радиус-рай он

понтон-путь

саркофаг-сарказм

декан-десятник

пурист-пуританин-пюре

флигель-флюгер

шпиль-шпилька

танкер-танк

трюмо-трюм

штопать-штопор

пассаж-пассажир

офицер-официант

доска-диск

пенсне-пинцет

конвей ер-конвоир

пикирующий -пикантный

кепка-шапка

почта-пост

нефрит (камень)-нефрит
(болезнь)

сюита-свита

제18장 번역차용어-차용어의 특수 형태

독일의 언어학자 막스 파스머는 세 권으로 이루어진 자신의 저서, 『러시아어 어원사전*Этимологический словарь русского языка*』의 후기에 다음과 같이 덧붙였다. "만약 내가 이 작업을 다시 시작하게 된다면 번역차용어에 더욱 많은 관심을 기울일 것이다." 실제로, 대부분의 어원사전들에서는 번역차용어에 대해 아주 작은 관심만을 기울이고 있다. 이러한 사실은 아쉬운 점이다. 왜냐하면 언어의 역사에서 번역차용어는 언제나 중요한 역할을 수행해왔고, 지금도 계속하고 있기 때문이다.

번역차용어란 무엇인가?

일반적으로 калька는 그림이나 도면 복사를 위해 사용되는 투명 용지를 의미한다. 또한 калька는 투명 용지를 이용하여 복사한 복사본 그 자체를 의미할 수도 있다.

언어에서도 калька라고 불리는 외국어 단어의 복사본이 존재한다. 실제로 번역차용어는 차용어의 한 형태지만, 엄격히 말하면 차용된 것이 아닌, "복사된" 단어를 의미한다.

예를 들어, 독일어인 Wasserfall'폭포'은 Wasser'물'와 Fall'낙하'의 두 부분으로 이루어져있다. 그 단어들은 러시아어에 차용되지 않았지만, 단어의 구조는 러시아어에서 단어 водопад로 완벽하게 복사되었다. 이처럼 위의 경우에서는 단어 자체, 또는 재료의 외형이 아니라, 단어의 의미-조어 모델이 차용되었다(의미가 동일한 단어들의 복합). 그러한 이유 때문에 번역차용의 과정에서는 외적 형태가 아닌 단어의 내적 형태가 차용된다고 말할 수 있는 것이다.

복합어의 형태로만 단어가 번역차용 되는 것은 아니다. 라틴어 단어 obiectum 은 объект라는 직접 차용의 형태로, 번역차용 형태인 предмет라는 모양으로 러시아어에 유입되었다. 단어 предмет에서 пред-는 라틴어 접두사 об-의 번역형이고, -мет(метать'던지다'에서)는 라틴어의 -iectum(iacio'던지다'에서)을 그대로 복사한 형태이다.

이와 유사한 번역차용어는 문법 용어에 특히 많이 나타난다. подлежащее '주어', сказуемое'술어', падеж'격', склонение'곡용, 명사 변화', междометие '간투사', местоимение'대명사', прилагательное'형용사', существительное'명사'. 이 모든 단어들은 고대 그리스 문법 용어들의 라틴어 번역차용어에서 러시아어로 복사된 것이다.

이러한 두 단계 번역차용의 예는 именительный падеж'주격'와 같은 용어의 예에서 분명하게 찾아 볼 수 있다:

1) 그리스어: onomastikē ptōsis ← onoma'имя', piptō'падаю'
2) 라틴어: nominativus casus ← nomen'имя', cado'падаю'
3) 러시아어: именительный падеж ← имя, падать

번역차용어는 지명에서 종종 발견된다. 예를 들어, 핀란드 호수의 명칭인 Хейнаярви와 Кивиярви는 러시아어에서는 Сенное озеро와 Каменное озеро로 정확히 복사되었다. Пятигорск라는 도시의 명칭은 터키어로부터의 번역차용이다. 그 의미는 이 도시와 나란히 위치해있는 산의 이름인 Бештау(беш'пять'와 тау'гора')에 의해 알 수 있다.

개개의 단어가 아닌 표현 전체나 단어의 결합이 번역차용 되는 경우도 있다. 예를 들어, присутствие духа는 프랑스어인 présence d'esprit에서 번역차용된 표현이고, борьба за существование는 영어의 struggle for life에서, разбить наголову는 독일어의 aufs Haupt schlagen에서 번역차용되었다.

번역차용어의 유형들

우리가 표현에 대한 번역차용을 제외하고, 개별 단어들로만 그 영역을 제한한다고 할지라도, 여러 가지 유형의 번역차용을 찾아볼 수 있다.

예를 들어, водопад나 предмет와 같은 단어들의 번역차용을 통해 러시아어에는 상응하는 독일어나 라틴어 단어들을 복사한 신조어가 만들어졌다. 이러한 단어들은 그때까지 러시아어에는 존재하지 않았다.

'군부대의 측면'이라는 의미의 крыло라는 단어의 경우는 조금 다르다. 이 러시아어 단어나 독일어 단어 Flügel, 영어 단어 wing은 라틴어 단어 ala의 이차적 의미('날개' → '측면')를 반영하는 번역차용어이다. 단어 крыло, Flügel, wing은 위에 언급한 언어들에 이전부터 존재해 왔었다. 그러나 이 단어들은 일반적으로 '새의 날개'를 의미했었다. 이들 언어에서 '부대의 측면'이라는 새로운 의미는 라틴어에서의 비유적 의미 발전의 직·간접적인 번역차용의 결과로 나타나게 되었다.

이러한 유형의 번역차용어는 언어에서 신조어를 만들어내지는 않는다. 여기서는 기원어의 방식에 따라 단어의 새로운 의미만이 발생한다.

번역차용어의 또 다른 유형이 하나 더 있다. 이것은 단어 водопад, предмет 등에서 보이는 정확한 번역과는 구별되는 외국어 단어에 대한 의역이다. 예를 들어, Vater'아버지'와 Land'땅, 나라'로 구성되는 독일어 Vaterland'조국'는 라틴어 단어 patria'조국'의 모델을 단지 개략적으로만 이어받고 있다. 여기에서는 단어 pater'아버지'와의 연관성만 복사되었고, 라틴어 접미사 형태(patr-i-a)는 독일어에서의 전형적인 복합어로 대체되었다. 라틴어 단어에는 독일어 단어의 Land에 대응하는 것이 없다.

끝으로 번역차용의 특수한 형태인 **반번역차용**_полукалька_이 있다. 이것은 외국어 단어의 절반은 차용되고, 다른 절반은 복사되는 경우이다. 예를 들어, 단어 телевизор와 телевидение를 비교해보자.

телевизор라는 단어는 그리스어인 téle'멀리'와 라틴어의 visor'보는 사람'으로부터 인위적으로 합성된 단어인 영어 televisor에서 차용되었다. 바꿔 말하자면 단어 телевизор는 일반적인 차용어이다.

이와는 좀 다른 예로 телевидение가 있다. телевидение는 영어로 television이다. 여기서 단어의 후반부는 라틴어의 visio'보는 능력, 시력'로부터 형성되었다. 한때 이 영어 단어는 라틴어화된 형태인 телевизия로 러시아어에 차용되었다. 뿐만 아니라, 1950년대 말 영-러 사전에서는 дальновидение라는 번역차용어를 발견할 수 있었다. 결국 언어에서 반번역차용어인 телевидение가 확정되었다. 이 단어의 전반부(теле-)는 차용어이고, 후반부(-видение)는 번역차용어이다.

"국제적인" 번역차용어

종종 번역차용어는 두 언어 범주 내로만 국한되지 않는다. 특히 그러한 현상은 그리스어와 라틴어 기원의 다양한 종교-철학적 용어의 확산 결과로 인해 발생하였다.

접두사 syn-'함께'과 동사 eidenai'알다'의 파생형으로 구성된 그리스어 단어 syneidēsis'자각, 양심'는 여러 언어에서 많은 번역차용어를 제공하였다. 그러한 번역차용어의 예들은 다음과 같다.

언어	번역차용어	'함께'	'알다'
라틴어	conscientia	con-	scire
고트어	mith-wissei	고대독어 mit-	고대독어 wissen
고대 아이슬란드어	samvit	sam-	vita
러시아어	совесть(*совѣдть)	со-	ведать
러시아어	сознание	со-	знать
리투아니아어	sažinė	sa-	žinoti

이러한 대량의 번역차용은 종교-철학적 용어들 외에서도 찾아볼 수 있다. 예를 들어, 영어의 sky-scraper'마천루', 불어의 gratte-ciel, 이탈리아어의 grattacielo, 독일어의 Wolkenkratzer, 리투아니아어의 dangoraižis, 러시아어의 небоскреб와 같은 단어들을 그 예로 들 수 있다. 이 단어들은 모두 동일한 의미를 지니고 있다. 두 번째 이후의 단어들은 영어 단어를 번역차용한 것이다. 독일어에서는 약간의 독창성이 나타난다. 독일어에서 마천루는 '마운루(摩雲樓)'를 의미하기 때문이다.

번역차용어의 작가들

누가 번역차용어를 만드는가? 누가 자신의 모국어의 어휘와 표현들을 풍부하게 할 목적으로 외국어 단어와 표현들을 복사하는가? 러시아어뿐 아니라 다른 외국어에서도 번역차용어의 저자의 대부분은 알려져 있지 않다.

그 외에도 우리는 모든 경우에 있어서 우리 앞에 있는 것이 독립적으로 발생한 단어가 아니라, 번역차용어라고 완전한 확신을 가지고 말할 수는 없다. 오히려 모든 언어에는 실제로 오래 전에 그 흔적이 사라진 번역차용의 결과물이기 때문에 일반적으로 고유어인 것처럼 생각되는 단어들이 적지 않다.

그러나 모든 번역차용어의 작가가 알려지지 않은 것은 아니다. 특히 러시아어에서는 우리에게 작가가 알려진 번역차용어가 적지 않다. 로모노소프 *М.В.Ломоносов*는 러시아어 학술 용어를 고안하면서 많은 수의 번역차용어를 만들었다. 실제로 로모노소프의 공적으로 다음과 같은 단어들이 러시아어에 출현하게 되었다: водород, кислород, движение, явление, наблюдение, предмет, кислота, опыт. 이 모든 단어들은 대단히 공고하게 러시아어 내부에 뿌리를 내렸기 때문에 종종 그들이 외국어에서 기원했다는 사실을 감지하기가 어렵다. 이런 단어들의 번역차용 과정을 알아보기 위해, 우리는 앞에서 предмет의 예를 살펴보았다.

이중언어사용 *ДВУЯЗЫЧИЕ*과 번역차용어

만약 라이프찌히나 빌뉴스의 어딘가의 가게에 들어가서 판매원에게 무엇이 있는가 물어본다고 가정해보자. "У вас есть цветная фотопленка?" 그러면 러시아어를 조금 할 줄 아는 판매원은 확실히 다음과 같이 러시아어의 일반적인 표현인 "У нас есть"또는 "У нас нет" 대신 "Да, мы имеем" 또는 "Нет, мы не имеем"으로 대답할 것이다.

도대체 이것은 무슨 일인가? 단어도 전부 러시아어이고 사용된 형태도 올바르지만, 완전한 러시아어식 표현은 아니다. 이것은 러시아어를 잘 알지 못하는 판매원이 자신의 모국어의 일반적인 구조를 가지고 문장을 러시아어로 번역하여 대답한 것이다. 러시아어 У нас есть는 독일어로는 wir haben, 리투아니아어로는 mes turime로 표현될 수 있다. 그 표현들을 글자 그대로 번역하면서, 판매원은 자신의 모국어의 문장 구조를 복사하면서 통사적 번역차용을 한 것이다.

실제로 이러한 특수성은 보통 번역차용어의 저자가 가지고 있는 이중언어의 존재를 전제하는 모든 경우의 번역차용에 존재한다. 뾰뜨르 대제 시대 및 그 후의 러시아어-독일어의 이중언어사용과 18-19세기의 러시아 귀족사회에 널리 퍼져있었던 러시아어-프랑스어의 이중언어사용의 많은 사례들은 독일어와 프랑스어 기원의 많은 수의 번역차용어가 러시아어로 유입되는 원천이 되었다.

Морские лежаги

번역차용어 작가들의 외국어를 구사하는 수준이나 언어 감각은 그리 높은 수준은 아니라고 볼 수 있다. 이 때문에 종종 성공적이지 못한 것이나, 때로는 잘못된 번역차용어를 만들어내기도 한다. 그러한 잘못된 번역차용어는 어떤 경우에는 언어에서 소멸되기도 하고, 또 다른 경우에는 그러한 잘못된 점에도 불구하고 유지되기도 한다.

고대 러시아어 문헌에는 лежагы морьскыя가 자주 나타난다. 이와 일치하는 그리스어 텍스트의 해당 부분에서는 고래에 관하여 말하고 있다. 고대 러시아의 번역가들은 그리스어 단어 kētos를 동사 keitai[78] 'лежит'와 연결시켰다. 이 때문에 лежага라는 잘못된 번역차용이 발생하였다. 리투아니아어의 "кит"는 이런 관계로 볼 때 운이 좋지 않았다. 글자그대로는 '고래-물고기'의 의미를 지닌 독일어인 Walfisch를 번역차용 하면서 리투아니아인들은 독일어 Wal-을 Welle'파도' 또는 wallen'파도치다'와 관련짓고, bangžuvė라는 번역차용어를 만들었다. 그 단어의 구성은 다음과 같다. banga'파도', žuvis'물고기'.

그러나 잘못된 번역차용어들이 고대에만 발생했다고 볼 수는 없다. 예를 들어, 파모소프*Фамусов*의 차쯔끼*Чацкий*에 대한 말을 생각해 보자(그리보예도프*А. С. Грибоедов*의 『지혜의 슬픔*Горе от ума*』에서): "Любезнейший, ты не в своей тарелке." 여기서 не в своей тарелке란 표현은 '그는 기분이 나쁘다'라는 의미인 il n'est pas dans son assiette라는 프랑스어 표현을 글자그대로 번역한 것이다. 그 표현과 не в своей тарелке란 구문과는 어떤 공통점이 있는가? 실제로 프랑스어의 assiette는 '상황, 기분'과 '접시'라는 두 가지의 다른 의미를 지니고 있다. 따라서 프랑스어 표현의 번역은 완전히 잘못된 것이다. 그러나 말이라는 것은 새와 같아서 한번 날아가면 잡을 수 없다. быть не в своей тарелке라는 표현은 러시아어에서 확고히 자리를 잡게 되었고, 게다가 그 러시아어 단어 의미의 특성 때문에 그 표현은 점차 '기분이 나쁘다'라는 의미로 사용되지 않게 되었다. 얼마 전 한 유머작가가 처음으로 TV에 출연하면서, 그는 책을 통해 자신의 독자들과 교류를 하는 것에만 익숙하기 때문에, 이곳 스튜디오는 ***не в своей тарелке***하다고 이야기했다. 그 당시 작가는 자신의 모습을 드러내면서 기분이 좋은 상태로 미소 짓고 있었다. 그 상황에서 **быть не в своей тарелке**라는 표현은 대략 '자신이 익숙한 환경이 아니다', '익숙하지 않은 환경에 답답함을 느끼다'라는 의미를 표현하였다.

---

78) 고대 그리스어의 ē[e:]와 ei[əи]는 중세, 현대 그리스어에서 동일하게 [и]로 발음된다.

번역차용어와 국어순화주의

러시아어에 외국어 어휘가 유입되는 것을 반대하는 국어순화자들에 의해 많은 수의 새로운 번역차용어들이 제안되었다. 번역차용어는 단지 외국어의 의미-조어 구조만을 차용하기 때문에, 러시아어의 순수함을 옹호하는 사람들은 직접적인 차용보다는 죄책감을 덜 느꼈다. 그러나 국어순화자들에 의해 제안된 번역차용어들 가운데 많은 수가 언어에 동화되지 않은, 즉 실패한 것처럼 여겨진다. 예를 들어, 이탈리아어의 fortepiano(forte'громко', piano'тихо')를 번역차용한 тихогромы를 러시아어에 도입하려한 쉬쉬꼬프의 노력은 사람들의 조롱만을 불러일으켰다. 이와 마찬가지로 여러 시대에 제안된 다음과 같은 단어들은 러시아어에 정착되지 못했다. себятник'이기주의자', любомудрие '철학', предзнание'예측', книжница'도서관', побудка'본능', рожекорча'찡그린 얼굴' 등.

국어순화자들의 서글픈 시도는 어휘부를 채우는 방법이 인위적으로 강요될 수 없으며, 단어가 번역차용될 때는 예리한 언어 감각을 지니고 있어야 하며, 방법을 알아야 하고, 유머감각 또한 있어야 한다는 것을 보여준다.

또 다른 대사어 дублет의 유형

두 언어가 특히 빈번하게 접촉하게 되면, 종종 어휘 차용의 커다란 "파도"가 발생한다. 번역차용어 또한 차용의 한 형태이기 때문에, 외국어휘의 대량 침입 시기에 같은 단어가 차용되면서 또한 동시에 번역차용되는 경우가 자주 발생하였다. 그 결과 언어 내에서 동의어로서 남겨지거나, 자신의 의미들이 달라진 대사어들이 나타나거나, 그 단어들 가운데 하나가 사어화되었다. 그와 같은 대사어들은 여러 시대에 차용과 번역차용의 결과로 생겨날 수 있었다.

일반적으로 교회 슬라브어나 고대 러시아어에는 많은 그리스어 기원 단어들이 유입되었다. 여기서 우리는 현대 러시아어에 남아있던 많은 수의 대사어들을 볼 수 있다. 여기 그러한 단어들의 목록이 있다.

차용어	번역차용어	차용어	번역차용어
апатия	бесстрастие	анархия	безначалие
филантропия	человеколюбие	симфония	согласие
пневматический	духобный	метаморфоза	преображение
ортодоксальный	правоверный	аморфный	безобразный

위의 경우들의 번역차용 과정은 마지막 두 단어의 예로써 도식화될 수 있다. 그리스어 morphē '형태, 형상'는 -образ-로, meta-는 пре-로, 부정소사인 a-는 без-로 번역되었다.

пневматический-духовный의 쌍은 흥미롭다. 그리스어 pneuma '바람이 부는 것, 호흡'는 또한 '정신'이라는 추상적인 의미를 가지고 있고, 이 단어로부터 파생된 형용사 pneumatikos는 의미상 서로 거리가 먼 '공기의воздушный', '호흡의дыхательный', '정신의духовный'란 세 가지 의미를 갖는다.[79] 단어 pneumatikos의 마지막 의미에서 교회 슬라브어의 духовьнъ '정신의'가 복사되었고, 첫 번째 의미는 학술용어인 пневматический '압축 공기로 움직이는'의 형태로 서유럽어들을 매개로 러시아어에 유입되었다.

일련의 그리스어 단어들이 보통명사로 번역차용되고, 고유명사로 차용된 것은 흥미로운 사실이다. 그 결과 현대 러시아어에서는 다음과 같은 대사어들을 찾아볼 수 있다.

---

79) 러시아어 단어 воз-дух, дых-ание, дух는 모두 동일한 어근으로부터 형성되었다.

그리스어 기원어	고유명사(차용어)	일반명사(번역차용어)
athanasia	Афанасий	бессмертие
akakia	Акакий	беззлобие
eudokia	Евдокия	благоволение
eudokimos	Евдоким	благоизвольнъ
eugenia	Евгения	благородие
sōphrōn	Софрон	целомудренный

"차용어-번역차용어"의 대사어 형태는 그리스어 차용어에서만 볼 수 있는 것은 아니다. 이들은 기원이 다른 단어들에서도 발견할 수 있다. объект-предмет, позиция-положение, революция-переворот(라틴어); элегантный-изящный (프랑스어); флигель-крыло (здания)(독일어의 의미적 번역차용어) 등이 그 예이다.

쁘스꼬프의 *Велосипедов*씨와 스웨덴의 *Иванов*씨

지금까지 우리는 보통명사의 번역차용에 관하여 알아보았다. 그렇다면 고유 명사를 복사하는 경우도 가능할까? 예를 들어, Москва처럼 아직 언어학자들에 의해 어원결정이 이루어지지 않은 단어를 번역차용해 보라! 그러나 고유명 사의 어원을 알고 있는 경우, 그 단어는 특별한 어려움이 없이 번역차용된다. 예를 들어, 이탈리아의 도시이름인 Неаполь(신도시를 의미하고 그리스어 nea polis에서 유래)은 러시아어로는 Новгород로 복사될 수 있었을 것이다.

사람의 성(姓)에 대한 번역차용이 잘 알려진 예이다. 16세기의 학자들인 Бауэр(독일어 Bauer '농민')와 Кремер(독일어 Krämer '상인')는 라틴식인

Агрикола(라틴어 agricola'농민'), Меркатор(라틴어 mercator'상인')로 자신의 성을 바꾸었다. 이와 유사한 번역차용의 결과로 "무식한" 독일식 성들은 "고상한" 라틴식 성들로 바뀌었다. 또한, 라틴식에 편향된 러시아 승려계급의 대표자들이 번역차용의 이러한 방법을 받아들였다. 그리하여 러시아에는 Беневоленский(라틴어의 benevolens'친절한'에서; Добровольский란 성 대신에)와 Сперанский(라틴어의 sperans'희망하는'; Надеждин이란 성 대신에) 같은 "라틴식" 성들이 나타났다.

그러나 그와 같은 번역차용 가운데 가장 흥미로운 예는 유명한 작가이자 인문학자인 우스뻰스키*Л.В. Успенский*가 16세기 쁘스꼬프 문헌 가운데 하나에서 발견한 것이다. 그 문헌에는 погоста Микифорова дьячок Игнатий …….Велосипедов라는 구절이 있었다. 만약 16세기에 Мотоциклов라는 교회의 일꾼이나 Телевизоров라는 사제의 성을 발견하였다면, 우스뻰스키의 놀라움은 더욱 컸을 것이다. Велосипед라는 단어가 상응하는 이동수단의 발명과 더불어 19세기가 되어서야 러시아어에 나타났다는 것은 잘 알려진 사실이다. 이 진귀한 예에 대하여 우스뻰스키는 자신의 저서 『단어에 관한 이야기*Слово о словах*』에서 설명하고 있다. 위와 같은 번역차용어의 예는 아마도 Бегунов나 Быстроногов와 같은 성을 외국식으로 고치려는 시도의 결과물일 것이다. 실제로 Велосипедов라는 단어는 글자 그대로는 '발이 빠른'을 의미하는 라틴어 velox'빠른'와 pedem(단수 대격형)'발'을 통해 어원이 결정된다. 우스뻰스키는 앞의 예를 라틴화된 번역차용으로 생각하였다. 그러나 그렇다면 첫째로, Велоципедов라는 형태를 얻었어야 할 것으로 보인다. 왜냐하면 중세 라틴어에서 i 앞의 с는 〔с〕가 아닌 〔ц〕로 발음되었기 때문이다.[80] 둘째로, 라틴어에서 일반적으로 *velocipedis'발이 빠른'와 같은 유의 복합어는 전형적인 것이 아니다.

---

[80] 게다가 실제로 이 단어는 19세기 중반에 라틴어 형태인 велоципед로 러시아어에 들어왔다. 그러나 곧 프랑스식 발음인 велосипед가 득세하였다.

동시에 이탈리아어에서는 17세기부터 그리스어 ōkypous '발이 빠른'의 번역 차용어로서 velocipede라는 단어가 보이기 시작했다. 이 단어의 최초의 정착은 이 단어가 17세기 이전까지는 이탈리아어에 존재하지 않았다는 사실을 말해주고 있다. 게다가 음성적인 원인에 의해(그 사람의 성은 *Велочипедов가 아니라, Велосипедов였다) 이탈리아어는 번역차용어의 "구성 재료"가 될 수 없다. 일반적으로 ci가 〔си〕로 발음되는 불어가 남게 되었다.

이와 더불어 라틴어 어근에 의해 인위적으로 만들어진 성인 Велоципедов가 후에 Велосипедов로 바뀌었다는 가능성을 배제할 수는 없다. 이 경우 우스뼨스키의 설명은 전체적으로뿐 아니라, 부분적으로도 받아들여야 할 것이다.

스웨덴 성의 번역차용의 경우도 흥미롭다. 이와 같은 번역차용어들의 예는 17세기초의 러시아 외교문서에서 발견할 수 있다. 스웨덴 이름인 Ян은 러시아의 Иван과 대응하고(이 두 이름은 그리스어인 Iōannēs에 기원을 둔다), 스웨덴 성인 Янссон은 글자 그대로 'Ян의 아들', 즉 러시아어로는 'Иванов (сын)'를 의미하기 때문에, 1614년의 한 외교문서에서 스웨덴 대사 Янссон은 Иванов로 바뀌었다. 이와 동일한 방법으로 다른 스웨덴 대사인 Андерссон은 Ондреев가 되었다.

그러나 Кнутссон과 같은 성은 어떻게 될까? 실제로 러시아어에는 스웨덴 이름인 Кнут와 대응하는 이름은 없다. 따라서 여기에서는 조어 모델이 작용을 한다. 만약 -sson으로 끝나는 스웨덴 성이 러시아어의 성에서 -ов, 또는 -ев로 끝나는 성과 대응하고, Кнут이라는 이름이 그대로 Кнут으로 남는다면, Кнутссон이라는 스웨덴 성은 러시아어에서는 Кнутов라는 성과 일치할 수밖에 없다. 따라서 Кнутов는 러시아어 кнут '채찍'가 아니라, 스웨덴 남자이름인 Кнут에서 파생한 것이다. 실제로 이와 같은 스웨덴 성 Кнутов를 17세기 러시아 외교문서에서 발견할 수 있다.

*   *   *

이 장의 결론으로 다음과 같은 사실을 이야기할 수 있다. 언어에서 번역차용어들의 존재는 어원 분석을 대단히 어렵게 만든다. 예를 들어, 누가 кислота나 падеж와 같은 전형적인 러시아어 단어가 외국어의 영향으로 러시아어에 유입되었다고 생각할 수 있겠는가? 또는 러시아 문서들에서 볼 수 있는 Кнутов라는 성이 러시아어 단어 кнут '채찍'와 아무 관련이 없다는 것을 생각해 낼 수 있겠는가?

위에 열거된 번역차용어들은 비교적 늦게 유입되었으므로, 번역차용 사실 자체는 자주 문서를 통해 확인될 수 있다. 그러나 언어의 역사에서 선사시대의 경우는 어떻게 될까? 각각의 언어의 고대 시대에는 얼마나 많은 밝혀지지 않은 번역차용어들이 녹아있을까? 유감스럽게도 학자들은 이런 질문에 대해 대부분의 경우 답을 내릴 수 없다.

제19장 어원 관계의 상실

단어의 역사를 연구하면서 부딪치게 되는 가장 복잡한 현상 가운데 하나가 탈어원화이다. 그렇다면 이 현상의 실체는 무엇인가?

"Кошка ощенилась ……"

"Мама, кошка ощенилась!" 기쁨에 들떠 서로 손뼉을 치며 행복에 겨운 아이들이 엄마에게 이 중요한 소식을 전하려고 한다. 독자들은 위 내용이 체홉의 『사건 *Событие*』에 나오는 한 구절임을 이미 알고 있을 것이다. 이 아이들은 그들의 말 속에 담겨있는 내부적 모순에는 관심이 없다. 어떻게 고양이가 ощениться할 수 있단 말인가? 다시 말해 강아지를 낳을 수 있단 말인가? 물론 체홉의 작품에 등장하는 아이들은 고양이는 강아지가 아니라, 새끼고양이를 낳는다는 것을 잘 알고 있었을 것이다. 하지만 도대체 무엇 때문에 아이들은 그토록 계속해서 кошка ощенилась란 표현을 반복했단 말인가? 이것이 혹 우연히 발생한 우스꽝스러운 착각은 아닐까? 그럴 수도 있다. 그러나 위의 경우에 대해서는 아마도 아래의 설명이 좀더 설득력이 있지 않을까 싶다.

러시아어 민간 방언과 문학작품을 살펴보도록 하자. 비단 개뿐만 아니라,

늑대, 여우, 들개, 북극여우를 비롯하여 심지어는 해마나 바다표범들도 щенки를 낳을 수 있었다. 더 나아가 욕이나 비속어에서는 때로 아이들에 대해서도 (모욕적인 무시의 뉘앙스로써) щенок란 단어를 사용하였다.

아이들은 어른들로부터 늑대와 여우가 새끼를 낳았고(ощениться), 숲에서 늑대나 여우새끼(щенки)를 데려왔다는 소리를 여러 번 듣게 되면서, щениться와 щенок라는 단어를 꼭 개하고만 연관시키지는 않게 되었다. 그들에게 있어 щенок라는 개념은 강아지나 늑대새끼, 또는 여우새끼에 상관없이 동물의 새끼로 변화되게 된다. 이러한 관점에서 кошка ощенилась라는 표현은 더 이상 아무런 의미적 모순을 지니지 않게 되는데, 그것은 아이들의 머리 속에서 ощениться라는 동사의 탈어원화가 발생하였기 때문이다. 따라서 탈어원화는 언어 내에서의 어원관계의 상실을 의미한다.

탈어원화 현상들은 도처에서 나타난다. 한 예로 синие чернила와 같은 진부한 어결합을 생각해 보자. 어원론 및 가장 기초적인 논리학의 측면에서 볼 때에도 이 단어들은 кошка ощенилась와 동일한 의미적 모순을 내포하고 있다. 그러나 후자와는 달리 синие чернила나 цветное бельё 및 기타 이와 유사한 유형의 예들은 이미 오래전에 언어 내에서 자신의 권리를 획득하였다.

Хай живе Червоний Жовтень

우크라이나의 11월 집회에 참가하거나 텔레비전을 통해 끼예프인들의 축제 행렬을 시청한다면, 자주 반복되어 나타나는 슬로건(러시아어로는"Да здравствует Красный Октябрь"를 의미함)에 주의를 기울였을 것이다(우크라이나어 Червоний Жовтень은 러시아어 단어 Красный Октябрь의 번역 차용어임).

우크라이나어 단어 жовтень'10월'은 아주 명확한 어원을 지니고 있다. 이 단어의 기저형은 형용사 жовтий'노란'로서, 달의 명칭은 가을에 노랗게 물드는 나뭇잎의 색깔에서 유래하였다. червоний'붉은' жовтень이라는 어결합은 어원적 측면에서 볼 때 또다시 의미적 모순을 지니게 되지만, 실제로는 아무런 모순도 나타나지 않는다.

첫째, 우크라이나어 단어 Жовтень(첫 글자가 대문자이다!)은 절기상의 열 번째 달이 아니라, 러시아어의 Октябрь가 10월 사회주의 대혁명의 동의어이듯, 나무가 노랗게 단풍이 드는 달을 의미한다. 둘째, Червоний Жовтень이라는 어결합에서 Червоний는 Красный Октябрь라는 러시아어 어결합의 красный와 마찬가지로 역사적으로만 붉은색과 관련을 맺고 있을 뿐이다. 의미상 이 단어는 революционный라는 형용사와 동의어이다. красная конница, красные части, красные партизаны 등에 관해 이야기할 때, 이들 어결합은 말이나 부분, 빨치산의 색깔이 아니라, 모두 혁명과의 관련성을 나타내는 것들이다. красный라는 단어에 '혁명의'라는 의미가 생겨나게 된 것은 억압받던 노동자들의 자유를 위한 투쟁의 깃발이 붉은색이었다는 역사적 관련성에 의해서이다.

"여러 색깔의" 구즈베리

일반적으로 부분적 또는 전체적 어원 관계의 상실은 다양한 색깔을 나타내는 형용사들에서 아주 빈번하게 나타난다.

한 예로, 50년대의 한 유명한 대중가요의 후렴구에 나타나는 다음과 같은 노랫말을 살펴보자

Самое *синее* в мире	세상에서 가장 파란 바다는
Чёрное море моё	나의 흑해이다.

유사한 현상을 여름의 시장에서 상인과 물건 사는 사람이 나누는 짧은 대화체로 되어있는 수수께끼에서도 찾아볼 수 있다

-Скажите, у Вас чёрная?	- 당신 것은 검은색입니까?
-Нет, красная.	- 아니오, 붉은색입니다.
-А почему она белая?	- 왜 하얀색입니까?
-Потому что она зелёная.	- 왜냐하면 익지 않았으니까요.

베일에 싸인 "она"는 구즈베리를 의미한다. 검은색과 붉은색은 구즈베리가 익어가는 상태에 따른 색깔을 나타낸다. 위 대화에서 형용사 белая는 일반적인 의미로서 사용되었다(여기에서는 익지 않은 붉은색 구즈베리의 색깔을 나타냄). 형용사 зелёная는 색깔과의 직접적인 관계를 이미 상실하였다. 의미적으로 이 단어는 незрелая '익지 않은'라는 형용사와 동의어이다. 또한 зелёный юнец와 같은 어결합에서 형용사 зелёный는 본래의 색깔 의미로부터 벗어난 의미를 지니고 있다.

어결합에서 단어 의미의 모순

최초의 어원 관계 상실의 결과로 언어에는 (그 어원적 관점에서) 서로 양립할 수 없는 단어들의 결합이 많이 발생했음을 알 수 있었다. фиолетовые чернила, зелёная красная смородина 등. 그러한 양립할 수 없는 단어들 및 개념들의 결합은 언어학에서 보통 катахреза '어결합에서 단어 의미의 모순'라는 용어로 불린다.[81]

학자들은 이미 오래 전부터 이 현상에 관심을 기울였다. 유명한 고대 그리스

철학자 아리스토텔레스(기원전 384-322년)는 자신의 집필에서 катахреза라는
용어를 사용하고 있었다. 직접적 의미에 있어 모순되는 단어들로 구성된 결합
형을 사용한 예들은 가장 오래된 문헌들에서도 찾아볼 수 있다. 한 예로 호머
의 『일리아드』에는 hippoi boukoleonto'кони паслись'라는 어결합이 나타나
고 있다. 이 결합형에서 두 번째 단어는 어원적으로 그리스어의 명사 bous'소'
에 기원을 두고 있으며, 상응하는 동사의 기원적 의미는 일반적인 '방목하다'의
의미가 아닌 '소를 방목하다'였다. 따라서 어원적 관점에서 볼 때 호머가 사용
한 위의 어결합은 내적 모순-단어 의미 모순-을 지니고 있다. 이러한 어결합이
가능하게 된 것은 동사 boukoleomai'나는 방목한다'가 bous'소'라는 단어와
의 어원 관계를 상실했기 때문인데, 이는 다시 말해 탈어원화를 의미한다.

유사한 현상은 그리스어의 hippeuein ep'onu나 이탈리아어의 cavalcare un
asino'ехать верхом на осле'의 경우에서도 찾아볼 수 있다. 그리스어 단어
hippos와 이탈리아어 단어 cavallo는 '말'을 의미한다. 따라서 상응하는 동사
들은 상기의 두 예들에서 '말을 타고 가다'란 문자적인 의미를 지닌다. 이들
동사들이 탈어원화된 이후에야 이들 어결합은 넓은 의미인 '타고 가다'라는
일반적인 의미로 사용되게 되었다.

고대의 신도시와 텁석부리 "젖먹이"

단어의 탈어원화 경로는 아주 다양하다. 어떤 경우에는 문헌적으로 증명된
인종·민족의 역사 속에서 나타나기도 하고, 또 어떤 경우에는 선사시대와 같
은 오래된 고대로 거슬러 올라가기도 한다. 탈어원화 현상이 비교적 늦은 시

---

81) 그리스어 katachresis'틀린 의미로의 사용'에서 유래함.

기에 이루어진 경우에는 상실된 어원 관계를 재구하기가 용이하다. 이러한 상황의 한 예로서 다음 두 가지 예를 설명해 보기로 하겠다.

러시아의 역사를 연구하면서 맨 처음으로 접하게 되는 것이 древний Новгород다. Новгород라는 지명이 'новый город'를 의미함은 모두에게 알려진 사실이다. 그러나 новый город가 어떻게 동시에 древний가 될 수 있단 말인가? 물론 Новгород가 새로운 도시의 의미를 지닐 수 있었던 때는 그 도시가 존재했던 가장 오래된 시기에서만 가능했다. 해가 바뀌고 수 세기가 흐르면서 도시는 나이를 먹었지만, 그 이름은 변화되지 않고 남았다. 어원 분석 자료들을 통해 древний Новгород라는 어결합에서 나타나는 의미적 모순이 그것으로써 설명된다.

이와 유사한 경우를 스페인어의 infante라는 단어에서도 찾아볼 수 있다. 스페인어는 라틴어에 기원을 두고 있는 로망스 제어에 포함되는 언어이다. 따라서 많은 스페인어 단어들은 라틴어의 언어 자료를 통해 어원이 밝혀진다. 라틴어에서 infans라는 단어는 '말을 못하는, 말을 할 줄 모르는'이라는 문자적 의미를 지니고 있었다. 처음에 이 단어는 아직 말하는 법을 배우지 못한 젖먹이들과 관련해서만 사용되었다. 후에 이 단어는 '아이, 아기'라는 좀 더 넓은 의미로 사용되기 시작했다.[82] 대격형 infantem이 스페인어에 유입되어 현대어 형태인 infante의 모습을 갖추게 되었다. 스페인어 infante는 현재까지도 '7세 이전의 어린아이'라는 의미를 유지하게 되었다.

그러나 그와 더불어 중세에 infante라는 단어는 스페인에서 역사예술문학을 통해 독자들에게 잘 알려진 공식 칭호로 변화되었다. 즉, инфант와 инфанта는 스페인에서 왕가의 혈통을 지닌 자손들을 의미하게 되었다. 왕위를 계승받지 못한 스페인 왕자는 백발이 성성한 노인이 되고, 덥수룩한 수염을 길러서도 여전히 инфант라는 호칭으로 불려졌다. 이처럼 스페인어의 infante '왕자'라는 단어는 러시아어의 Новгород처럼 자신의 어원으로부터 "성장하였다".

---

82) 러시아어 инфантильный '어린애다운, 천진한'와 비교해 보시오.

흥미로운 사실은 현대 영어에서 infant라는 단어가 '미성년'이라는 의미를 갖는 법률용어로서 사용되고 있다는 점이다.

라틴어의 infans'젖먹이'라는 단어의 역사는 위의 예로서만 국한되는 것은 아니다. 스페인어와 이탈리아어에서 infante는 '보병'이라는 의미도 지니게 되었다. 여기에서 발생한 의미적 발전('아기'→'청년'→'보병')은 러시아어의 ребята라는 단어가 갖는 의미 발전과 유사한데, 혁명 전 군대에서 ребята라는 단어는 장교가 사병을 부르는 공식 호칭이었다. "Здорово, ребята!", "Ребята, за мной!" 등. ребята가 지니는 바로 이러한 의미는 러시아 민요들에도 반영되었다(солдатушки-ребятушки).

스페인어 단어 infanteria, 프랑스어 infanterie, 영어 infantry, 독어 Infanterie 등의 단어는 모두 '보병'의 의미를 지니고 있다. 한때 инфантерия라는 단어가 러시아어에도 존재했으나(генерал от инфантерии), 1917년 이후에 이 단어는 현대어인 пехота에 의해 완전히 밀려나게 되었다.

"꼬마야, 맥주!"

아무 생각 없이 다가온 상인이 나이든 종업원에게 이렇게 소리친다. 그는 프랑스어로 garçon이 '꼬마'를 의미하며, 그가 부른 그 꼬마가 그에게는 할아버지뻘이라는 것을 알지 못했다.

호칭 형태는 자주 탈어원화에 놓이게 되는데, 특히 이는 서비스 영역에서 자주 일어난다. "레몬에이드 있습니까?"- 판매원에게 묻는다. 아무런 대답이 없다. "말씀해 주세요, 레몬에이드 있습니까?" 판매원은 자신의 동료와 이야기에 몰두해 있으므로, 아무런 반응을 보이지 않는다. "아가씨*девушка*, 레몬에이드 있습니까?"- 3번째로 묻는다. "예, 있습니다!"- 50대의 판매원 여자가 활기차게 대답한다. 단어 девушка가 사용되는 영역은 비정상적이리만큼 확대되었으며, 이 단어는 의미적 투명성에도 불구하고, 어원 관계를 상실한 채 사람을 부르는 "호칭"이 되었다.

구어에서 молодой человек는 젊음과 관계없이 남자를 부르는 일상어가 되었다.

최근에는 старик라는 단어가 젊은 사람들이 서로를 부르는 유행어가 되었는데, 이러한 상황에서 이 단어는 일정 단계의 탈어원화 과정 속에서 유머 감각 있는 색채를 지니고 사용되고 있다. 바로 그러한 이유로 젊지 않은 사람들에 의해 사용되는 старик라는 단어는 우스꽝스러운 뉘앙스를 주게 된다. 왜냐하면 이 경우에는 탈어원화 행위가 제거되기 때문이다.

이처럼 같은 단어가 탈어원화뿐 아니라 비탈어원화 된 형태로서 모두 작용할 수 있는데, 이는 발화의 전체적인 문맥에 달려 있다.

마지막으로 언급해야 할 점은 단어 의미의 모순은 언어 밖에서 일어난 변화들의 결과로서 생겨날 수도 있다는 사실이다. 예를 들어, 원자*атом*라는 단어는 그리스어의 atomos'잘려지지 않는'에서 유래하였다. 그러나 톰슨의 연구 이후에 원자는 더 작은 단위로 나누어질 수 있음이 확인되면서, 이 단어가 지니고 있던 실질적 의미는 어원적 모순을 초래하였다. 이 경우에서 나타난 단어 의미의 모순은 단어 의미 변화의 결과가 아니라, 해당 단어가 지시하는 대상에 대한 지식이 심화된 결과이다.

탈어원화와 어원론

한 단어의 부분적 또는 전체적 탈어원화의 다양한 경우들을 그토록 상세하게 설명한 이유는 어디에 있는가? 이것은 탈어원화가 없이는 어원론이 존재할 수 없다는 평범한 이유 때문이다. 만일 한 언어에서 단어들 사이에 어원 관계의 끊임없는 상실이 일어나지 않았더라면, 단어의 기원이 비전문가들에게도 명백하게 보일 것이므로, 학자들은 어원론을 학문으로서 정립할 아무런 필요성도 느끼지 못했을 것이다.

본질적으로 한 언어에서 그 기원이 불투명한 모든 단어들은 여러 시기에 걸쳐 탈어원화를 겪은 것들이다. 바로 이러한 과정의 결과로 파괴된 고대 어원 관계들을 재생하는 것이 어원학자들의 임무이다. 다시 말해 이는 탈어원화 행위에 의해 파괴된 것을 재구하는 것을 말한다.

제20장 어원론, 단어 사용, 단어 창조

언어에서 탈어원화와 관련된 문제들은 순수 이론적인 견지에서뿐만 아니라, 실제적인 견지에서도 중요한 의미를 지닌다. 말의 문화에 관한 다양한 종류의 책과 논문의 저자들은 발화의 옳고 그름을 논하면서, 자주 자신의 논거를 어원론에 두고 있다.『우리는 올바르게 말하고 있는가?*Правильно ли мы говорим?*』또는『올바르게 말하세요*Говорите правильно*』와 같은 유형의 제목을 가진 책들은 대개 독자들에게 그 안에 소개된 내용의 정확성에 대해 아무런 의심도 남겨두지 않기 때문에, 대부분 "행동 지침"처럼 여겨진다. 그렇지만 어원론을 근거로 하여 그러한 소개를 하는 작가들은 많은 경우 탈어원화 및 단어 의미 모순과 관련된 언어 발전의 특수성을 고려하지 않고 있다.

창문을 여는 것이 가능한가?

작가 찌모페예프[83]는 закрой дверь 또는 открой окно와 같은 단어의 결합을 오류로 여겼다. 그가 이러한 자신의 이상한 주장의 근거로 삼은 것은 무

---

83) Борис Тимофеев. *Правильно ли мы говорим?* Заметки писателя. Лениздат, 1960, стр. 60-62.

엇인가? 그것은 명사 кров '지붕', крыша '덮개', крышка '덮개'와 동일한 어근을 가지고 있는 동사 закрыть와 открыть의 어원에 의거하기 때문이다. 따라서 "어원적으로" сундук '상자', шкатулка '귀중품함', кастрюля '냄비' 등과 같이 뚜껑이 있는 물체들만이 закрыть 또는 открыть 할 수 있다는 것이다. дверь 또는 окно는 открываться되는 것이 아니라, отворяться된다는 것이다.

만일 언어에 탈어원화가 없거나, 단어가 자신의 의미를 변화시키는 능력이 없다면, 이러한 증명과 판단에 관한 모든 것은 사실로 여겨질 것이다. 또한, 만일 단어의 어원적 관점을 통해 단어의 사용에 접근한다면, 우리는 콜럼버스가 아메리카 대륙을 открыл했다고 말해야 하는가, 아니면 отворил했다고 말해야 하는가? 아메리카 대륙은 뚜껑도 개폐장치도 없지 않은가?

어원 분석에 의한 억지 논리로 실제 단어 사용이 결정될 수는 없다. 단어 사용은 매 경우에 단어의 어원을 지향해서는 안 된다. 더욱이 많은 단어들은 확실하게 규정된 어원을 가지고 있지도 않다. 그렇지 않으면, 우리는 임의의 어결합을 사용하기에 앞서 매번 어원사전을 펼쳐보고, 상응하는 정보에 따라야만 할 것이다.

인용된 책의 작가는 우리가 반드시 창문과 문을 отворять와 затворять 하도록 요구하면서, 뿌쉬낀의 주인공 따찌야나의 유명한 말을 기억하도록 강요하고 있다:

Не спится   няня: здесь так душно!   유모, 잠이 오지 않아. 여긴 너무 더워!
Открой окно да сядь ко мне.   창문을 열고, 내 곁으로 와.

이것에 관해 책 『우리는 올바르게 말하고 있는가?』에는 이렇게 쓰여 있다:

뿌쉬낀 자신의 증거에 따르면, 따찌야나는 (예브게니 오네긴 3장 26절):
        …… 러시아어를 잘 몰랐고,

우리나라 잡지도 읽지 못했다.
그리고 자신의 모국어로
표현하는 것에 힘들어했다 ……
그래서 그녀는 단어 отвори와 открой 사이의 미묘한 차이를 알지 못했다.

만약 찌모페예프의 주장이 옳다고 한다면, 우리는 뿌쉬낀 자신이 그러한 미묘함을 충분히 이해할 수 없었다는 결론에 도달하게 될 것임에 틀림없다. 왜냐하면 그는 따찌야나와 동일한 의미로 동사 открыть를 사용했다.

Едва дыша, встает она; 간신히 숨을 쉬면서, 그녀는 일어난다.
Идёт; рукою торопливой 걸어간다. 조급한 손으로
Открыла дверь …… 문을 열었다 ……
　　　　　　　　　　　　『바흐치사라이의 분수』

앞에서 인용한 대단히 이상스런 소개에 따르면 ломиться в открытую дверь 또는 день открытых дверей와 같은 표현들 또한 결코 언급되어서는 안 될 것이다.

Кавалькада машин

단어 открыть와 отворить의 경우는, 단어를 그 어원과 완전하게 일치시켜 사용하려는 노력이 어떤 실수를 초래하는가를 보여준다. 하지만 요즈음 유사한 경향이 아주 폭넓게 확산되었다. 한 예를 살펴보자.

신문, 잡지에서 자주 кавалькада машин이란 단어의 결합이 나타난다. 그러한 단어 사용이 과연 적합한가? 『Русская речь』란 잡지에 게재된 한 기사에

서 кавалькада машин은 잘못된 어결합이라고 하였다. 무엇 때문인가? 역시 어원적 이유 때문이다. 단어 кавалькада'기마행렬'는 어원적으로 라틴어 caballus, 이탈리아어 cavallo'말'로부터 유래했다.

이것은 확실하다. 여기서만은 단어의 탈어원화의 가능성이 고려되지 않는다. 위에서 우리는 이미 이탈리아 동사 cavalcare가 cavallo'말'란 단어와 관련되지 않은 단어 사용을 허용하면서, 이탈리아어에서 탈어원화 되었다는 것을 보았다(예를 들어, cavalcare un asino'당나귀를 타고 가다'). 만약, 단어 cavalcare와 cavallo사이의 어원 관계가 겉으로 드러나 있는 이탈리아어에서조차 동사 cavalcare의 탈어원화가 가능하다면, 그리고 만일 그 단어의 라틴어 (또는 이탈리아어) 어원을 구실 삼아, 단어 кавалькада의 비유적 사용을 금지한다면, 우리는 왕 자신보다 더 강력한 왕정주의자가 되는 것은 아닐까?!

우리 언어의 생기와 활력은 그것의 은유 능력과 많은 부분 연관되어 있다. вереница мыслей/уток'사고, 오리의 행렬'; лавина казаков'까자끄 무리'; цепочка фонарей/машин/матросов'열을 지어 늘어 선 가로등, 자동차, 수병'과 같은 단어 결합을 생각해 보자. 이런 모든 예에서 단어 사용은 그 어원과 모순된다. 게다가 кавалькада машин과는 달리-동일한 언어 범주 내에서 발생한 것이다. 그러한 "모순"과 "파괴"가 없었다면, 우리의 언어는 오래 전에 바싹 마른 미라로 변해버렸을 것이다. 농담도, 암시도, 단어 놀이도, 명료한 표현도 그것을 막지는 못했을 것이다. 왜냐하면 모든 단어가 단지 자신의 어원이 정해준 의미로만 이용될 것이기 때문이다. 그 언어에서는 오리가 어째서*отчего* 수영을 하는지에 대한 질문에 대해 오직 하나의 대답만이 가능할 것이다. "강가로부터*от берега*." 그리고 "왜*почему* 오리가 수영을 하지?"란 질문엔, "물위를*по воде*"이라고만 답하게 될 것이다.

피뢰침은 무엇을 피하게 해 주는가?

어원적으로 모순된 단어와 단어 결합을 우리는 우리의 말 속에서 계속해서 이용한다. 만약, 단어의 어원을 단어 사용의 기준으로 삼아야 한다면, 우리는 우리의 언어를 본질적으로 완전히 고쳐야한다.

단어 атом은 어원적으로 '잘려지지 않는'을 의미한다. 그의 가까운 "친척"으로 анатом '해부학 전문가'가 있다. 그리스어 단어 tomē '분리, 절단'와 a-том '잘려지지 않는', ана-том '해체된, 잘려진 시체'를 비교해 보시오. 단어 анатом 의 최초의 의미는 사라졌고, 라틴어 기원의 단어 резектор가 러시아어에서 그 의미를 대신하게 되었다. 단어 атом과 анатом에서 그들의 어원과 단어 사용 사이에는 명백한 불일치가 존재한다.

우리는 громоотвод '피뢰침'가 천둥 *гром*이 아니라, 벼락 *молния*을 비껴가게 하는 것임을 알고 있다. 그럼에도 불구하고, 우리는 이 단어의 어원적 황당무계함에 결코 당황하지 않고, 그것을 잘 이용하고 있다. летучая мышь '박쥐'는 결코 쥐가 아니고, 러시아 민담의 рыба-кит '고래'도 물고기가 아니다. 러시아어 방언에서도 тринога '발 없는(!) 커다란 대야'와 триножичка '네 개의(!) 기둥으로 지탱하는 광'과 같은 어원적으로 투명한 단어와 만날 수 있다. цветное бельё, свободная вокансия(라틴어 vacare '자유롭다'로부터), древний Новгород, монументальный памятник(비교: 라틴어 monumentum '기념비')와 그 밖의 많은 다른 결합들은 그 내부에 그러한 결합의 사용을 조금도 방해하지 않는 명백한 어원적 "반복" 또는 "모순"을 포함하고 있다.

다양한 언어와 방언들에서 이런 종류의 예들은 끝없이 계속될 수 있다. 그들은 단어 사용과 관련된 문제를 해결하고자 할 때 주된 판단 근거가 어원이 아니라는 것을 증명해준다.

어디에서 기준을 찾는가?

이런 경우 모든 개별적인 경우에 있어서 단어 사용에 대해 어떤 규범을 확립해야하는지에 대한 주된 기준을 어디서 찾아야 할 것인가?

그에 관해 이미 2천년 전에 유명한 로마의 시인 호라티우스가 합리적인 판단을 내렸다. 자신의 시작법에 관한 논문 "시작법에 관하여*О поэтическом искусстве*"에서 그는 usus'풍속, 관습, 관례'가 임의의 단어의 사용 또는 사용 불가 규범을 규정한다고 썼다. 즉, 호라티우스에 따르면, 관례는 단어 사용 규범 문제에 대한 상급 재판관이다.

많은 단어의 역사가 그러한 관점의 공정성을 주장하고 있다. 즉, 예를 들어 어원적으로 부사 довольно(до＋воля)와 연관된, 최초의 의미인 '만족스럽다'를 갖고 있던 단어 довлеть는 명사 давление 및 동사 давить와의 음성적 유사성으로 인해 '제압하다'란 새로운 의미를 얻었다. 다양한 사전의 저자들과 몇몇 작가들이 여러 가지 방법으로 그런 단어 사용이 잘못된 것이고, 동사 довлеть에 새로운 의미를 추가해서는 안 되며, 이것은 어원적 관점과는 어울리지 않는다는 등의 사실을 반복했다. 그리하여 우샤꼬프*Д. Н. Ушаков* 교수가 편찬한 『러시아어 해석 사전*Толковый словарь русского языка*』의 довлеть의 항목에는 다음과 같이 언급되고 있다. "얼마 전부터 이 단어의 의미로 '-를 제압하다'란 옳지 않은 사용과 부딪히게 되었다." 시간이 경과되었다. 사전의 금지에도 불구하고 많은 작가들(티호노프*Н. Тихонов*, 페딘*К. Федин* 및 다른 사람들)은 새로운 의미로 동사 довлеть를 계속해서 사용했다. 22년이 흐르고 네 권으로 구성된 『러시아어 사전*Словарь русского языка*』의 1권에서 동사 довлеть의 어원적으로 올바른 의미는 "고어"라는 표기와 함께 주어지고, 새로운 "옳지 않은" 의미는 아무런 비판적인 언급 없이 제시되었다.

이런 종류의 또 다른 예가 단어 абитуриент이다. 어원적으로 확실한 그것의 의미는 '졸업생, 졸업 시험을 통과한 학생'(라틴어 abiturus'떠나려는 사람'로부터 유래)이다. 최근 이 단어의 '고등교육기관에 들어가려는 사람', '입학시험에 합격한 학생'이란 어원적으로 잘못된 의미로의 사용이 확산되었다. 새로운 단어사용의 반대자들이 많은 종류의 기사와 논문에서 이것에 관해 썼다. 그러나 결국에는 학문적 도그마가 아닌, 관례가 승리하였다. 이와 관련하여 "단어 абитуриент의 새로운 사용에 대한 무익한 논쟁을 중지하자"는 스끄보르쪼프*Л. И. Скворцов*의 제안에 동의하지 않을 수 없다(『Русская речь』, 1971, No4, стр.82) .

Есть ли на Луне земля?

탈어원화와 관련된 문제는 단어 사용 기준 결정을 위함뿐만 아니라, 새로운 단어와 용어 창조의 과정에서도 중요한 의미를 지닌다. 우주 정복의 시대와 더불어 언어학자들 앞에 중요한 과제가 제기되었다. 그것은 새로운 (특히, 우주와 관련된) 용어 생성을 결정하는 규범성을 밝히는 문제이다. 여기서 많은, 때로는 예기치 않은 문제들이 발생한다. 그런 예를 들어보자.

『땅과 하늘*Земля и небо*』의 저자인 볼꼬프*А. М. Волков*는 자신의 젊은 독자들 중 한사람으로부터 다음과 같은 질문이 든 편지를 받았다: "달에 땅이 있나요?*Есть ли на Луне земля?*" 이 질문에 대한 작가의 대답은 대단히 흥미로웠다. 그래서 그 전문을 인용한다.

"이제 외부 문이 열린다. 그리고 우리는 우주선에서 나와, 내려진 계단을 따라 내려와서, 달의 지반을 밟는다. …… 그것을 어떻게 불러야 하는가? 우리의 혹성에서 우리는 땅*земля* 위를 걷고, 흙*земля* 한 줌을 손에 움켜쥐고, 서로에게 흙*земля*을 던진다. …… 여기서는? 말하기가 우습다. 나는 луна 한 줌을 집어서, 동료에게 луна를 집어던진다. 오랜 습관에 따라 표현해야 한다.

Я иду по земле, я упал на землю. 그러나 그 땅*земля*은 달의*лунная* 땅이라
는 것을 기억해야 할 것이다."

이 대답에는 **Я взял горсточку луны**같은 표현의 불합리성이 매우 기본적
인 (비록 일반적으로 알려져 있기는 하지만) 논리적 실수에 의해 설명됨을
덧붙여야만 할 필요가 있다. 중요한 것은 러시아어에서 단어 земля의 다양한
의미, 특히 земля'땅, 흙', земля'육지'와 Земля'지구'를 구별해야만 한다는 것
이다. 많은 언어에서 그러한 의미들은 다양한 단어로 전달된다. 예를 들어,
'땅'과 '육지'의 의미는 독일어에서는 Grund와 Land로 전달되고, 영어에서
는 ground와 land로 전달된다. 그리고 '지구'는 독일어로 Erde, 영어로는
earth이다. 결과적으로 이들 언어에서는 볼꼬프의 대답에서 우리가 부딪히
는 문제가 발생할 수 없다. 독일어와 영어에서는 달에도 땅과 흙이 있는가라
는 완전히 적법한 문제만이 가능하다. 왜냐하면 아무도 달에 Земля'지구'가
있느냐고 물어볼 수 없기 때문이다.

볼꼬프의 독자는 대략 다음과 같이 판단한 것 같다: 만일 지구*Земля*의 표
층을 земля라고 부른다면, 달*Луна*의 표층도 луна라고 불러야만 한다. 여기에
서는 두 개의 상이한 개념이 동일한 단어에 의해 표현되는 경우와 같은 언어
의 마술적 행위를 언급하고 있다. 그러한 언어의 사용자들에게는 가끔, 색맹
이 푸른색과 붉은색을 구별하는 것처럼, 동일한 단어의 다양한 의미를 어렵
게 식별해야 할 때가 있다.

앞서 살펴본 잘못의 본질을 밝혀내기 위해서, 비슷한 난센스를 인용해보자.
만약 *Зима*란 기차역에서 가장 추운 계절 겨울을 зима라고 부른다면, 요컨대
*Москва*에서는 그 시기를 москва라고 불러야만 하는가?

달 착륙과 달의 지진

우주시대는 우리 언어에 많은 양의 우주 관련 단어와 용어의 출현을 야기했다. 알다시피 그들 중 몇 가지는 성공적이어서, 확실하게 러시아어에 뿌리내렸다. 그러나 단어와 용어 생성에 대한 지나친 몰두는 (특히 기자들이 극성이다) 명백하게 성공적이지 못한 일련의 단어를 생성하는 결과를 초래하였고, 우주 관련 용어에서 명백한 모순을 초래하였다.

최초의 소련 우주선이 달 표면에 도달했을 때, 러시아어에서는 새로운 단어들인 прилуниться와 прилунение가 생겨났다. 물론, 우리에게는 이미 오래 전부터 알려진 단어인 приземлиться가 있었다. 그러나 이 경우에 새로운 단어 창조자들의 견해에 의하면 приземлиться на Луне란 결합에서는 (красные чернила처럼) 어원적 모순이 발생한다는 것이다. 이런 모순을 피하기 위해서 러시아어에 새로운 동사인 прилуниться가 도입되었다.

새로운 단어는 자신의 등장 초기에는 열렬한 지지를 받았다. 그러나 이제 최근에 발생한 단어들을 진지하게 살펴보는 시간이 도래했다.

유감스럽게도, прилуниться와 прилунение란 단어의 창조시에 단어 земля의 개별 의미들을 구별하지 못하는 어원적 "색맹"이 발생했다. 위에서 언급한 의미 중에서 어떤 것이 동사 приземлиться의 기초에 놓여 있는가? 당연히 '지구'가 아닌, '단단한 표면, 땅' 또는 '육지'이다. 그것을 통해 무엇을 알 수 있는가? 우선, приземлиться-приводниться 대립을 살펴보자. приземлиться는 '단단한 표면, 육지에 내리다'라는 의미를 가지고 있을 뿐, '지구와 접촉하다'란 의미는 없다. 우주선은 приземлиться할 뿐만 아니라, приводниться도 한다. 다시 말해서 우주 비행과 관련하여 동사 приземлиться는 그에 상응하는 прилуниться를 생성시킬 만한 의미를 가지고 있지 않다. 만약 동사 приземлиться (독일어로 landen 또는 영어로 to land)가 '(지구가 아니라) 땅에 내리다'라는 의미를 가지고 있다면, 그 단어의 달에 대한 "분신"인 прилуниться는 한 움큼 집어서, 던질 수 있는 луна 그 자체로부터 형성된 것을 나타낼 것이다.

용어 лунотрясение에 관해서도 언급할 필요가 있다. 지구 또는 달이 흔들리는 것이 아니라, 지각의 일정 부분 즉, 행성의 표층이 흔들리는 것이다. 그러므로 이 용어 또한 성공적이라고 인정하기 어렵다. 아마도 이런 문제는 제기할 가치도 없을지 모른다. 그런데 만일 громоотвод가 건재하다면, 왜 лунотрясение는 존재할 수 없는 것일까? 그러나 오늘날 새로운 용어 생성이라는 중요한 문제를 자유롭게 방임하는 것이 합리적일 것이라고는 생각지 않는다.

'달 착륙하다'와 '수성에 착륙하다'

прилуниться와 лунотрясение같은 단어 생성시에 발생하는 논리적이고 어원적인 오류와 부정확성은 결국 이 단어들의 미래에 대한 문제를 해결할 수 없게 하였다. 더 심각한 것은 살펴본 신조어들의 또 다른 부족이다.

1966년 3월 소련 우주선이 금성에 도착했다. прилунение 경우와 같은 논리에 의거하여 우리는 ракета привенерилась라고 말해야만 할 것이고, 더 나아가 러시아어에 동사 примарситься, примеркуриться, приплутониться 등의 출현을 기대할 수 있을 것이다. 사냥개자리의 행성 중 하나에 도착한 우주 탐험대에 대한 우스갯소리가 있다. 탐험대장은 우주선이 목적지에 순조롭게 "개에 내렸다*присобачиться*"는 것을 알리는 전보를 지구로 보냈다.

아마도 그러한 새로운 용어의 생성 방법이 결코 성공적이라고 느껴지지는 않을 것이다. 이와 같은 경우에는 행성의 명칭과 관계없이, 우주선의 행성 도착을 의미하는 공통된 용어가 필요하다. 러시아어에서 이 문제를 어떻게 구체적으로 해결할 것인지 지금 이야기하기는 어렵다. 새로운 단어를 만들든지, 아니면 어떤 행성의 명칭과도 어원적으로 관련되지 않은 이전의 단어가 이용될 수도 있다(сесть 또는 совершить посадку와 같은 유형). 그러나 приземлиться на Луне, на Марсе, на Нептуне 등과 같은 결합에서 동사 приземлиться의 이용 가능성을 이론적으로 제외시켜서는 안 된다.

게다가 이미 мягкая посадка на Луне란 표현이 прилунение를 대체하고 있고, геология Луны를 лунология 또는 селенология[84]보다 더 자주 접할 수 있다. 우리의 "땅"에 관련된 학술 용어들의 어두에 나타나는 гео-를 луно- 또는 селено-로 바꾸는 것은 매우 간단한 일이었을 것이다. 그러나 새로이 형성된 단어 селенология가 러시아어에서는 "달의 지질학*геология Луны*"이 아니라 "달에 관한 학문*наука о Луне*"으로 파악되기 시작한 것은 곤란한 일이다. 그 원인은 조어-의미 모델에 있다: антропология'인간에 관한 학문'(그리스어 anthrōpos'인간'), ихтиология'어류를 연구하는 학문'(동물학 분과, 그리스어 ichthys'물고기'로부터), минералогия'광물에 관한 학문' 등. 이런 견지에서 단어 геология는 어원적으로는 "정확하지 않다." 그것은 땅에 관한 학문 전반을 의미하는 것이 아니라(그리스어 gē'땅'), 단지 지표에 관한 학문을 의미하는 것이다.

그것이 우리가 신문에서 그렇게 자주 달의 지질학적*геологический* 과정, 달 표면의 기하학적*геометрический* 구조, 달 측량*геодезический*, 달의 굴토 *землеройные* 설비 등과 같은 결합을 보게 되는 이유이다. 합성명사의 첫 번째 성분인 гео-의 탈어원화는 우리의 "땅"에 대한 용어를 토대로 태양계(궁극에는 태양계 외에도)의 모든 행성에 대해 똑같이 적합한 보편적 용어를 만들 수 있게 해준다. 만일, 우리가 모든 천체를 위한 "개별적인" 용어를 생성해낸다면, 우리는 다음과 같은 그런 단순한 신문의 구절들을 접할 수 없을 것이다. Что может дать науке сравнение геологической истории разных планет? '다양한 행성의 지질 역사 비교가 학문에 무엇을 줄 수 있는가?' 실제로 달에

---

84) 그리스어 selēne'달'에서

대해 그 역사는 селенологический로, 명왕성에 대해서는 плутонологический 로, 금성에 대해서는 афродитологический[85]라고 해야 할 것이다.

결과적으로 새로운 우주 어휘의 틀 속에서 보편적 용어 생성의 중요한 방법 중 하나는 우리의 구체적인 "땅"과 연관된 단어의 탈어원화일 것이다. 얼마 전에 생성된 우주 관련 단어 중 어떤 것은 언어에 보존되고, 어떤 것은 없어졌다는 문제에 집착할 필요는 없다. 우리의 과제는 언어 역사에서 어원적 요소뿐만 아니라, 탈어원화의 역할도 고려하여 새로운 단어 생성에 좀더 엄격한 태도를 취하는 것이다

*   *   *

그러므로 단어 사용과 단어 창조의 예에서 우리는 탈어원화의 실제적 중요성을 확인하였다. 탈어원화는 보편적 개념과 용어를 생산하는 과정에서 중요한 언어적 수단 가운데 하나였으며, 지금도 그러하다. 즉, 형용사 чёрный 와의 명백한 관계에도 불구하고, 단어 чернила의 부분적 탈어원화는 우리에게 синие, зелёные 등과 чернила와의 결합을 자유로이 사용하도록 허락한다. 그러나 모든 개별적인 경우를 위한 синила, краснила, зеленила와 같은 독립적인 단어형은 생성이 허용되지 않는다. 또한 чёрные чернила와 같은 결합을 지금은 아무도 масло масляное와 같은 동어반복형으로 보지 않는다.

위에서 제시된 모든 예들은 탈어원화가 규범 파괴도 아니고, 어원적으로 불합리한 것을 생성해내는 변질도 아닌, 언어사의 규범적 현상임을 말해준다. 단어의 어원에 모순되는 모든 것을 제거하려는 노력은 언어의 "정화"를 가져오는 것이 아니라, 우리 언어의 빈곤만을 가져올 수 있다.

---

85) Венера는 그리스의 사랑의 여신 Афродита의 라틴식 이름이다.

제21장 신어의 어원 규정

무엇보다도 먼저 "신어"라는 개념이 대단히 조건적인 것임을 언급해두어야
만 하겠다. 언어에서 신어와 고어(사어) 간의 관계는 대단히 기묘한 형태로
얽혀 있다. 몇몇 예들을 통해 그와 같은 사실을 알아볼 것이다.

사어화된 신어와 부활한 고어

небо, луна, мать, брат, новый, два, дом 등의 많은 단어들은 우리의 현재
언어와 우리 선조들의 언어 속에서 수천 년 동안 존재해 오고 있다. 그리고
그 단어들은 그 연원이 오래됨에도 불구하고, 고어로서 여겨지지는 않는다.

외국어에서 기원한 신어들이 모국어 단어들에 의해 대치될 때, 때로 그 단
어들의 완전한 소멸 혹은 고어화가 특히 자주 관찰된다. 즉, 차용어 геликоптер
는 러시아어 вертолёт로, аэроплан은 самолёт 등으로 대치되었다. 유사한 예
들을 스포츠 용어 분야에서 적지 않게 찾아볼 수 있다. голкипер-вратарь,
бек-защитник, хавбек-полузащитник, корнер-угловой (удар).

그렇다면 고어화된 어휘들은 언어 내에서 영원히 사라지는 것일까? 대개의
경우는 그렇지만, 그렇지 않은 경우도 가끔 찾아볼 수 있다. 즉, 예를 들어

майор란 단어는 뾰뜨르 대제에 의해 상응하는 명칭이 도입된 이후 러시아어에서 고어가 되었고, 19세기말에는 사라졌었다. 그 후 소련군에서 계급의 명칭으로 도입됨에 따라 майор는 러시아어에서 자신의 두 번째 삶을 살게 되었다.

비슷한 경우가 ударник'모범적인 생산활동가(노동자)'란 단어에서도 발생했다. 30년대에 그 단어는 자신의 의미를 стахановец란 단어에게 빼앗겼다.

그러나 얼마 지나지 않아 (유구한 언어의 역사와 비교할 때) 우리는 '모범적인 생산활동가'란 의미로 ударник를 다시 사용하고 있다.

때때로 고어들은 재등장하면서 언젠가 자신들이 가졌던 것과 전혀 다른 의미를 가지기도 한다. 즉, 러시아 민화 속의 ковёр-самолёт 또는 방언의 самолёт (①나룻배 모양, ②베틀의 북)는 현재의 самолёт와는 공통점이 별로 없다. 현재 축구 또는 하키의 вратарь에서 과거 '문지기'의 의미를 지녔던 вратарь의 의미를 알 수는 없을 것이다.

앞에서 살펴본 단어의 역사 속에서 나타나는 특징들에 관해서 호라티우스는 이미 다음과 같이 언급한 바 있다: "이미 사라진 단어들 가운데 많은 단어가 다시 살아날 것이고, 현재 존중되어지는 단어들 가운데 많은 것은 (언어 속에서) 사라질 것이다."

가까운 어원

여태까지 우리의 주요 관심은 인도유럽어의 음성적 일치와 고대의 조어 구조 재구 등을 통해 그 어원을 밝힐 수 있는 단어들에 집중되었다. 다시 말해 우리는 인도유럽어 시대 혹은, 최소한 공통 슬라브어시대에 계속적인 관심을 기울여야 하였다.

그러나 우리 언어 속에는 얼마 전, 예를 들어 5년, 50년 혹은 500년 전에 발생한 단어들도 존재한다. 인도유럽어의 고대성에 비추어보면 5년 혹은 500년 전에 발생한 단어들은 완전히 "신어"로서 여겨질 수 있다. 게다가 광범위한 국제적 문화 관계와 최근 수 세기 동안의 기술 과정을 반영하는 그 어휘들의 특성도 고려되어야 할 필요가 있다.

자신의 어원을 다양한 공통슬라브어 및 인도유럽어의 재구에 의존하지 않는 단어들을 본 장에서는 "신어"라고 전체적으로 명명할 것이다. 샨스끼*H.M. Шанский*는 그러한 유형의 단어들의 어원을 인도유럽어 친족어 자료들을 고려해야만 하는 "먼" 어원과 구별하여 "가까운" 어원으로 분류하였다.

힘겨운 신어들

얼핏 보기에 "가까운" 어원은 "먼" 어원보다 어느 정도 쉽다고 여겨질 수 있다. 그렇지만 그러한 견해는 커다란 잘못이라고 여겨진다. 새로운 단어들 가운데에는, 비록 그 단어들이 러시아어에 아주 최근에 나타났다고 하더라도 그 어원을 밝히기 대단히 힘든 경우가 적지 않다. майка를 예로 들어보자. 어떤 어원학자들은 그것이 명사 май에서 형성되었다고 본다(비록 5월에 러닝셔츠를 입기에는 조금 추울지라도). 다른 학자들은 네덜란드어에서 기원한 폴란드어인 majtki '선원들의 바지'를 майка의 어원으로 여긴다. 그런데 여기에는 어떻게 '바지'가 '러닝셔츠'로 바뀌었나 하는 불명확한 부분이 있다. 또 다른 사람들은 러시아어 майка와 세르보-크로아티아어 maja '러닝셔츠'가 이탈리아어 maglia 또는 프랑스어 maillot로부터 차용되었다고 생각한다. 그리고 우리가 러시아어 어원사전들을 펼쳐본다면, 그곳에서 우리는 майка에 대한 결코 동일하지 않은 어원들을 발견하게 될 것이다. 사전들에 이 단어가 최초로 기록된 시기는 겨우 1930년대이다.

　　단어 **майка**의 어원에 대해 특별히 연구했었던 헝가리인 언어학자 키쉬*Л. Киш* 는 그 연구를 토대로 하여 다음과 같이 썼다. "새로운 어휘를 연구하면서, 어원학자는 보다 겸손해진다. 거의 우리의 눈앞에서 발생한 단어들도 종종 최종적인 어원 판정을 내리기가 어려울진대, 오래된 단어들의 기원에 대한 판정에서야 연구자가 어찌 특별히 신중해지지 않을 수 있을까?"

새로운 단어의 저자들

　　몇몇 경우에 있어서는 새로운 단어들의 어원뿐 아니라, 그들의 창조자까지도 우리에게 알려져 있다. 즉, **утопия**란 단어는 15-16세기 영국의 인문학자인 토마스 모어에 의해, **фауна**는 18세기 스웨덴의 자연과학자인 린네이, **лилипут** 는 18세기 초 영국 작가인 스위프트, **деепричастие**는 16-17세기 우크라이나의 학자인 스모뜨리쯔끼에 의해 만들어졌다. 그 외에도 다음과 같은 새로운 단어들과 그 창조자들을 열거해 볼 수 있다. **вандализм**(그레고어*A. Грегуар*), **промышленность**(까람진*Н. М. Карамзин*), **газ**(헬몬트*Я. Гельмонт*), **робот**(카렐 차펙 *К. Чапек*), **заумь**(끄루초느이흐*A. Кручёных*), **оэкранить**(세베랴닌*И. Северянин*).

　　앞에서 이미 살펴보았듯이, 로모노소프는 많은 신어와 용어들을 만들었다. 새로운 단어들 가운데 몇몇은 (특히, 로모노소프가 만든) 번역차용어이다. 때때로 신조어들의 어원은 비록 그들의 의미가 어느 정도 변화되었다 하더라도 분명히 드러나기도 한다(**заумь, оэкранить**).

　　몇몇 경우에는 신어를 만들 때 작가가 동기로 삼았던 요소들도 알려져 있다. 즉, **утопия**는 그리스어 ou'아니다'와 topos'장소'로부터 형성되었다. 다시 말해 **Утопия**는 (토마스 모어는 자신의 사회적 이상이 실현된 섬을 일컬었다) '존재하지 않는 장소'이다. **газ**란 단어를 만들 때에 네덜란드의 화학자

헬몬트는 그리스어의 chaos'카오스'와 독일어의 Geist'영혼'를 참고하였다. 그렇지만 лилипут의 경우에는, 비록 창조자는 알려져 있더라도, 그 단어가 어떤 어원으로부터 비롯되었는지는 확신을 가지고 말할 수 없다.

그러나 단어의 창조자들이 항상 단어들에게 "생활의 지침서"를 주지는 않는다. 언어에서 단어가 눈에 띄지 않았다가, 단지 어떤 정해진 순간과 상황에서 사용되었기 때문에 적극적으로 이용되는 경우가 종종 있다. 예를 들어, оптимизм이란 단어의 역사가 그렇다. 볼테르가 『캉디드 또는 낙천주의』란 소설을 쓰지 않았다면, 그처럼 급속히 전 세계로 전파되지는 못했을 것이다.

단어 нигилист는 19세기 전반에 나제즈딘*Н.И.Надеждин*, 뽈레보이*Н.А.Полевой*, 뿌쉬낀*А.С.Пушкин*이 사용했다. 그렇지만 1863년 뚜르게네프*И.С.Тургенев*의 소설 『아버지와 아들』이 출판된 이후 러시아에서 폭넓게 사용되기 시작하였다.

때로 그리 오래되지 않은 신조어들은 자신의 창조자와 더불어 개략적인 탄생 시기도 가지고 있다. 즉, 14C의 학자인 피루자바디는 자신의 아랍어 사전을 Kamūs'바다'라고 불렀다. 이 명칭은 아주 적절한 것으로 여겨지는데, 왜냐하면 어떤 자료에 따르면 60권으로, 다른 자료에 따르면 100권으로 이루어져 있다는 사전은 가히 단어들의 바다라 할 만하기 때문이다.[86] 『바다』의 권위는 대단해서 단어 kamūs는 '바다'뿐 아니라, '사전'의 의미도 가지게 되었다. 후자의 의미로 kamūs는 (직접적으로 또는 다른 언어를 매개로 하여) 아랍어의 영향을 강하게 받은 많은 언어들에 침투하였다. 타지크어의 комус'사전', 아프간어의 камус'사전' 등.

---

[86] 우리에게는 두 권으로 이루어진 이 사전의 짧은 이본만이 전해진다.

혈통적 어원들

많은 경우에 신조어와 용어는 제작자나 창조자 또는 임의의 학문 영역에서 중요한 발견을 한 학자의 이름에서 따오기도 한다. 그러한 "혈통적" 어원은 권총의 명칭이나(браунинг, кольт, наган), 의복의 명칭(буденовка, галифе, макинтош, реглан, толстовка, френч)에서 찾아볼 수 있다. 또한 일련의 물리학 용어(ампер, ватт, вольт, ом)들과 관상용 식물(бегония, георгин, камелия, магнолия)들의 명칭도 동일한 기원을 가진다. архаровец, бойкот, гильотина, дизель, морзе, сандвич, силуэт, хулиган, царь, шрапнель 등도 그러한 "혈통적" 기원을 가진다. 이러한 유형의 단어들은 일반적으로 어원 학자에게 어떠한 난처함도 가져다주지 않는다. 따라서 여기에서는 그러한 단어들의 기원에 관해 살펴보지는 않을 것이다.[87]

그렇지만 이러한 단어들은 다른 문제에 대해 생각할 것을 어원 학자들에게 강요한다. 그루지야의 학자들인 므게라드제*Д. С. Мгеладзе*와 꼴레스니꼬프*Н. П. Колесников*가 쓴 『고유명사에서 일반명사로』란 책에서는 성, 이름, 부칭, 별명, 필명에서 비롯된 약 1500개의 러시아어 단어를 살펴보고 있다. 그러한 유형의 단어들이 많다는 것은 그것이 어떤 예외적 현상이 아니라 언어 발전상의 일반적 현상임을 증명해 준다. 그러한 단어들의 발생은 어떤 경우에는 역사적으로 증명되거나(ампер, рентген, силуэт), 다른 경우에는 러시아어 범주 내에서 어원적으로 받아들여지기도 한다(будёновка, толстовка). 그러나 이와 같은 약간의 단어들이 보다 고대시대에서부터 우리에게까지 이르게 되지 않았다는 보장이 어디 있으며, 게다가 역사적 증거도, 어원적 자료도, 그 단어들을 형성시킬 수 있는 고유명사들조차도 보존되지 못했다고 할 수 있는 보장이 어디 있는가? 예를 들어, июль과 август란 달의 명칭이 전해

---

[87] 여기에서 언급한 대부분의 단어들의 기원에 관해 밝혀놓은 Эд. Вартаньян의 *Рождение слова* (М., Детская литература, 1970)란 흥미로운 서적을 참조하시오.

지지만, 그것들이 형성된 고유명사들(Юлий Цезарь와 Октавиан Август)이 우리에게 알려지지 않았을 경우를 생각해 보자. 또는 현재에는 드문 이름인 Кондрат(ий), Егор, Кузьма가 완전히 잊혀졌을 경우를 고려해 보자. 그러한 경우에 어원론 학자들은 어떻게 кондрашка, объегорить, подкузьмить란 단어들의 발생을 설명할 수 있을 것인가?[88] 유감스럽게도 어원 학자들은 그러한 가능성 또한 염두에 두어야만 할 것이다.

혼합어의 문제

우리는 이미 자주 반번역차용의 방식으로 "혼합어"가 형성됨을 보았다. 즉, 영어의 television이란 단어를 기반으로 형성된 телевидение란 단어는 그리스어의 теле-와 러시아어 -видение의 두 부분으로 구성된다. 그러나 영어 단어 자체 또한 그리스-라틴어적 혼합어이다. 특히 새로운 시대의 인위적 형성 가운데 그러한 "혼합어"들이 많다. 우리에게 익숙한 опутимизм과 оптимист, пуризм과 пурист, нигилизм과 нигилист 같은 단어들을 예로 들 수 있다. 그들 모두는 라틴어의 토대에서 형성되었다(optimus'가장 좋은', purus'깨끗한', nihil'아무 것도 없다'). 그렇지만 그들의 접미사들(-изм, -ист)은 그리스어에서 기원하였다. 반대로 архитектур란 단어에서는 그리스어 어간과 라틴어 접미사의 결합을 볼 수 있다. 그렇지만 이 단어는 고대 로마시대에 발

---

[88] кондрашка'急死'의 기원은 불분명하다. 다만 꼰드라찌이 불라빈*Кондратий Булавин*의 봉기(1707-1708)와 그것의 출현이 관련이 있을 수 있다. объегорить와 подкузьмить는 좀 더 분명한 기원을 지닌다. (루시에 농노제가 도입되기 이전에) 성 예고르(게오르기)의 날과 꾸지마와 데미안의 날에는 보통 주인과 소작인 사이에 결산을 하고 거래를 끝냈다. 결산 또는 거래를 끝마칠 때 누군가를 '속이다'라는 의미를 объегорить와 подкузьмить란 단어가 가진다.

생한 것으로 나중의 인위적 형성 범주와 관련이 없다.

한때 일단의 학자들은 서로 다른 외국어 단어들 또는 그들의 구성 성분들의 "불법적 결혼"에 격렬히 반대했었다. 그러나 점차로 관습이 승리하게 되었고, "혼합어"의 반대자들은 화해를 해야만 하였다. 이제는 이미 어느 누구도 акваланг(라틴어의 aqua'물'과 영어의 lung'폐') 또는 козлетон(앞부분은 러시아어, 뒷부분은 차용 성분으로 이루어진 속어적 풍자적 단어)이라는 단어를 보고 놀라지 않는다.

кибернетика 탄생인가, 재생인가?

일반적으로 다양한 종류의 사전 및 학습서의 저자들은 кибернетика란 단어의 생성 연도 및 창조자를 일관되게 기술하고 있다. 그 단어는 미국학자인 노베르타 위너의 『사이버네틱스*Кибернетика*』란 책이 출판된 1948년 이후 널리 사용되게 되었다. 노베르타 위너가 그 단어를 그리스어 명사 kybernētēs'조타수'로부터 만들었다고 여겨진다. 따라서 кибернетика의 어원적 의미는 '조종에 관한 학문'이 될 수 있다. 하지만 이러한 설명은 위너 자신이 이 단어의 기원을 그렇게 설명했지만, 우리에게 어떤 근거도 없기 때문에, 그 정확성은 의심스럽다.

게다가 "달 아래 새로운 것은 아무 것도 없다"란 말이 괜히 있는 것이 아니다. 23세기 훨씬 이전에 쓰인 고대 그리스 철학자 플라톤의 『대화』에서 단어 кибернетика(kybernētikē)'통치술'가 발견된다. 또한 구체적인 의미('선박 조종')에서 추상적인 의미('일반적인 조종')로의 의미적 발전이 관찰된다. 고대 그리스어에서의 의미 전이-하나의 구체적인 범위('선박의 조정')에서 다른 구체적인 범위('국가 통치')-에 대해서 이야기할 필요가 있다. 즉, 나중의 의미가 신그리스어의 상응하는 단어들의 일반적인 의미가 되었다: kybernētēs'통치자', kybernētikos'정부의', kybernēsē'정부'. 단어의 의미적 발전에 있어서 이러한 경향은 이미 한 세기 반 전에 кибернетика를 '국가 통치에 관한 학문'의 의미(즉, 플라톤적 의미)로 사용했던 프랑스 학자 암페르에 의해 이용되었다.

따라서, 위너가 단어 кибернетика를 "생각해냈다"거나 "만들었다"는 견해는 맞지 않을 것이다. 인공적인 그리스어 단어를 성공적으로 만들기 위해서는 그리스어를 잘 알아야 한다. 그리고 그러한 그의 지식은 kybernētikē라는 단어가 중학교 사전과 참고서에서도 쉽게 찾아 볼 수 있을 정도로 자주 접했던 단어라는 점을 전제로 하면 쉽게 이해가 된다. 때문에 위너는 명사 kybernētēs에서 형성된 그리스어 단어를 무의식적으로 기억해 냈고, 신과학 분야를 의미하는 새로운 학술 용어의 형성에 이 단어를 이용했다.

그러나 심지어 만일 위너가 단어 кибернетика를 전혀 새롭게 만들었다면, 우리는 미국 학자가 새로운 현대적 내용을 불어넣은 과거의 단어의 재생에 대해 이야기해야만 할 것이다(마치 새 술을 헌 부대에 담은 경우처럼). 단어 кибернетика의 급속한 확산은 20세기 후반에 이 학문이 도달했던 커다란 성취 때문이었다.

몇몇 아주 새로운 단어들

모든 다른 언어처럼 러시아어도 계속해서 자신의 어휘를 보충하고 복구시킨다. 모든 새로운 어휘는 사전에 의해 고착된다. 그러나 우주 시대의 새로운 단어들의 양은 "우주적" 속도로 증가하고 있다. 이 때문에 최근에는, 50-60년대 우리의 "새로운" 어휘들이 수집된 『신어들과 의미』(M. 1971)란 전문사전이 출판되었다.

이들 새로운 단어들 중에는 차용어도 적지 않지만, 비차용어도 있다. 그들의 "경력"은 그리 오래지 않다. лавсан(1956), круиз(1957), бионика, бистро, лазер(1960), бадминтон, джинсы(1963), акваланг, бикини, хобби(1964), болонья, прессинг, ралли, смог, цунами(1965), венерианский, субъядерный (1966), колготки, сенаж(1967), оживляж(1970), предзащита(1974).

어원적 관점에서 이 단어들은 "혼합된" 다수를 구성한다. 이들 가운데 몇몇은 이미 우리가 알고 있다(лавсан, акваланг, сенаж). 그 나머지 단어들 가운데 어떤 것은 아주 분명하게 어원이 정해진다(Венерианский, субъядерный, болонья(이탈리아의 도시 Болонья에서)). 다른 것들은 어원 결정이 그렇게 간단하지 않다. 예를 들어 영어에서 차용된 смог(매연과 연기로 혼합된 짙은 안개)를 10-15년 전에 출판된 영어 사전에서 찾으려고 시도하지만 안 된다. 문제는 영어 단어 smog 자체도 fog'안개'와 smoke'매연, 연기'의 혼효의 결과로 나타난 신조어라는 것에 있다. 따라서 가장 새로운 단어들도 어원 학자에게 흥미를 제공할 수 있다.

*　　*　　*

майка, кибернетика 등의 단어의 역사는 어원학자가 언어에서 새로운 단어들의 기원을 연구하면서, 다수의 뜻하지 않은 어려움을 만날 수 있다는 것을 보여준다. 그러한 종류의 어원을 가진 예들은, 개별 인도유럽어들 간의 친족 관계의 연구에 근거를 두고 있는 "먼" 어원과 똑같은 존재 권리를 가지는 "가까운" 어원에 대한 경시에 대해 주의해야 한다는 것을 말해준다.

제22장 어원학자의 "적들"

만일 단어의 역사에서 오로지 하나의 규칙적인 규범만이 나타난다면, 어원 학자의 삶은 분명하고 평화로울 것이다. 잘 알려진 음성 규칙들에 따라 단어의 고어형을 재구하고, 음성일치표에 따라 (그들이 존재하는 인도유럽어들에서) 가까운 "친족어"를 밝히고, 조어 모델을 규정하고, (전형적인 의미 변화의 토대하에서) 단어의 고어적 의미를 재구하는 등 어원론의 앞에는 거칠게 없을 것이다. 모든 것이 그렇게 단순 명료할 것이다.

그렇지만 실제로 모든 언어는 많은 양의 차용어와 번역차용어를 가지고 있다. 그리고 거기에는 순수 기원어에서처럼 항상 그 만큼의 엄격함은 아니라고 하더라도, 그들 나름의 독특한 규칙성이 이미 작용하고 있다. 게다가 그것이 전부가 아니다. 많은 단어의 어원을 밝히는 데 "관건"이 될 수 있는 고대 동사의 엄청난 수가 이미 언어 내에서 완전히 사라졌다. 그래서 어원학자는 직접적인 증거 외에도 자주 간접적인 논거라고 하는 어원 해결의 우회로를 택해야만 한다.

언어에서 단어들의 어떤 부분은 음성, 조어 그리고 의미 발전의 일반 형태로부터 사라졌다. 그들 각각은 언어 발전의 일반적 규범을 반영하지 않는 독특한 형태들이다(окей, кворум, омнибус 등 10장에서 살펴본 예들을 비교해 보시오).

그러나 이 모든 것이 단어의 기원 문제를 연구하는 연구자가 부딪히게 되는 예외의 전부는 아니다. 단어의 바다라고 하는 무한의 공간을 따라가는 쉽지 않은 여정에서 어원의 배는 많은 수중의 암초와 만나게 된다. 본 장에서는 그와 같은 어원론의 "암초"에 관해 이야기하고자 한다.

пилигрим과 каннибал

이 이야기의 제목은 식인종이 순례자를 잡아먹었다는 것이 아니라, 불규칙한 음성 변화가 일어난 단어를 단지 열거해 놓은 것뿐이다. 동일한 조건하에서 음성 변화가 어떤 경우에는 일어나고, 어떤 경우에는 일어나지 않고 하는 현상을 언어 속에서 대단히 자주 접하게 된다. 동화와 이화가 그에 속한다. (이화와 마찬가지로) 동화에는 완전동화와 부분동화가 있다.

*сватьба에서 형성된 단어 свадьба를 동화의 예로 들 수 있다(단어 сват, сватать와 비교해 보라). 유성음 б의 영향으로 무성음 т가 그 단어에서 д로 변화되었다. 유성성의 부분동화가 일어난 것이다. 동화는 접두사 파생의 경우 특히 자주 발생한다. раз-украсить 그렇지만 рас-писать, рас-творить. 접두사가 부가된 단어는 보통 비교적 늦게 형성되기 때문에, 대부분의 동화는 어원학자에게 지나친 어려움을 겪게 하지는 않는다. 이화의 경우는 좀 다르다. 이 변화는 좀 더 다양하면서도, 때로는 예기치 않게 발생한다.

오래된 러시아어 단어인 февварь(라틴어의 Februarius에서 기원)는 이화 (р-р→р-л)의 결과 февраль로 변화되었다. 그런데 고대 러시아어에는 феуларь란 또 다른 이화의 흔적이 남아 있다. 고대 러시아어 단어 вельблюдъ는 자신의 л 가운데 하나를 р(→верблюд)로 변화시켰다. 앞에서 우리는 이미 독일어의 Tartuffel이 Kartoffel(t-t→k-t)로 변화되었다는 것을 보았다. 라틴어 단어 *medidianus'정오의'(medius'가운데의'와 dies'낮'에서)는 이화의 결과 meridianus(d-d→r-d)로 변화되었다. 러시아어 단어 меридиан과 비교해 보시오.

라틴어 단어 peregrinus'외국인'는 접두사 per-'-를 통하여', 명사 ager '들판, 땅' 그리고 접미사 -in-의 도움으로 형성되었다. 이 단어의 문자 그대로의 어원적 의미는 '들판 너머'로서 라틴어 per agros'들판 너머로'와 관련되어 있다. 후기 라틴어 단어인 peregrinus는 이화(r-r→l-r)를 겪게 되고, 그 새로운 형태인 pelegrinus는 러시아어 단어 пилигрим의 어원이 되었다(유사한 음성 변화가 발생한 러시아어에서 속어적으로 형성된 колидор와 секлетарь의 예와 비교해 보시오).

서인도 제도의 토착어들에서 서유럽어들을 통해 러시아어에 들어온 каннибал이란 단어의 역사도 재미 있다. 그 단어를 유럽에 들여온 사람들은 스페인 사람들로, 스페인어 canibal'식인종'은 최초에는 '카리브 군도의 주민'을 의미했다. 단어 canibal은 caribal'카리브 군도의 주민'의 이화의 결과로 발생했다. r-l (두 개의 유음)→n-l. 이화의 과정에서 r과 n의 변화는 다른 언어에서도 잘 알려져 있다. 예를 들어, 라틴어 carmen'노래'는 *canmen(n-n→r-n)에서 발생하였다(동사 cano'나는 노래한다'와 비교해 보시오).

그러나 어원 분석을 힘들게 하는 이화가 외국어에서 기원한 단어에서만 나타나는 것이라고 생각할 수는 없다. 순수 러시아어인 блин(ъ)은 두 개의 비음의 이화의 결과로 млинъ에서 발생하였다. м-н→б-н. 단어 млинъ은 клинъ이 колоть와 관계가 있는 것처럼 동사 молоть와 관련되어 있고, 그 어원적 의미는 '가루를 낸 것으로 (구운)'을 (즉, '밀가루로 구운'을) 의미한다. 단어 млинъ은 또한 '맷돌'을 의미한다. 러시아어 방언들에서 유사한 음성 변화(м-н→б-н)는 단어 бладень'어린이'(младень에서 유래)에서 찾아볼 수 있다.

"짧아진" 단어들

단어가 자신의 발전 과정에서 맞이하게 되는 다양한 유형의 축약 가운데, 그리스어 기원의 단어인 гаплология가 의미하는 현상에 관해 언급할 수 있다. 이 단어의 후반부(-логия)는 우리에게 잘 알려져 있으며, 전반부(гапло-)는 그리스어 형용사 haplos'단순한'에서 형성되었다. гаплология란 인접한 동일 음절들 가운데 하나의 축약을 통한 단어의 단순화를 뜻한다. *знаменоносец →знаменосец, *близозоркий → *близоркий(이후의 새로운 의미 해석을 통해 близорукий로). 독일어 단어 *tragikokomisch는 tragikomisch로 변하였다(러시아어에서도 *трагикокомический가 아니라, трагикомический임을 비교해 보시오). 그런데 *минералология에서 이중의 -лоло-가 현재는 минералогия로 단순화된 것과는 달리, гаплология 자신은 단순화가 발생하지 않았음이 재미 있다.

20세기에 러시아어와 다른 언어들에서 많은 다양한 축약이 발생하였다. метрополитен → метро, кинематограф → кино(영어 축약어 cinema'영화'와 비교해 보시오), таксомотор → такси; 영어의 laboratory → lab, professor → prof, doctor → doc 등.

때로 복합어를 만들면서 새로운 단어의 일부만이 축약되기도 한다. зарплата, промтовары, хозрасчёт. 단어를 축약하는 것은 뒷부분뿐 아니라, 앞부분도 가능하다. history → story'이야기'(어원적 의미로는 '역사').

여기에 열거된 대부분의 예들은 어원학자들에게 어떠한 어려움도 야기하지 않을 만큼 최근의 것일 것이다. 그러나 유사한 현상이 아주 오래된 과거에는 나타나지 않았다고 확신할 수 있을까?

синкопа란 무엇인가?

синкопа란 단어 내부의 하나 또는 여러 개의 음성 탈락을 의미하는 것으로 단어 축약의 널리 알려진 유형이다(그리스어의 sygkopē '자르는 것'에서).[89] 앞의 луна란 단어의 어원의 예에서 n 앞에서의 *k와 *s의 탈락(*louksnā 〉 луна)을 보았다. 그런데 이러한 탈락된 중요한 음성들은 그 단어의 어원을 규명할 수 있게 해준다. 강세 위치에서 완전 모음(е와 о)으로의 전환과 더불어 약화모음 ь와 ъ의 탈락은 현대 러시아어에서 소위 출몰 모음의 출현을 야기했다. день-дня, сон-сна, лоб-лба 등.

그러한 현상들은 자주 단어들 간의 어원 관계의 파괴를 가져왔다. 예를 들어, 동사 спать를 명사 сон과 현대 러시아어의 범주 내에서 음성적으로 연관시키기는 힘들다(어두의 c- 외에는 공통점이 없다). 그렇지만 이 단어들의 기원은 같다. 동사 сып-ати(비교: за-сып-ать)에서는 모음 ъ가 탈락하였고, 명사 *сып-н-ъ에서는 자음 п가 탈락하고, 후에 강세 위치에서 ъ가 о로 변화되었다. 러시아어에는 다양한 시기에 발생한 음성 탈락 때문에 그 어원이 모호해진 단어들이 많이 있다.

음성 탈락과 직접적으로 대립하는 것으로 일정한 자음군에서 "기생" 음성이라고 불리는 삽입 현상이 있다. ндрав 또는 страм과 같은 속어형이 그 현상의 명백한 예이다. 이 단어들에서 д와 т의 표기는 정자법 규범에 어긋나며, 그와 같은 형태의 이 단어들은 러시아어 표준어에 포함되지 않는다. 그렇지만 표준어에서도 остров와 струя와 같은 단어들은 страм과 같이 "기생하는" т를 포함하고 있다. 그렇지만 이 두 단어에서의 음성 삽입의 고대성은 충분히 견딜 만하다. остров와 струя에서 т 삽입은 친족어의 상응하는 단어들에 의해 증명된다. 리투아니아어 srauja '흐름', 고대 인도어 sravati '흐르다' 등.

---

89) 때로 모음 탈락만이 синкопа로 불린다.

단어에서 임의의 음성의 탈락과 잉여 음성의 삽입이 자주 단어의 음성 형식의 본질적 변화를 초래하고, 그것이 또한 어원 분석을 힘들게 한다는 사실은 자명한 일이다.

ладонь과 долонь

러시아어 방언들에서 표준어 ладонь 자리에 долонь이라는 단어를 만나게 된다. 이 단어들 가운데 어느 것이 더 오래되었으며, 그들은 어떤 관계를 지니고 있는가? 러시아어 표준어에는 долонь와 비교해 볼 때 교회 슬라브어 기원을 보여주는 사어화된 상문체의 단어 длань이 있다. 실제로 교회 슬라브어에서 우리는 단어 длань을 찾아볼 수 있고, 불가리아어와 세르보-크로아티아어에서는 длан 등을 찾아 볼 수 있다. 벨라루시어와 우크라이나어를 포함한 모든 슬라브어에서 우리는 ладонь이 아닌, долонь의 "쌍둥이"를 만날 수 있다. 리투아니아 단어 delnas'손바닥'가 최종적으로 문제를 해결해 준다. долонь(그리고 длань) 형태가 ладонь보다 오래되었다. 그렇다면 ладонь은 어디에서 왔으며, 어떻게 우리에게 익숙한 단어가 되었는가?

단어 ладонь은 단어 долонь에서 음성 д와 л이 음소전위*метатеза*된 결과로 여겨진다(долонь → *лодонь → ладонь-비강세 위치에서 아까니예*аканье*의 강화로 인해).

음소전위는 그것이 비록 널리 확산된 음성 현상이기는 하지만 불규칙적이다. 그것은 차용어에서 자주 접할 수 있다. 이는 차용어는 모국어의 동일 어근 단어들의 지원을 상실하며, 낯선 언어 환경이 그 단어의 견고성의 약화를 촉진한다는 것으로 설명된다. 그 외에도 새로운 언어 환경 속에서 차용어의 왜곡을 유도하는 다양한 거짓 결합들이 발생할 수 있다.

다음은 외국어 기원의 단어에서 음소전위가 일어난 예들이다. 라틴어 marmor → мрамор, 독일어 Teller → тарел(ка), 라틴어 Florus → Фрол, 라틴어 Silvester → Селиверст.[90)]

때로 언어와 그 방언들에서 음소전위가 일어난 형태와 그렇지 않은 형태들이 동등하게 존재하기도 한다. твёрёзый와 трезвый, суворый(비교: Суворов)와 суровый, ведмедь와 медведь. 친족어 자료를 인용할 경우 그러한 대응을 자주 언급할 수 있다. 러시아어 단어 сыворотка와 불가리아어의 суроватка를 예로 들 수 있다. 형용사 сыроват(ый)는 러시아어에서 음소전위가 발생한 경우이다.

앞에서 열거한 음소전위의 몇몇 예들은 시기적으로 비교적 늦다. 그러나 더 오랜 옛날에는 음소전위가 없었으리라는 생각은 잘못된 것이다. 러시아어 ка-мень과 리투아니아어 ak-meni(단수 대격형)'바위', 그리스어 ak-mōn'모루', 고대 인도어 aš-man'바위', 러시아어 ратай와 리투아니아어 ar-tojas '농부', 러시아어 ра-ло, 체코어 rá-dlo와 리투아니아어 ar-klas'쟁기' 등과 같은 예들은 러시아어와 기타 슬라브어들에서 일련의 음소전위 사실이 인도유럽어 친족어들의 도움으로만 확립될 수 있다는 것을 보여준다.

앞서 우리는 이미 *ра-ти (орать)'밭을 갈다'와 같은 일련의 파생동사들에서 음소전위에 대한 고려를 통해서만 러시아어 단어 ра-мень의 어원을 설명할 수 있음을 보았다. 그 단어는 ка-мень이 ak-meni와 관계가 있는 것처럼, 리투아니아어 대격형 ar-meni'경지'와 관계가 있다.

조어적 "암초"

어원 연구에서 특히 중요한 역할을 하는 비파생명사와 동사들은 대단히 자

---

90) 라틴어로 florus는 '꽃이 핀'을 의미하고, silvester는 '숲의'를 의미한다.

주 언어 속에서 사라진다. 다양한 접미사라는 무거운 짐을 지고, 언어의 발전에 따라 그 의미가 희미해져버린 좀더 복잡한 단어들이 그들을 내쫓는다.

палка, кольцо, солнце, сердце, улица, овца, палец와 같은 러시아어 단어 그룹을 예로 들어보자. 그들 모두는 역사적으로 일련의 위치에서 -ц-로 변한 지소형 접미사 *-k-가 부가되어 형성되었다. 그러나 그 단어들에서 지소의 의미는 사라졌다. 그래서 그들 각각은 새로운 지소형 접미사 부가 파생시에 어간의 역할을 한다. палка-палочка, кольцо-колечко, солнце-солнышко, сердце-сердечко 등.

동시에 우리는 위에서 열거한 단어 모두가 언젠가 지소의 의미를 가진 단어였다는 사실을 확신할 수 있다. 그에 대해서는 다음의 비교가 증명해준다. корка-кора, горка-гора, жилка-жила, 그리고 палка-х; словцо-слово, мясцо-мясо, озерцо-озеро, 그리고 кольцо-х; блюдце-блюдо, оконце-окно, 그리고 солнце-х, сердце-х; девица -дева, лужица-лужа, рожица-рожа, 그리고 улица-х; грязца-грязь, пыльца-пыль, рысца-рысь, 그리고 овца-х; хлебец -хлеб, супец-суп, братец-брат, 그리고 палец-х. 이와 같은 모든 예에서 상응하는 지소형 단어의 형성 어간의 역할을 했던, 지금은 사라진 비파생명사는 기호 x로 표시된다. 사라진 단어들은 친족어들에서(폴란드어 pała'몽둥이', 리투아니아어 širdis'심장', 라틴어 ovis'암양' 등) 또는 러시아어 내에(солн-о-ворот, пере-ул-ок, серд-о-больный, бес-пал-ый) 그 흔적을 남겨두었다. 언어에서 비파생어간의 탈락은 그들의 위치를 지소형 접미사가 부가된 파생어들이 차지하게 만들었다. 그리고 그 형성을 비교할 만한 것이 아무 것도 없기 때문에 우리는 이미 그것들을 지소형으로 인식하지 않는다. 예를 들어, 단어 палец에는 братец-брат 또는 хлебец-хлеб처럼 비교를 위한 대상이 존재하지 않는다.

지소형 접미사를 가진 파생형이 자신의 파생모어를 몰아내는 것과 같은 현상들이 세계의 많은 언어에서 관찰됨은 흥미로운 일이다. 예를 들어, 프랑스어에서 'солнце', 'ручей', 'птица' 등의 의미를 지닌 단어들은 라틴어 명사 'солнышко', 'ручеек', 'птичка' 등에서 발생했다.

명사뿐 아니라 동사 및 기타 품사들에서 특징적인 이와 같은 특성은 어원 분석을 특히 힘들게 한다. 왜냐하면 언어는 자주 그러한 가장 단순한 단어들을 상실하는데, 그러한 단어에 대한 지지야말로 어원 연구의 중요한 목표이며 본질이기 때문이다.

의미의 변덕스러움

의미를 다룬 장들에서 우리는 우선적으로 단어의 의미 변화시에 나타나는 공통 규범에 관심을 가졌었다. 그러나 (언어를 위해서는 아니지만, 어원학자들을 위해서는) 유감스럽게도 의미 발전의 모든 경우가 하나의 동일한 규범에 귀속되지는 않는다. 단어의 역사는 동일하게 시작된 내용이 매우 다르게, 때로는 심지어 서로 대립되는 결과를 초래하는 예들을 대단히 자주 보여준다.

예를 들어, 러시아어 형용사 мелкий와 крупный는 유사한 의미 모델을 반영하는데, 그 근간에는 '빻아서 잘게 만들다'라는 의미가 놓여 있다:

1) толочь'빻아서 잘게 만들다'→толчёное (зерно)'빻아서 부스러진 (곡식)'→ крупа, мука'간 곡식; 밀가루'→мелко размолотый '곱게 간' (мелкий)
2) толочь'빻아서 잘게 만들다'→толчёное (зерно)'빻아서 부스러진 (곡식)'→ крупа, мука'간 곡식; 밀가루'→крупно размолотый '굵게 간' (крупный)

첫 번째 형용사는 동사 어근 *mel- / *mol-(비교: молоть)에서 비롯되었다. 두 번째 경우에 비파생동사 어근을 지닌 파생어는 언어 내에서 사라졌지만,

첫 번째 모델과의 유사성은 крупный'작은'(!)와 крупљти'작게 하다'같은 고대 러시아어 단어에서 증명된다. 형용사 мелкий와 крупный의 대립은 곡식 분쇄의 상이한 결과를 반영함이 분명하다. мелкое는 분쇄한 곡식이고, крупное는 단지 굵게 간 крупа(세르보-크로아티아어의 крушити'여러 조각을 내다'와 친족관계가 있다) 정도를 말한다. 실생활에서의 예를 들자면 보리 가루와 굵게 간 보리 정도일 것이다.

러시아어 благой'선량한, 좋은'와 리투아니아어 blogas'나쁜'라는 두 친족어 간의 대립에서 우리는 (기원상) 동일한 단어가 상이한 언어들에서 직접적으로 대립하는 의미를 가질 수 있음을 알 수 있다. блажной'어리석은, 변덕스러운, 완고한' 또는 кричать благим матом'(속)큰 소리로 소리치다'[91])과 같은 러시아어 단어 및 표현은 러시아어 благой 보다, 리투아니아어 blogas에 가까운 의미를 가지고 있다.

첨예한 의미 불일치의 또 다른 예로서 고대 러시아어의 поносити'욕하다'와 세르보-크로아티아어의 поносити'자랑하다'를 들 수 있다. 독일어 단어 Knecht'종'와 영어 단어 knight'기사', 독일어 Knabe'소년'와 영어의 knave'사기꾼'은 매우 밀접한 친족 관계를 지닌다.

위에서 살펴 본 모든 예들에서 인용된 단어들 간의 친족 관계 사실이나 의미 관계의 존재는 다양한 매개 요소들에 의해 확립될 수 있다. 그러나 그러한 매개 요소들이 사라지고 의미 불일치의 최종 결과만을 접하였을 때, 각각의 언어에서 그러한 예들을 얼마나 발견할 수 있을 것인가? 바로 여기에 어원학자들의 단어의 의미사 분석 과정에 있어서의 가장 심각한 어려움이 존재하는 것이다.

---

91) (역주) 여기서 благой 는 방언에서의 의미로 '나쁜', '추한', '상식 밖의', '제멋대로의' 등의 의미를 지니고 있다.

은유, 타부, 완곡어법

　언어에서 단어는 직접적인 의미뿐 아니라, 전이된 의미로도 사용된다. 또한 단어의 직접적인 의미의 사용은 없어지고, 단어의 전이된 의미인 이차적 의미로만 사용되는 경우들도 드물지 않다. 그것은 단어가 언어 내에서 자신의 분명한 어원 관계를 상실하도록 만든다. 단어의 어원은 새로운 의미에 의해 가면 씌워진다.

　은유(метафора; 그리스어의 metaphora'이동'에서)는 다양한 형태를 지닌, 언어에서 대단히 폭넓게 확산된 현상이다. '화살을 쏘다'란 어원적 의미를 지닌 стрелять란 러시아어 동사를 예로 들어보자. 후에 이 동사의 의미는 다양한 화약 무기의 사격으로 변화되었다. 그러나 전이된 의미로의 동사 стрелять의 사용이 그것으로만 국한되지는 않았다. 예를 들어 다음과 같은 어결합에서 이 동사의 활용을 비교해 보시오. стрелять глазами, стрелять папиросы, стрелять кнутом (사격소리와 비슷한 소리를 내면서), стрелять в ухе (찌르는 듯한 고통에 대해). 동사 стрелять의 여러 전이된 의미 가운데 '부탁하다, 간청하여 얻다'(стрелять папиросы)란 의미만이 전해졌다고 가정해보자. 그런 경우에 동사 стрелять의 어원을 밝히는 일이 쉽겠는가? 그런데 언어의 역사에는 그와 유사한 경우가 비일비재하다!

　의미의 확대나 협착을 유발하는 그러한 의미 전이는 은유의 한 종류이다. 프랑스어 동사 arriver는 그 어원적 관점에서 '물가에 도달하다'(프랑스어로 rive는 '기슭'을 의미한다)를 의미하지만, 좀더 의미가 확대되어 '도착하다'를 의미하게 되었다. 또 다른 프랑스어 동사 traire'젖을 짜다'는 라틴어의 trahere'잡아당기다'에서 유래했다. 즉, 여기서는 단어 의미의 협착이 발생하였다.

　우리는 많은 단어들의 역사에서 고대적 단계에 관하여 아는 것이 거의 없다. 특히, 다양한 종교적 신념이나 민간신앙 등의 요인으로 인한 일정한 단어의 사용 금지라고 하는 언어적 타부와 같은, 역사 속으로 사라진 현상들에 관해서 그러하다. 예를 들어 많은 인도유럽어들에는 고대의 곰의 명칭이 남아있지 않다. 그 대신에 완곡어법(эвфемизм: 그리스어의 eu'좋'와 phēmi'(나는) 말한다'에서 유래)이 사용된다. 러시아어 медведь-글자 그대로는 꿀을 먹는 자를 의미함, 독일어 Bär-'회색의'를 의미. 사냥꾼들의 언어에서 곰은 단순히 зверь나 хозяин으로 불린다. 체코어에서는 brtník'야생 벌꿀 채취자, 양봉가'라는 곰에 대한 또 하나의 흥미로운 명칭을 찾아볼 수 있다.

고대 인도유럽어의 뱀의 명칭은 러시아어와 다른 슬라브어에서 '해가 없는 ?'라는 의미만을 제외하고 보존되었다. 해를 끼치는 파충류라는 명칭에 대해 타부가 발생해 змея, 즉 '땅을 기는 (동물)'(земная, земляная)이라는 완곡어법이 사용되었다.

완곡어법은 원자력과 우주비행의 시대에도 순조롭게 계속해서 존속되고 있다. 우리는 다양한 시대에 발생하여 과거에 사용되었고 지금도 부분적으로 사용되고 있는 완곡한 단어 및 표현들을 아직 잊지 않고 있다. 그러한 예로 동사 умер 대신에 사용되는 скончался, протянул ноги, отдал богу душу, преставился, сыграл в ящик, загнулся, дал дубу, приказал долго жить 등이 있다.

그리 오래되지 않은 시기의 완곡어법은 보통 연구자에게 특별한 어려움을 일으키지 않는다. 그러나 저 먼 과거의 시기로 올라가면 올라갈수록, 타부와 완곡한 단어 사용 행위로 말미암아 그 앞길에 펼쳐진 복잡한 의미의 밀림을 탐험하는 어원학자의 어려움은 더욱 심해진다.

우리의 조상들이 농담을 한다.

여러 언어 자료들을 통해 판단해 보면, 우리의 먼 조상들은 풍부한 유머 감각을 지니고 있었다. 특히 풍자적인 단어 사용이 단어 어원의 원천인 경우가 그것을 증명해 준다.

즉, 이탈리아어와 스페인어의 testa 그리고 프랑스어의 tête'머리'는 어원적으로 라틴어의 testa'항아리'에서 유래하였다. 유사한 현상을 '머리'의 의미를 지닌 이전의 단어 Haupt가 어원적으로 영어 cup과 친족 관계에 있는 단어 Kopf'머리'에 의해 밀려나 이미 고어가 되어버린 독일어의 경우에서 찾아 볼 수 있다. котелок не варит 형태의 몇몇 러시아어 속어 표현들도 그에 해당된다. 단지 차이라고 한다면 котелок이라는 단어가 기본 의미인 '작은 솥'이라는 의미를 유지하고 있고, '머리'의 의미로는 일정한 속어적 표현에서만 사용된다는 점이다.

뾰뜨르 1세 시기에 단어 рукоприкладство는 문맹의 민원인이 직접 못할 경우, 공무원이 문서에 대신 서명하는 행위를 의미했다. к сему руку приложил такой-то 형태의 표현들은 러시아어에서 오랫동안 유지되었다. 그런데 어떤 광대가 рукоприкладство를 누군가의 손이 결코 문서에 서명을 못하게 된 경우에 사용하였다. 그렇게 이 단어의 새 의미가 나타나게 되었고, 과거의 의미는 점차 잊혀져 갔다.

의미 변화의 기저에 놓여 있는 풍자적 단어 사용은 어원 연구의 과정에서 반드시 관심을 기울이고 열심히 피해나가야 할 또 하나의 암초이다.

어원과 동음이의어

동음이의어란 광범위한 언어 현상이다. рысь'속보'와 рысь'살쾡이', рубка'벌목'와 рубка'사령실', стан'몸통'과 стан'작업대', шпик'돼지비계'와 шпик'스파이' 등. 동음이의어의 표기는 다양하게 나타날 수 있다. 특히 영어의 경우가 그러하다. meet'만나다'와 meat'고기', night'밤'와 knight'기사', incite'선동하다'와 in sight'시야에' 등. 러시아어에도 그러한 쌍이 적지 않다: луг와 лук, код와 кот 등.

다른 언어의 단어들을 비교하면서도 동음이의어를 만날 수 있다. 즉, 러시아어의 паника는 리투아니아어 방언의 panieka'경멸'란 단어와 발음상 동일하다. 그러나 그들 간에는 어떠한 공통점도 없다. паника란 단어는 숲의 신의 이름인 Пана에서 형성된 그리스어 기원의 단어이다. 리투아니아어에서도 어두의 pa-는 접두사이고, niekas는 '아무도, 아무것도'를 의미한다.

언어에서 동음이의어의 발생 원인은 다양하다. 때로 동음이의어 가운데 하나는 차용어이고, 다른 하나는 토착어인 경우도 있다. 즉, 단어 брак'결함'는 뾰뜨르 시대에 독일어에서(brechen'고장나다'에서 유래한 독일어 Brack'결함, 파손'와 비교해 보시오) 차용되었고, брак'결혼'는, знать에서 знак이 형성된 것처럼, 동사 брать에서 형성된 순수 슬라브어이다. 이 단어도 물론 차용되었다고 할 수도 있지만, 어쨌든 그것은 슬라브어 내에서(교회 슬라브어로부터) 일어난 일이다.

고대 러시아어와 현대 러시아어 방언들에서 우리는 어원적으로 болото란 단어와 친족 관계에 있는 болонья(그리고 болонье)'물에 잠기는 목초지'란 단어를 만날 수 있다. 1960년대에 러시아어에는 문자상 러시아어 방언들에서 동음이의어의 출현을 야기한 새로운 болонья'우비의 일종'란 단어가 나타났다.

번역차용의 결과로 동음이의어가 발생할 수도 있다. 영어 단어 knot'매듭'는 선원들의 언어에서 속도의 단위를 나타내는 의미를 획득하게 되었다. 영어의 영향으로 러시아어에서도 단어 узел이 두 번째 의미를 획득하였다. 즉, 러시아어에서 이 동음이의(узел веревки와 속도의 단위인 узел)는 영어 단어 knot의 두 번째 의미의 번역차용의 결과로 발생하였다.

동음이의는 또한 음성 변화의 결과로 발생할 수도 있다. 그러한 음성 변화로 인해, 변화된 한 단어의 음성 형식이 어원적으로 관련이 없는 다른 단어에 일치된다. 러시아어 동사 жать'잡다'(단수 1인칭 жму)와 жать'수확하다'(단수 1인칭 жну)를 예로 들 수 있다. 이 동사들의 부정형의 일치는 이차적인 기원이다. 전자는 *gem-ti에서, 후자는 *gen-ti에서 기원했다. 공통슬라브어의 -em-과 -en-은 "юс малый"(ѧ)로 변하였고, 그것은 선행하는 *g-의 ж로의 변화와 함께 a로 되었다. 인도유럽어들에서 보이는 바처럼, 두 동사의 어두의 *g-(→ж-)는 기원이 다르다. 전자는 인도유럽어의 *g-, 후자는 *gh-이다.

어원을 위해 가장 중요하면서 동음이의의 가장 힘든 경우는 단어의 다의성(다의어)의 토대하에서 발생한 동음이의이다. 동일한 단어의 다양한 의미들에서 서로간의 불일치가 매우 자주 발생한다. 그 단어들 간의 의미 관계는 상실되고, 그로 말미암아 우리는 그 단어들을 단지 우연적인 음성 일치를 보이는 별개의 두 단어로 여기게 된다. 어원학자의 솜씨는 그들 가운데 하나의 어원을 밝히면서, 동음이의어처럼 보이는 두 단어의 기원의 공통성에 관해 말할 수 있도록 해주는 연결고리를 발견하는 데서 자주 발휘된다. 예를 들어, 동사 пою (лошадь)'(말에게) 물을 주다'와 пою (песню)'(노래를) 부르다' 사이에 어떤 공통점이 있는가? 그에 관하여 뜨루바체프O. H. Трубачев는 후자가 전자로부터 발생했다는 기발한 추측을 하였다. 고대 슬라브인들의 이교 의식에서 동사 пою'마실 것을 준다'는 '(신에게) 술을 올린다'를 의미할 수 있었다. 즉, 그것은 문자 그대로는 '(신에게) 마실 것을 준다'였을 것이다. 이러한 종교적 헌주는 점차 그 단어의 의미가 된 노래 부르기를 수반하였다(그로부터 пою песню가 유래했다).

*　　　*　　　*

우리가 살펴본 동화와 이화, 동일 음절 축약과 음성 탈락, 음소 전위, 은유와 동음이의의 예들은 다양한 종류의 불규칙적 현상이라는 동일한 공통 특성을 갖는다. 그러한 현상(좀더 정확하게는 그들의 확실성)에 대해서는 미리 예측할 수 없다.

그렇기 때문에 어원학자는 본 장에서 살펴본 암초들과 부딪힐 가능성에 대해 늘 생각해야만 한다.

제23장 논쟁거리 어원들

어떤 러시아어 어원사전을 보더라도, 많은 러시아어 단어들의 기원이 아직까지 불분명한 채로 남아있음을 알 수 있다. 사전의 저자들은 자주 "기원이 불분명함" 또는 "이 단어의 확실한 어원은 없음"이라고 직접적으로 언급하고 있다. 또 다른 경우들에서는 슬라브어 또는 인도유럽어의 상응어들의 엄청난 목록 뒤에 은폐되어, 어떠한 실제적인 설명이 나타나지 않는다. 그런데 그러한 상응어들이 설명해 주는 바는 적으며, 오히려 어원적 해석이 필요하다. 끝으로, "동슬라브어적" 혹은 "인도유럽어 기원의 공통 슬라브어적"이라는 정의들은, 만일 그들이 구체적인 어원 분석을 수반하지 않으면 우리의 관심을 끌고 있는 단어의 기원에 관한 문제를 해결해주지 못한다.

대부분의 경우, 특히 쁘레오브라줸스끼와 파스머의 상세한 어원사전들에서는 단어의 어원에 관해 하나가 아닌, 둘 또는 그 이상의 다른 설명을 하고 있다. 게다가 사전의 저자 자신도 때때로 여러 설명들 가운데 하나를 택하기를 주저하기도 하며, 심지어 몇몇 경우에는 그들 가운데 어느 것도 만족스럽지 못하다고 쓰고 있다.

학문에서 명백한 것이란

매일 태양은 우리를 지나간다,
그렇지만 고집불통 갈릴레이가 옳다……
뿌쉬낀

많은 어원 문제들의 해결에 있어서의 완전한 명료함과 확실함의 부재가 학문으로서의 어원론의 단점이라고 생각되어질 수 있을까? 솔직히 말하자면 그렇다. 학문에서 "미개척지"가 적으면 적을수록, 그 학문은 더 앞으로 나아갈 수 있다. 그러나 그러한 "미개척지"가 영원히 사라지지는 않는다. 만일 모든 것이 분명하고 명확하게 된다면 학문은 더 이상 아무 것도 할 수 없을 것이다. 미지의 분야가 남아있는 동안에, 학자들은 다양한, 때로는 상호 모순적인, 가설들을 개진할 것이다. 그 옛날 화성의 비밀 "운하들"과 달 표면 구조에 관한 문제에 대해 얼마나 많은 가설들이 나왔었던가를 기억해 보자!

자신의 발전 과정 속에서 학문은 가장 논쟁의 여지가 없고 확실한 진리들을 여러 번 논박하였다. 실제로 하늘에서 태양이 움직인다는 것은 가장 분명한 사실로 여겨지지 않는가? 수천 년 동안 사람들은 태양이 지구 주위를 회전한다고 생각했다. 그러한 고대의 관념은 지구의 많은 다양한 언어들에서 그 반영물을 찾을 수 있게 한다. 태양이 지구의 주위를 공전하는 것이 아니라, 지구가 태양의 둘레를 공전한다는 것을 이미 오래 전부터 알고 있었을지라도, 우리는 여태까지 태양이 **뜬다**, **진다**라고 이야기한다.

그럴듯해 보이는 명확함보다 더 기만적인 것은 없다. 많은 위대한 학문적 발견은 가장 보편적이고 분명해 보이는 사실들에 의심을 품고, 비판적 시각으로 분석하는 데서 출발하였다. 위대한 폴란드의 천문학자인 코페르니쿠스가 학문적으로 근거를 마련한 지동설은, 지구는 움직이지 않으며 하늘을 따라 태양과 별들이 움직인다고 하는 관념의 완전한 포기에서 비롯될 수 있었다.

배로 최초의 세계일주 항해를 한 마젤란의 학문적 위업은, 만일 이 걸출한 항해자가 지구가 평평한 모양이라고 하는, 그 당시 가장 팽배해 있던 "확실한" 관념의 지배하에 있었을 경우에는 불가능하였을 것이다. 위대한 러시아의 수학자인 로바쳅스끼*Н. И. Ловачевский*는 공간의 본질에 대한 우리의 개념을 근본적으로 바꾼 새로운 기하학 체계의 창시자이다. 그러나 자신의 체계를 만들기 위해 로바쳅스끼는 모든 분명한 명제들을 거부해야만 했다. 특히 그는 동일한 면에서 직선의 외부에 있는 한 점을 기존의 직선을 교차하지 않고 지날 수 있는 직선은 오직 하나뿐이라는 공리를 거부하였다.

얼핏 보기에 분명한 사실들에 대한 의심이 종국에는 훌륭한 발견을 이룰 수 있다는 것에 관한 예들은 학문의 역사 속에 무수히 많다. 칼 마르크스가, 그의 딸들이 내놓은 설문지의 "당신이 좋아하는 표어는 무엇입니까?"란 질문에 "모든 것에 의구심을 가져라!"라고 대답한 것은 우연이 아니다.

어원적 가설들

새로운 어원 설명 또한 자주 어떤 분명한 혹은 적어도 보편적인 관점의 거부의 결과로 나타나기도 한다. 우리는 독일어의 habe '가져라'와 라틴어의 habe '가져라'와 같은 유형들처럼 이미 그 단어들의 완전한 음성적, 의미적 일치에 의해 증명되어지는 것처럼 보이는 어원적 대비의 그럴싸한 "확실성"에도 불구하고 그것의 잘못에 대하여 인식할 기회를 가졌었다.

모든 복잡한 어원 연구는 음성적, 조어적, 의미적 분석과 관련을 가져야만 하기 때문에, 그러한 각각의 연구 분야에서 도출된 결론들이 서로 모순될 수 있다는 것이 놀라운 것은 아니다. 그것은 상호 예외적인 어원들을 다양하고도 자주 출현시키는 가장 보편적인 근거 가운데 하나이다.

만일 당신이 두 개의 어원사전에서 동일한 단어에 대한 두 가지 다른 설명을 발견하더라도, 저자들 가운데 누군가가 무언가를 모른다거나 이해하지 못했다고는 생각하지 말아야 한다. 많은 경우에 그와 같은 불일치는 두 저자에게 알려진 동일한 사실들의 상반된 평가에 의해 설명된다. 그 사실들이 서로 모순될 경우에, 긍정적인 논거와 반대되는 논거 가운데 어떤 것이 더 믿을 만하다고 인정할 것인가를 결정하는 것은 결코 쉬운 일이 아니다. 어떤 연구자들이 긍정적인 논거에 더 큰 의미를 부여한다면, 다른 연구자들은 반대되는 것에 더 큰 의미를 부여할 것이다. 그리하여 동일한 단어의 기원 문제에 대한 상이한 관점들이 나타나게 된다. 그리고 그러한 관점은 둘 혹은 그 이상의 논쟁거리들을 만들어낼 수 있다.

누구의 невеста가 더 나은가?

невеста(고대 러시아어어로는 невѣста)란 단어의 어원을 분석해 보자. 어말의 -та는 접미사에서 형성되었다. 또한 어두의 не-를 쉽게 분리해낼 수 있다. 어근 -вѣс-에서 с 음은 т 앞의 д 소리의 변화 결과 나타난 것이다(비교: бре-д-у와 бре-с-ти, кра-д-у와 кра-с-ть, е-д-им과 е-с-т 등). 이에 관해서는 학자들의 의견이 같다. 그렇다면 음성적, 조어적 분석을 통해 재구된 어근 вѣд-는 어떠한 의미를 가졌는가? 이 문제에 대한 어원학자들의 견해는 상이하다. 그 원인은 무엇인가?

음성학적 관점에서 어원은 가장 분명하게 나타나는데, 그것에 따르면 невѣста(вѣдать'알다' 동사와 관련된)는 *не-вѣд-та'알려지지 않은' 형태에서 유래되었다고 한다. 이 설명을 위하여 또한 извѣст(ый)'알려진'와 같은 고대 러시아어 단어가 인용될 수 있다.

그러나 невљста'알려지지 않은' 어원에 대립되는 의미 분야의 사실들이 있다. 우선, 친족어들의 분석에서 보여지듯이, 동사 вљдать의 어근은, знать와 구별되어, 고대에는 사람에 대해서가 아니라 사물에 대하여만 사용되었다. 둘째로, 그 어원의 지지자들은 어떤 언어에서도 '알려지지 않은'이라는 기원적 의미를 지니는 약혼자나 젊은 아내(비교: 러시아어의 невестка)라는 명칭을 찾을 수 없다.

의미적 측면에서는 невљста의 어원을 *нево-вед-та'신부'에서 찾는 편이 훨씬 더 바람직하다. '결혼하다'의 의미를 지니는 어근 вед-는 리투아니아어에서도 존재한다. vedu'(나는) 결혼한다', vesti'결혼하다', 고대 러시아어에서는 동일한 어근이 모음 o와 함께 나타난다. водити жену'결혼하다'. 일련의 언어들에서 이 어근에서 파생한 단어들은 '약혼자'의 의미를 지닌다. 리투아니아 방언의 nauveda'신부'는 구조뿐 아니라, 의미에 있어서도 고대 러시아어의 невљста와 완전히 일치한다.

그러나 이 어원에는 약점이 있다. 특히, 그러한 설명을 통해서는 모음 љ가 존재하는 단어 невљста의 어근 вљд-와 동사 веду, вести처럼 모음 e가 존재하는 경우를 전혀 설명할 수 없다. 또한 어두의 нево-(비교: 그리스어 ne(υ)os '새로운, 어린')의 не-로의 변화도 불분명하다(유사음절 탈락?).

이처럼 전술한 두 개의 어원 가운데 전자를 위해서는 невеста의 음성 분석이 더 나음을 말해준다. 동시에 의미 분석은 두 번째 어원의 개연성을 확실하게 확신시켜 준다. 그러한 논거들 가운데 어느 것이 더 중요한 것인가에 따라 학자들은 앞에서 살펴본 어원 가운데 하나를 지지하게 된다.

단어 площадь의 기원

물론 두 개의 어원 가운데 하나를 선택하는 문제가 невеста의 경우처럼 그렇게 힘든 것은 아니다. 긍정적이거나 반대적인 모든 논거에 대한 면밀한 분석은 기존의 설명들 가운데 하나를 확신을 가지고 받아들일 수 있도록 해준다.

쁘레오브라줸스끼의 사전과 샨스끼, 이바노프 *В. В. Иванов*, 샨스까야 *Т. В. Шанская* 의 『러시아어 어원 소사전 *Краткий этимологический словарь русского языка*』 을 펼쳐보자. 전자에서는 (파스머의 사전과 마찬가지로) площадь의 어원을 형용사 плоский와 관련시키고 있는데, 이는 가장 보편적으로 받아들여지는 견해이다. 『러시아어 어원 소사전』에서는 이탈리아 언어학자인 피자니가 제안한 площадь의 새로운 어원을 가장 확실한 것으로 여기고 있다.

이 어원에 따르면, 러시아 단어 площадь는 명사 plateia'거리, 광장'의 복수 주격형인 *plateiades라는 그리스어로부터 교회 슬라브어를 통해 차용되었다.

이 어원의 약점은 무엇인가? 무엇보다도 고대 그리스어에도, (이것으로부터 교회슬라브어로 그 단어가 유입되었을 가능성이 큰) 그리스어 교회 서적에서도 *plateiades라는 형태의 흔적이 존재하지 않는다는 것이다(그렇기 때문에 여기서는 단어 앞에 *표시를 하였다).92) 그 외에도 -a를 가지는 명사의 복수형으로 -ades가 오는 형태는 슬라브어들에서 *-tj- → -щ-, -ч-(*světja → свеща, свеча)의 변화 과정이 종결된 이후에 그리스어에서 확산되었다. 따라서 *plateiades에서 그리스어 -teia-의 러시아어 -ща-에 의한 대치는 타당성이 없어 보인다.

그렇지만 새로운 어원에 대한 가장 결정적인 반대는 площадь라는 단어가 슬라브어(러시아어)의 토양 속에서 별 어려움 없이 어원을 규명할 수 있다는 점이다.

고대 러시아어에서 명사 площь'평평함, 넓이'를 예로 들 수 있다. 단어 плоский

---

92) 피자니와 『러시아어 어원 소사전』의 저자들은 (실재로 존재한 것처럼) 이 단어를 * 표시 없이 사용하고 있는데, 이는 가뜩이나 불확실한 논거를 더욱 약화시키는 심각한 부주의라고 할 수 있다.

에서 -ск- 결합은 площь와 площадь같은 단어들의 щ와 연관된다. 그뿐 아니라 воск-навощить, писк-пищать, искать-ищу 등의 예들도 찾아볼 수 있다. 이처럼, 음성적인 측면에서 плоский와 площадь의 대비는 어떠한 반대도 야기하지 않는다.

러시아어 조어 분야에서 이 대비는 예외적인 것이 아니다. 현대 러시아어 방언들과 고대 러시아어에서 발췌한 다음과 같은 예들에서 그들 간의 상호관계를 비교해 보자. плоский →площь93) →площадь, чёрный →чернь →чернядь, синий → синь → синядь, гнилой → гниль → гниледь 등.

고대 러시아어 및 방언들에서 자주 접하게 되는 접미사 -адь, -ядь, -едь를 가진 단어들은 보통 집합의 의미를 지닌다. площь와 площадь가 형용사 плоский과 연관이 있는 것처럼, ширь와 (방언) ширедь는 широкий와 관련된다. 즉, площь와 площадь는 '평탄함' 혹은 '평탄하고 넓은 장소'이다.

형용사 плоский와의 관계는 площадька'작은 광장', '얕은 접시94), 평평한 그릇'와 같은 고대 러시아어 단어들의 비교에서도 분명히 보인다. 후자는 그리스어 차용(*plateiades-plateia'거리, 광장'에서)에 의해서는 설명될 수 없다. 또한 두 개의 고대 러시아어 단어는 형용사 плоск(ий)에서 파생된 것이 분명하다.

мочало는 мочить와 연관되는가, 혹은 мыкать와 연관되는가?

이미 19세기에 мочало란 단어의 기원에 관한 학자들의 견해는 여러 가지

---

93) 이차적 접미사 -дь가 없는 우크라이나어 площа'광장'와도 비교해 보라.
94) 얕은 접시를 의미하는 плошка도 형용사 плоский 와 연관된다.

가 있었다. 어떤 사람들은 мочало가 그 기원에 있어 형용사 мокрый 및 동사 мокнуть, мочить의 어간과 연관되어 있다고 생각했다. 왜냐하면 мочало를 만들기 위해서는 나무껍질을 물에 불린 다음에야 거기에서 섬유질을 얻어냈기 때문이다. 다른 사람들은 그 어원의 정당성에 의문을 제기했는데, 이는 동사 мочить로부터는 мочало가 아니라, мочило가 자연스럽게 형성되기 때문이었다. 게다가 러시아어에서 мочило는 '무엇인가를 적시는 장소'(예를 들어, 아마 또는 삼)라는 의미를 가지면서 실제로 존재한다. 따라서 мочало는 어원적으로 мочить가 아닌 '섬유질로 잡아뜯다'라는 의미를 지닌 мыкать (лыко)와 연관되어 있다는 견해가 대두되었다. (장음 ы 대신에 단모음 ь를 지닌) 기원형 *мьчало는 후에 мочало로 변화되었다.

이 두 가지 어원은 현재에도 동등하게 존재하고 있다. 파스머는 (мочить와 관련된) 첫 번째 어원을 지지하고 있고, 미끌로쉬치*Ф.Миклошич*와 쁘레오브라쥔스끼를 뒤따라 『러시아어 어원 소사전』의 저자들은 (мыкать와 관계된) 두 번째 어원을 지지하고 있다. 단어 мочало의 이러한 두 가지 어원에 대한 각각의 주요한 찬성과 반대에 대해 분석해 보자.

무엇보다도 *мьчало의 мочало로의 변화는 음성적 원인들 때문에 불가능하다. 비강세 위치에서 약화모음 "ep"(ь)는 о로 변화되지 못하고 탈락한다. 따라서 мочало형태가 아니라, *мчало 형태가 나타나야만 한다. 이 가설의 옹호자들도 자신들의 입장에 대한 음성학적 약점을 알고 있다. 그래서 그들은 *мьчало가 동사 мочить의 영향으로 мочало로 변화되었다고 가정하고 있다. 원칙적으로 단어에 대한 그와 유사한 재해석은 가능하다. 그렇지만 이 경우에 그것은 мочало-мочить 어원의 뻔한 양보요, 굴복이다.

단어 мочало는 동사 мочить나 형용사 мокрый로부터 형성될 수 없어 보인다. 파스머의 사전에 기술된 어원에 대한 반대는 오해 때문이다. 파스머 사전에서 상응하는 항목 내의 독일어 단어 zu는 단어 мочало가 мочить나 мокрый로부터 "기원했다"는 것을 의미하는 것이 아니라, 그 단어들과 "관련이 있다"는 것을 의미한다(파스머 사전의 러시아어 번역본의 많은 부분에서 독일어 zu에 대해 알 수 있다).

단어 мочало와 мочить의 ч는 к의 구개음화의 결과이다. 고대형 *мокити에서 мочити가 발생했고, *мокъло에서 мочало가 발생했다. 단어미 형용사 горълъ, горъла, горъло가 горълти에서 형성된 것처럼, *мокъло도 *мокълти에서 형성되었다. 따라서 *мокъло는 동사파생 형용사(형동사) 중성형(*мокълъ, *мокъла, *мокъло)이다. 그리고 *мокъло лыко(горъло место와 비교)는 '흠뻑 적신 식물 섬유'를 의미했다.

우리가 재구한 동사 *мокълти와 *мокити와의 관계는 잘 알려진 조어-의미 모델을 반영한다.

бълити '하얗게 만들다'-бълълти '하얗게 되다'
тупити '둔하게 만들다'-тупълти '둔하게 되다'
старити '늙게 만들다'-старълти '늙게 되다'
*мокити '축축하게 만들다'-*мокълти '축축하게 되다'

к의 구개음화와 (ч 뒤에서) ль의 а로의 규칙적 변화를 통해 형태 변화 모델을 얻을 수 있다.

мочити '축축하게 만들다'-*мочати 　(→мочало)'축축하게 되다'
мельчить '작게 만들다'-мельчать '작게 되다'
легчить '가볍게 만들다'-легчать '가볍게 되다'(방언)

(동사 мочить와는 달리) 단어 мочало에서 ч 뒤의 а의 존재는 어근 мок- '축축한'와의 관계에 있어 예외가 아니다. 폴란드어의 moczar, 우크라이아어의 мочар, 체코어의 močal '소택지'과 같은 단어들 또한 동사형 мочити로부터는 형성될 수 없었다. 게다가 여기서 어근 мок-와의 관계는 명백하다.

끝으로, мочило, точило 그리고 기타 유사한 단어들에 의거하는 것은, 거기에 *-l(o)이 아닌 다른 접미사인 *-dl(o)이 존재한다는 명백한 이유로 인해 불확실하다. 조어 모델에서의 차이는 폴란드어 단어 toczydło와 gorzeły를 비교할 경우 아주 분명해진다. 이 예는 러시아어 단어 точило와 горелый의 접미사 부분이 첫 단어에서 л 앞의 д가 탈락한 후에야 같아졌다는 것을 말해준다.

벨라루시어와 우크라이나어의 자료들이 모든 의혹을 없애줄 것이다. 'макание'를 의미하는 벨라루시어 мачанне와 우크라이나어 мачання. 'макальный'를 의미하는 벨라루시어 мачальны와 우크라이나어 мочальний.95) 단어 мочало가 동슬라브어들에 의해서만 증명되기 때문에, 벨라루시어 및 우크라이나어 자료는 이 경우에 우선적 가치를 지닌다.

단어 мочало의 두 어원의 찬성과 반대에 대한 상세한 고찰은 이 단어의 기원을 동사 мочить, мокнуть 그리고 형용사 мокрый와 연관짓는 어원에 대한 선호를 포기하도록 강요한다.

*   *   *

비록 모든 경우에서 단어 역사의 참된 과정을 올바르게 반영한 것만이 결국 올바른 어원으로 판명될지라도, 단어 невеста, площадь 그리고 мочало의 어원들은, 그들의 신뢰성 정도와 관련 없이, 학문적 논쟁의 대상이 될 수 있다. 서로 모순되는 견해들 가운데 하나에 대한 충분히 비중 있는 논거를 발견하지 못하는 동안에는, 논쟁거리 어원들에 관한 다양한 가설들이 존재하게 될 것이다.

그러나 음성적, 조어적 또는 의미적 특성의 진지한 논거에 의거한 과학적 가설들은 단어의 어원 분석에 관한 기본적 원칙들에 대한 무지 때문에 발생하는 어원적 실수들과는 구별되어야 한다.

---

95) 동사 макать 또한 мочить, мокрый 와 어원적으로 연관이 있다. мочить-макать 그리고 (в)скочить-скакать를 비교해보시오.

제24장 민간 어원과 어원론적 실수

　단어들의 어원은 언어학에 대해 대단히 불명확한 개념을 지닌 사람들을 매료시킨다. 그리고 언어학적인 문제에 대해 준비가 덜 된 아마추어일수록, 대단히 복잡한 어원 문제에 대해 자신의 견해를 더욱 확신에 차서 이야기한다.

　예를 들어, 만약에 여러분들이 꼬치고기와 농어를 구분하는 것을 힘들어한다면, 결코 어류학 문제에 관한 어떠한 새로운 가설을 개진하려는 위험을 무릅쓰려 하지 않을 것이다. 상응하는 지식을 지니지 않고서는 아무도 핵물리, 화학, 수학 분야의 복잡한 문제에 대한 자신의 견해를 말하려 하지 않는다. 그런데 단어의 기원에 관해서는 희망하는 모든 이들이 자신의 견해를 이야기한다.

민간 어원*народная этимология*에 관하여

　보통 사람들은 이미 어린 시절에 자신의 어원 연구를 시작한다. гудильник (будильник), строганок (рубанок), копатка (лопатка), колоток (молоток), мазелин (вазелин)처럼 이해되지 않는 단어를 어떻게든 이해하려고 하는 자연스

러운 노력을 불러일으키는 어린이들의 교육이 어린 나이에만 전형적인 것은 아니다. спинжак (пиджак), полуклиника (поликлиника), полусадик(палисадник) 등처럼 사투리에서 단어의 철자를 바꾸는 예들도 있다. 이 모든 경우에 이해되지 않는 외국어 기원 단어를 잘 알려진 러시아어 단어나 어근을 이용하여 고친다. 단어 пиджак → спинжак (спина와 관련 지워서), поликлиника → полуклиника (клиника의 절반 규모), палисадник → полусадик(садик의 절반 규모).

고대 로마인은 이러한 어원적인 대립을 "소" 또는 "암소" 어원이라고 불렀다. 유사한 종류의 어원이 민중 속에서 자주 발생하였기 때문에, 이런 잘못된 해석은 나중에 "민간 어원"이라는 명칭을 얻게 되었다(과학적 어원과 대립). 그러나 "민간 어원"이란 용어 자체는 그렇게 바람직한 것은 아니다. 첫째로, "민간 어원"이란 용어 속에는 수 세기 동안 학문의 발전과 괴리되어 있던 민중에 대한 경시적 태도가 보인다. 둘째로, (이 점이 가장 중요한데) 민간 어원의 많은 부분이 민중에게서 생겨난 것은 결코 아니라는 사실이다.

예를 들면, 18세기의 아카데미 회원이자, 인문학자인 뜨레지아꼽스끼*В.К. Тредиаковский*는, 피레네 반도의 고대 원주민의 명칭인 иберы는 그들의 지리적 위치가 바다에 의해 уперты되어 있기 때문에, уперы가 왜곡된 것이라고 썼다. 그에 따르면, Британия는 Братания(брата에서)의, скифы는 скиты (скитаться에서)의, турки는 юркий(юркий'빠른'와 비교해 보시오)의 왜곡된 형태라는 것이다. 이러한 예에서, 우리는 대단히 높은 학문 수준에서 발생한 "민간 어원"을 접할 수 있다. 여기엔 민중과 아무런 관련이 없다. 뜨레지아꼽스끼의 시대는 어원론이 아직 학문으로서 정립되지 않았으며, 모든 유형의 무모한 환상을 위한 공간이었다.

따라서, 민간 어원은 민중 속에서 생겨난 어원은 결코 아니며, 어원 분석에 있어서 학문적인 원칙에 의해서가 아닌, 단어의 단순한 음성적 일치에 의한 우연적 대비에 의한 것이다. 가끔 이러한 대비는 정곡을 찌르기도 한다. 고리끼*А.М. Горький*의 희곡 『밑바닥에서*На дне*』에서 루까의 "Мяли много, оттого и мягок"란 말을 예로 들어보자. 단어 мяли와 мягок는 실제로 공통의 기원을 가진다. 그러나 올바른 대비가 이러한 관계를 과학적인 어원으로 변화시키지는 못한다.

"민간 어원"이란 용어 대신 몇몇 학자들은 "가짜 어원" 또는 "순진한 어원"이라는 표현을 사용하는 것을 선호한다. 그러나 이 용어들 또한 바람직한 형태는 아니다. 첫째로, 과학적 어원 역시 "가짜 어원"이 될 수가 있다. 예를 들면, 앞서 살펴본 단어 невеста의 두 가지 어원들 중 하나는 분명히 가짜가 된다. 그러나 이들은 둘 다 과학적 어원에 관계하는 것이며, 그 자체는 결코 수준 낮은 어원을 포함하지 않는다. 둘째로, "순진한 어원"이 반드시 가짜 어원을 가지는 것은 아니다(мяли와 мягок를 예로 들 수 있다). 아마도 "민간 어원"은 보통 가짜일 것이다. 그러나 모든 가짜 어원이 민간 어원은 아니다. 이것이 그 용어들 가운데 하나가 나머지를 대치할 수 없는 이유이다.

탈어원화와 민간 어원

민간 어원의 본질은 앞장에서 이야기한 사실을 상기하는 경우에만 이해가 가능하다.

자신의 발전 과정에서 단어는 점차 고대의 어원적인 관계를 상실하거나 탈어원화된다. 따라서 단어들은 어원 관계에서 이해되지 않는 상태가 된다. 과학적인 어원론은 우리가 이미 알고 있는 비교-역사 연구 방법을 토대로 하여 분석하는 단어의 실제 기원을 설정한다. 학자들은 주로 친족어들의 자료를 동시에 도입하면서, 단어의 역사에서 허용되는 가장 고대의 것을 재구한다.

이와는 달리 민간 어원은 소멸된 어원 관계들을 재구하지 않으며, 단어의 기원을 언어의 현재 상태로부터 출발하여 설명하려고 한다. 그러한 어원들은 어떠한 학문적인 논거도 포함하지 않는다. 이들은 단지 우연한 일치나 또는 단어들의 소리의 아주 작은 유사성에 근거한다.

과학적 어원과 민간 어원간의 불일치는 러시아어 단어 выдра의 기원에 관한 예에서 분명히 드러난다. 학자들은 그 단어의 고대형 *ūdrā를 재구했고, 친족어들 중에서 많은 상응하는 예를 찾아냈으며, '물의'라는 의미와 관련된 단어 выдра의 기원적 의미를 설명했다.

단어 выдрать에서 나온 것으로 보는 단어 выдра의 어원에 관한 민간 어원적 해석은 언어의 역사적 사실과 깊이 모순된다. 그것은 언어들의 친족 관계와 친족어들의 일치에 관한 개념과 전혀 관련이 없다. 이러한 설명은 단지 выдрать와 выдра의 음성적 일치에 기초한 것으로, 의미적 특성은 완전히 환상적인 논거에 의지하고 있다. 게다가 단어 выдра의 비교-역사적 분석은 인도 유럽어들에서 вы-драть와 같은 접두사 파생이 아직 전혀 생산적이지 못한 시기와 관련이 있다는 것을 보여준다.

어원론과 고고학

여러 지역, 특히 러시아의 초원지대에 거대한 고대 무덤이 솟아있다. 마을 주위에 그러한 무덤이 세워져 있지만, 아무도 언제, 누가 그것을 쌓았는지는 모른다. 그러한 무덤 주변으로 전설이 생겨났다.

옛날 옛적, 한 100년이나 200년쯤 전에 귀부인이 사랑하던 개가 죽었다. 하루종일 귀부인은 슬픔의 눈물을 흘렸다.

그런데 바로 그 마을에 군인들이 주둔하고 있었다. 군인들은 그녀가 너무나 가엾어서, 마을 주변에 무덤을 파고 기독교식에 따라 개를 묻어 주었다. 그리고 무덤이 있던 바로 그 자리로 모자에 흙을 담아서 날랐다. 그 일은 그

장소에 거대한 무덤이 생길 때까지 오랫동안 계속되었다.

이 전설에는 실제 삶과 연결된 사실이 있다. 언젠가 고고학자들이 와서 그 무덤을 발굴하였다. 그러나 그들이 무덤 아래에서 발견된 것은 개의 유골이 아닌, 여기에 백 년, 이백 년이 아니라 이천오백 년 전에 매장된 스키타이 추장의 화려한 무덤이었다.

이러한 상황은 많은 단어의 역사에서도 관찰된다. 민간 어원은 먼 과거시대의 이해되지 않는 사실들을 현대어의 유사하면서 이해되는 현상으로 설명하려고 하는 그러한 전설과도 같은 것이다. 그리고 어원학자들은 독특한 "고고학적 탐사"를 통해 우리가 알지 못하는 단어의 기원이 세기의 심연 저 멀리로 떠나갔음을 밝히고, 많은 경우에 전설과 설화조차도 존재하지 않던 그 먼 옛날의 흔적들을 "개의 무덤"에서 찾아낸다.

민간 어원과 어린이 어원

"Хватит тебе **секреты** говорить!" "**Секретарша** какая!"; "Мы ходим на прогулку,-мы **прогульщики**!"

추꼽스끼의 『두 살에서 다섯 살까지』란 책에서 인용된 위의 예와 또한 아래에서 인용될 예들은 많은 관계 속에서 나타난다. 어린이 어원을 민간 어원과 완전히 동일시해서는 안 되겠지만, 민간 어원의 주요한 특징들은 어린이들의 비교 속에서 가장 분명히 그려지고 있다. 그리고 두 번째로 어린이 어원의 실수는 어떠한 의심도 불러일으키지 않으며, 실수를 밝히는 데 상세하고도 복잡한 설명을 요구하지 않는다. 끝으로 민간 어원의 다양한 형태를 구분하는 것보다 더 쉽다.

단어 *секретарша*와 *прогульщик*의 예에서 *секрет*와 *прогулка*의 어원 관계

는 일반적으로 올바르게 설정되었다. 단지 전자의 경우 그 관계는 직접적인 것은 아니다. 그것은 최종적으로는 단지 라틴어 자료를 통해서만 정해질 수 있을 것인데, 그것은 그 단어들이 라틴어에서 비롯되어 서유럽어들을 통해 차용되었기 때문이다. 예를 들어, 프랑스어 secret가 '비밀'과 '비밀의'를 의미하고, secrétaire가 '탁자, 사무실'과 '서기, 비서'를 의미하는 것과 비교해 보라. 이처럼 이 경우에서의 잘못은, 중간적인 어원 고리에 의해 긴 사슬이 실제로 연관을 맺고 있는 단어 секрет와 секретарь(секретарша)에서 현재에는 존재하지 않는 직접적인 어원 관계를 설정했다는 점이다.

단어 прогулка와 прогульщик의 경우는 다르다. 이 경우의 주된 잘못은 의미적 특성에 있다. 단어 прогулка, прогульщик, прогул 그리고 прогуливаться 간의 관계는 누구도 의심하지 않는다. 그러나 단어 прогульщик과 прогул은 특별한 의미적 뉘앙스를 지닌다. 그 단어들은 산책하는 누군가를 지시하는 것이 아니라, 하찮은 이유로 직장이나 학교에 오지 않은 사람들을 지시한다.

또 다른 어원적 실수는 лодырь를 '배лодка를 만드는 사람', спец를 '잠자는 것을 좋아하는 사람'으로 만든 경우에서 찾아 볼 수 있다.[96] 이 모든 경우에 어원 관계를 상정하고 있는 단어들은 실제로는 그 기원상 아무런 공통점이 없다. 그 조어열을 보자.

писать － писец
играть － игрец[97]
читать － чтец
лгать　 － лжец
спать　 － спец

---

[96] 이 예들 모두 추꼽스끼의 책에서 인용한 것이다.
[97] 비교: И швец, и жнец, и на дуде *игрец* (만사에 능한 사람에 대해 사용)

마지막 예가 이 열과 아무런 관계가 없음은 분명하다. 단어 спец는 специалист 의 축약 형태이다.   специалист는 최종적으로 라틴어 specialis'특별한'에서 유래하였다. 그리고 그 단어는 라틴어 species'모양, 다양함'와 specio'나는 본다'와 관련이 있다. 따라서 단어 спать와 спец는 어원적으로 아무런 관계가 없다.

민간 어원과 단어들의 왜곡

방금 살펴본 어린이 어원의 모든 예들에서 단어의 어원에 대한 임의의 설명은 단어의 왜곡을 초래했다. 모든 단어들에 대해 그 단어들이 언어 내에서 존재하는 형태를 통한 민간어원적 해석이 적용될 수는 없다. 그런데 사람들은 이해되지 않는 단어를 어떻게든 설명하려고 하기 때문에, 어린아이의 언어에서뿐 아니라, копатка나 мазелин와 같은 유형의 왜곡이 자주 나타난다.

단어 спинжак, полуклиника, полусадик 등과 같은 예들이 바로 그러한 경우이다. 그런데, 이러한 문맹적, 방언적 그리고 속어적 형태들은 사라지지 않고 있다. 더 나아가 단어의 민간어원적 변화는 문학어에서도 역시 발견되어지며, 그 경우도 적지 않다.

고대 러시아어 свѣдѣтель은 동사 вѣдѣти'알다'에서 형성되었고, 무언가를 알고 있는 사람을 의미했다. 오늘날 우리는 сведетель이라고 말하지 않고, свидетель이라고 말한다. 그리고 그 단어는 '목격자'라는 그 단어의 의미를 고려할 때 동사 ведать가 아니라, 동사 видеть와 관련된다. 동사 ведать와의 옛 관계는 벨라루시어의 сведка와 세르보-크로아티아어의 сведок'목격자'에서 지금까지 유지되고 있다.

18세기말에서 19세기 초의 러시아 외교 문서에서 라틴어 기원의 단어

аудиенция에 대한 민간어원적 재해석의 결과인 단어 уедиенция를 볼 수 있다(уединиться, уединение의 영향으로). 벨라루시어에서는 라틴어 차용어 экзекуция보다 어원적으로 훨씬 더 표현적인 단어인 слкуцыя가 쓰였다.

라틴어 동사 vagari'헤매다'의 접미사 파생어로 vagabundus가 있었다. 그 형태는 이탈리아어에서는 vagabondo, 스페인어에서는 vagabundo'방랑자'로 사용되었다. 그런데 스페인어에서 희귀한 접미사 -bundo를 -mundo로 고쳤다. 그러자 단어 vagamundo는 vagar'헤매다'와 mundo'세계, 세상'에서 형성된 복합어로 여겨지게 되었다. 즉, 민간어원적 변화의 결과 스페인어 단어 vagamundo는 '세상을 떠돌아다니는 사람'이라는 의미를 가지게 되었다.

다양한 단어들의 어원을 연구하면서 학자들은 자주 연구를 어렵게 하는 이와 유사한 민간어원적 의미 재해석 가능성을 항상 고려해야만 한다. 왜냐하면 그것이 고대의 어원 관계들을 이차적이고도 억지스러운 관계로 바꾸기 때문이다.

그러나 민간어원이 단어의 어원에 관한 인간의 관념에 대한 상호작용만으로 나타나는 것은 아니다. 잘못된 어원 규정은 특히 정자법 연습 시에도 밀접하게 관련되어 있다. 정자법적으로 의심나는 단어를 어원적으로 관련이 없는 다른 단어와 대비시킴으로써 일어나는 학생들의 전형적인 실수들은 잘 알려져 있다. 모국어 범주에서의 어원적 지지를 완전히 상실한 외래어들의 경우 특히 힘들다. 따라서 그러한 단어들을 기술할 때는 다른 외국어에서 기원한 "유사한" 단어에 자주 의지한다. 그리하여 민간어원적 단어 왜곡에 의해 실수가 발생한다. 올바른 형태인 инцидент, прецедент 대신에 инциндент, прецендент(претендент과 같은 유형의 영향으로), компрометировать, констатировать 대신에 компроментировать, константировать(регламентировать, Константин과 같은 유형의 영향으로)와 같은 잘못된 단어들이 나타난다.

"내가 바로 라다!"

아마도 민간어원이 가장 광범위하게 퍼져있는 곳은 고유명사에 대한 해석 분야일 것이다. 라틴어 공부를 시작한 대학생을 예로 들어보자. 첫 시간에 그는 라틴어 단어 ira가 '분노'를 의미한다는 것을 알게 될 것이다. 그리고 그 즉시 러시아 이름인 Ирина, Ира를 라틴어의 의미로 설명하면서 그 단어와 연관시키려고 한다. 실제로 Ирина란 이름이 그리스어에서 차용되기는 하였지만, '평화'를 의미하는 단어 eirēnē에서 차용되었다. 이 단어는 또한 고대 그리스인들에 의해 고유명사로서 사용되었다(Eirēnē-Ирина-평화의 여신의 이름).

지명에 관한 설명에서 유사한 어원을 무수히 만나볼 수 있다. 많은 지명들은 대단히 오래된 것이다. 그들 가운데 어떤 것들은 이미 오래전에 어원 관계를 상실하였고, 또 어떤 것들은 다른 언어들에서 차용되었기 때문에 이러한 어원 관계를 결코 지니지 않는다. 그런데 그러한 이해되지 않는 명칭을 어떻게든 설명해 보려는 노력으로 인해 대단히 괴상한 "어원"과 역사적인 실제 사건을 근거로 한 완전한 전설이 자주 출현하게 된다.

Коломна란 도시 명칭은 어디에서 비롯되었는가? 언젠가 이 도시에서 멀지 않은 곳에서 성자 세르게이가 공후 드미뜨리 돈스꼬이를 축복해주었다고 한다. 축복을 주고 난 후 성자 세르게이는 도시로 갔다. 그런데 도시의 주민들은 무슨 이유인지 그를 쫓아내고 심지어 말뚝으로 위협하였다. "나는 그들을 선으로 대했는데, 그들은 나를 말뚝으로 위협했다Я к ним с добром, а они **колом мя**(меня)"라고 나중에 세르게이가 푸념하였다. 여기의 колом мя에서 Коломна란 도시 명칭이 생겼다.

또 다른 공상적인 예로 Самара라는 강과 도시 명칭의 "어원"을 들 수 있다.

전설에 따르면 동쪽에서 서쪽으로 작은 강이 흐르고 있었고, 북으로부터 이 강을 가로지르려 라(Ра: 볼가 강의 고대 명칭)라는 거대한 강의 물결이

흘러들었다.

"비켜!-커다란 강이 작은 강에게 소리쳤다-나에게 길을 양보해라. 내가 바로 라야!"

"나도 라야(А *я сама Ра*)"-작은 강이 태연하게 대답하면서, 서쪽으로 계속 흘러갔다.

두 개의 지류가 서로 만나서 충돌하였고, 커다란 강은 자신의 조그만 경쟁자에게 굴복하면서 자신의 흐름을 서쪽으로 돌려야만 하였다. 그리고 сама Ра 라는 어구에서 Самара라는 강의 명칭이 발생했다는 것이다.

유사한 방식으로 민간어원은 Яхрома와 Ворскла 강의 명칭을 설명하려고 하였다. Яхрома란 강의 명칭은 유리 돌고루끼 공후의 부인이 그 강을 건너다가 다리를 삐면서 지른 "Я хрома!(나는 다리를 삐었다!)"란 외침에서 비롯되었다고 한다. Ворскла란 명칭은 뾰뜨르 1세와 관련이 있다. 망원경을 보다가 황제는 렌즈를 물에 빠트렸다. "стекло'유리'(скло)"를 찾으려는 시도는 실패하였다. 그 후 이 강의 명칭은 Вор скла("вор стекла'유리도둑'")라는 명칭을 얻게 되었다는 것이다.

이러한 모든 전설들은 상응하는 지명의 실제 기원과는 어떠한 공통점도 지니고 있지 않다. 그러나 이들은 다른 면에서 중요하다. 살펴본 예들은 민간어원이 민중들의 구전 창작인 구비 문학과 얼마나 긴밀한 관계를 가지고 있는가를 보여준다. 많은 이야기와 전설들은 그와 유사한 방식, 즉 이해되지 않는 단어들과 명칭들을 어원적으로 해석해보려는 시도의 결과물로서 발생하였다.

우리는 이미 거품에서 태어났다는 고대 그리스의 여신 아프로디테와 아테네 여신의 이름의 기원에서 유사한 현상들을 만나볼 수 있었다. 유사한 예들은 또한 모든 민족의 민간 구비 작품에서 만날 수 있다. 민간어원의 특수성에 대한 연구를 지향하는 어원학자의 탐색은 구전되는 민간작품의 고대 기원과 관련된 가장 복잡한 문제들을 새롭게 조명하도록 해준다.

분노와 불꽃

지금까지 살펴본 모든 예들에서 민간어원과 과학적 어원들 사이에서의 차이는 항상 분명히 나타났다. 그러나 유감스럽게도 어원 해석에 대한 두 가지 상이한 유형간의 명확한 경계 구분이 불가능한 경우가 자주 발생한다.

로마 문법학자 바론에 의해 제안된 어원들 중 몇몇은 오랫동안 민간어원의 범주에 포함되어 있었다. 그러나 바론의 이러한 해석이 학문적 분석에 의해 증명됨이 좀더 면밀한 연구에 의해 밝혀졌다.

고리끼의 주인공 가운데 한 명인 마뜨베이 꼬제먀낀*Матвей Кожемякин*의 연구에서 단어 гнев는 그 기원에 있어서 단어 огонь과 관련이 있다는 견해를 찾아볼 수 있다. 이 어원을 증명하는 예로써 마뜨베이 꼬제먀낀은 접두사 о- 를 단어 огонь의 어근으로 보면서 동사 огневаться를 인용하였다. 이러한 설명의 민간어원적 특징은 대단히 명백하다.

그러나 저명한 어원학자인 마르뜨이노프*В. В. Мартынов*는 비교적 최근에 학문적인 가설로써 그러한 주장을 개진하였다. 그의 주된 논거들 가운데 하나가 단어 огневаться(단지 좀더 고대형으로)이다. 그는, 비록 논쟁거리는 남아 있지만, 오늘날 그 어원을 학문적 가설로서 여겨야 한다는, 자신의 관점을 위한 흥미로운 결론들을 이끌어내었다.

단어 гнев의 예는 민간어원과 과학적인 어원 사이의 경계가 그처럼 조건적일 수 있음을 보여준다. 어떤 경우에 오랫동안 민간어원으로 여겨졌던 어원이 결국 보편적인 학문적 인정을 받을 수 있다. 반대로 과학적 어원으로 여겨진 어원이 민간어원과 같은 수준으로 여겨질 수 있다.

*　　*　　*

이처럼 민간어원이란 다양한 단어들의 기원에 대한 무지하고 순박한 해석의 단순한 조합이 아니라, 단어의 역사를 연구하는 연구자들을 자주 어려운 상황에 놓이게 하는 복잡한 현상이다. 민간어원은 언어에 많은 흔적을 남겼다. 게다가, 일련의 경우에 이러한 흔적들은 학자들이 진짜 어원과 민간어원을 분간할 수 없을 정도로 전혀 눈에 띄지 않게 위장되어 있다. 이 모든 것들은 어원학자들의 작업에 어려움을 주며, 언어 연구자들에게 고대의 단어 창조의 숨겨진 비밀을 통찰할 수 있도록 해주는 모든 새로운 자료를 도입하도록 강요한다.

제25장 어원적 "신화들"

이 책의 마지막 장에서 말하려고 하는 것은 단어의 기원에 관한 민간어원적 해석의 토대에서 발생하는 전설이나 신화에 관한 것이 아니다(아프로디테, 아테네, 사마라 강 등에 관한 전설과 신화를 비교해 보시오). уединиться에서 уедиенция가, выдрать에서 выдра가 기원했다는 식의 허구적인 "신화적" 어원은 우리의 관심을 끌지 못할 것이다. 그러한 "어원"의 저자들은 스스로 단어의 기원적 의미에 도달한 것처럼 느낄 뿐, 어원사전들에 자신의 설명을 기록하지 못한다. 예를 들어, 베를린*Berlin*과 베른*Bern*의 도시 문장에는 곰(독일어로 Bär)이 등장하는데, 민간어원에서는 문장학의 영역까지 침투하여 그 협소한 분야에만 천착할 것이다.

작가, 언어학자 그리고 심지어는 어원사전의 저자들이 독자들에게 기술되는 어원의 진실성에 대해 감명을 주기 위해 다양한 종류의 "신화"로써 치장된 설명을 하고 있는 것은 또 다른 문제이다. 아래에서는 그와 같은 어원적 "신화들"에 관한 몇몇 예를 들어보겠다.

코끼리는 어떻게 잠자는가?

비록 이상스럽긴 하지만 이 질문은 단어의 어원에 직접적인 관계가 있다.

고대 러시아어 문헌(15세기)에서, 코끼리는 자신의 무릎을 굽히지 못해서 잠자고 싶을 때는 참나무에 기대고 잔다(егда хощеть спати, дубъ ся въслонивъ спить)라는 우화를 찾을 수 있다.

바로 이러한 민간 어원적 대비(при-слонити에서 слон이 기원했다)에서 출발하여, 쁘레오브라줸스끼 등과 같은 일련의 신중한 어원학자들은 러시아어 단어 слон의 기원을 설명하였다. 그러한 단어의 어원의 주변으로는 제기된 설명의 진실성을 확증하기 위해 일상적인 "신화"가 발생하였다. 실제로 단어 слон은 코끼리들이 다리를 구부리지 않고서 잠을 잔다는 믿음을 토대로 하여 동사 прислонити에서 형성된 것이 아니라, 반대로 단어 слон과 (при)слонити의 민간어원적 대비의 결과로서 그러한 믿음 자체가 발생한 것이다.

слон이란 단어는, 우리가 이미 알다시피, 터키어의 aslan'사자'으로부터 차용되는 과정에 발생한 의미 재해석의 결과이다. 동물의 명칭에 대한 유사한 의미 재해석은 언어 내에서 이미 드물지 않게 접할 수 있다(앞에서 우리는 "코끼리"가 "낙타"로 변한 예를 살펴본 바 있다).

여울을 건너 쟁기를 가져갔는가?

라틴어에 그 소리가 유사한 두 그룹의 단어들이 존재하였다. 1) porta'대문', portus'항구'(바다로 통하는 도시의 대문으로서) 그리고 2) portare'가져가다'. 라틴어 portus는 프랑스어를 매개로 하여 우리에게 명사 порт의 형태로 들어 왔다. 동사 portare'가져가다, 옮기다'의 어근을 우리는 러시아어 단어 импорт'수입', экспорт'수출', транспорт(문자 그대로의 의미로는 '운송') 등에서 찾을 수 있다.

이미 19세기에 학자들은 유사한 단어인 porta'대문'와 portare'가져가다'

를 어떻게든 어원적으로 연결시키려고 시도하였다. 역사적 사실들에 근거하면서 그들은 이 문제에 대한 기발한 해답을 내놓았다. 『러시아어 어원사전』(키예프, 1970)의 저자인 쯔가넨꼬 *Г. П. Цыганенко*는 자신의 사전에 그것을 포함시킬 정도로 그 해답을 신뢰하였다.

"라틴어 단어 porta'대문'와 portus'항구'는 동사 portare'가져오다'로부터 형성되었다. '가져오다'(portare)와 '대문, 항구'(porta, portus)란 개념간의 어원 관계는 다음과 같이 역사적으로 설명된다. 고대 로마인들은 도시를 건설하면서 제일 처음에 쟁기로 이랑을 만들어 그곳을 따라 도시의 성벽을 쌓을 선을 표시하는 풍습이 있었다. 그리고 대문을 세울 곳에는 손으로 쟁기를 날랐다. 여기에서 porta의 문자 그대로의 '(쟁기를) 나르는 장소'라는 의미가 발생했고, 그 후 '출입구를 만들 장소'라는 의미가 되었다."

여기에서 가장 흥미로운 것은 고대 로마인들에게 그러한 풍습이 실제로 있었느냐 하는 것이다. 그리고 앞서의 모든 설명은 단지 민간어원 차원에서 날조해낸 것이다. 무엇으로 그것을 알 수 있을까? 무엇보다도 라틴어 단어 porta와 portus(기원적 의미인 '입구, 통로'를 지닌)와 대응하는 인도유럽어들이 존재하기 때문이다. 독일어 Furt, 영어 ford'여울'[98], 문자그대로의 의미는 '(강을 건너는) 통행로', 라틴어의 portus와 마찬가지로 아이슬란드어에서 상응하는 단어는 '항구'를 의미한다(그 단어는 러시아어에 фиорд란 형태로 들어왔다). 그러한 모든 예들에서 어떻게 쟁기를 추론해낼 수 있는가? 그 단어가 로마인의 풍습보다 더 오래된 것임은 분명하다.

끝으로 '통로'라는 공통 의미를 우리는 '여울', '길'이란 의미를 지니는 고대 그리스어 단어 poros'여울', '길'에서 찾을 수 있다.[99] 그 단어는 portare나

---

[98] 도시명 Франкфурт('프랑크인들의 여울')와 Оксфорд('황소 여울'; 영어의 ox'황소'에서)라는 지명과 비교해 보시오.

[99] 그리스의 Босфор(그리스어의 Bosporos'황소 여울')는 영어의 Оксфорд와 완전히 유사하다.

유사한 그리스어 동사에서 형성된 것이 아니다. 왜냐하면 그 단어에는 접미
사 -t-가 없으며, 라틴어 동사보다 좀더 고대적인 조어 모델을 반영하고 있
다. 또한 '통로, (가죽의) 구멍'이란 의미의 그리스어 poros는 서유럽어들을
통해 러시아어에 пора, поры'가죽 표면의 땀구멍'란 단어로 들어 왔다. 여기
에서도 쟁기에 대한 인용이 적당치 못함을 분명히 알 수 있다.

이 예는 역사적 사실의 토대 위에 굳건히 세워진 가장 아름다운 어원적
"신화"이며, 언어학적 비교 역사 방법론을 이용한 진지한 고찰을 통해 산산이
부서질 종이로 만든 집과 같은 것이다.

바바야가와 엉터리

호머로부터 시작하여 현재까지, 다양한 시대와 다양한 국가의 작가들에 의
해 제안된 대단히 다양한 어원을 포괄하는 방대한 양의 책을 집필할 수도 있
다. 그러나 호머는 러시아어 단어의 어원에 관해서는 전혀 쓰지 않았기 때문
에, 좀더 이후의 시대의 예들로 제한하고자 한다.

베레스또프 *B. Берестов*는 자신의 회상에서 마르샤끄 *C. Я. Маршак*가 어원 문
제에 굉장한 관심을 가졌다고 말하고 있다. 다음은 그의 즉흥적 어원 가운데
하나이다.

"баба-яга는 따따르어의 "бабай-ага'큰아저씨'"일 수도 있다. 바투의 시대에
루시에서는 다음과 같이 아이를 얼렀다. "자라, 안 그러면 бабай-ага가 데려
간다."'[100]

마르샤끄가 자신의 어원을 조심스럽게("~일 수도 있다") 제안하였고, (출

---

100) В. Берестов. "Встречи с Маршаком". Юность, 1966, No. 6, стр. 83.

판물도 아니고) 자신의 제안을 상대방에게 강요하지도 않는 편안한 대화 속에서 표현하였다는 점을 지적해야만 하겠다. 그렇지만 유감스럽게도 마르샤끄의 기발한 설명 또한 일상적인 어원적 "신화"이다. 단어 яга와 그 어원적 "친척들"은 서슬라브어들에 폭넓게 분포되어 있다. 즉, 그 단어는 바투의 시대 이전부터 존재했었다.

다른 경우들에서 작가들은 자신의 정의에 대해 좀더 절대적이다. 예를 들어, 아르고 *A. M. Apro*는 "문헌학에 관하여"(*Наука и жизнь*, 1968, № 6, стр. 120-122)란 흥미로운 논문에서 ерунда란 단어의 기원에 관해 지나친 확신을 가지고 쓰고 있다.

"어떤 사람들이 단어 ерунда를 라틴어 문법형 герундий와 герундив로부터 최소한의 반항의 선상에서 만들었다.

실제 기원은 다르다.

뾰뜨르 대제 시대에 러시아로 최초의 선박 기술자들이 도착했을 때, 그들은 주로 독일어로 설명을 하였다.

자신들의 말에 과장된 몸짓을 곁들이면서, 그들은 돛대를 세우고 각자의 임무를 지시하였다. 그때 그들은 독일어로 '이리로-저리로'를 의미하는 "hier und da"라는 말을 하였다. 그것은 무언가 난해하고 불필요한 것을 의미하면서 러시아식 발음으로 "ерунда"라는 말로 변화되었다."

무엇보다도 이러한 주장에는 첫 번째 어원을 반박하는 논거가 전혀 없다는 점에 주목해야 한다. 그것은 단지 옳지 않은 설명만을 하고 있다. 게다가 герунда, ерунда, ерундистика와 같은 문학어적 단어들은 어원학자들에 의해 위에서 언급한 라틴어 단어에서 유래된 것이 거의 확실한 것으로 여겨진다. "동명사의 동사적 형용사로의 교체" 문제는 라틴어 문법에서 가장 복잡하고도 혼란스러운 주제 가운데 하나였다. 학생들에게 그것은 정말로 герунда였다.

새로운 어원의 저자는 또한 실증적인 부분에서 뾰뜨르 시대에 러시아에서 실제로 일했던 독일인 선박 기술자들을 인용하는 전형적인 어원적 "신화" 외에는 어떤 논거도 제공하지 못한다. 여기에서는 또한 고대 로마인들이 미래의 도시가 세워질 땅을 표시했던 쟁기의 예처럼, 역사적 사실에 대한 인용이 거짓 어원의 개연성을 증명해 주어야만 한다.[101]

몇 가지 어원적 "신화들"

『과학과 삶』(1969, № 10)이란 잡지에 "언어"란 탁월한 논문을 썼던 나로브차또프*C. C. Наровчатов*도 어원 문제를 다룰 때는 항상 신중하지는 않았다. 예를 들어, 그는 단어 медведь가 어원적으로 '꿀을 관리하는ведающий мёдом'을 의미하고(실제로는 '꿀을 먹는 자медоед'를 의미), весна는 동일한 어근을 가지는 ясная에 의해 쉽게 설명된다(실제로 이 단어들의 기원은 다르다)라고 확신에 차서 주장하였다. 게다가 또 하나의 어원적 "신화" 형태가 소개되는데 그것은 다음과 같다. дочь는 доящая '젖 짜는 여자'에서 유래되었는데, 그것은 고대로부터 가족 구성원 가운데 어린 여자에게 가축의 젖 짜는 임무가 부여된 것과 관련이 있다(стр. 100).

여기서의 잘못은 дочь와 доить란 단어를 대비시켰다는 데에 있는 것이 아니라, 그 둘의 관계의 설명에 있으며 고대의 관습에 대한 부적절한 인용에 있다. 실제로 단어 дочь는 어원적으로 '젖을 짜는 여자'가 아니라, '젖을 빠는 여자' 혹은 '젖을 먹는 여자'를 의미한다. 이러한 대단히 폭넓게 확산된 아이들의 명칭에 대한 의미 모델(доить의 예를 포함하여)은 슬로바키아어 자료를 통해서도 명백하게 제시될 수 있다. dojčit '젖을 먹여 키우다'-dojča '젖먹이'(비교: dojka '유모').

---

101) 그 논문의 단어 атаман, сноб에 대한 설명도 의심스럽다. 게다가 후자의 어원 또한 일상적인 어원적 "신화"이다.

러시아어 외에도 슬라브어들과 인도유럽 친족어들의 동사 доить는 보통 '젖을 먹이다'와 '젖을 빨다'란 의미를 지닌다.[102] 단어 дочь와 그 생격형 дочери는 인도유럽어들에서 일련의 확실한 대응형을 갖는다. 리투아니아어 dukté, 생격형 dukters, 고대 인도어 duhitā, 고대 그리스어 thygatēr, 고트어 daúhtar 등. 따라서 나로브차또프가 인용한 "고대"의 표현은 2~3백 년 혹은 1000년 전쯤이 아니라, 최소한 5~6천 년 전의 의미와 관련이 있다는 것을 알아야 한다. 그리고 기원상 인도유럽어인 단어의 설명을 위해 러시아어 단어 доить의 현대적 의미를 고대로 옮기는 것은 대단히 적절하지 못하다.

동일한 논문에서 우리는 서로 다른 연대가 혼동되어 있는 또 다른 예를 찾을 수 있다. 라틴어 단어 ursus'곰', 프랑스어 ours, 이탈리아어 orso, 페르시아어 arsa 등에 동일한 자음군 rs가 있다는 것에 주목한 나로브차또프는 고대 슬라브어에서 이 짐승의 이름은 "рос"와 유사한 소리로 발음되었을 것이란 가정(그 스스로도 "지나치게 용감하다"고 밝히고는 있지만)을 하였다. 그리고 여기에서 Рось'곰의 강'와 рось'곰의 종족'란 단어가 나왔다고 한다. 그리고 계속해서 다음과 같이 쓰고 있다.

"나의 추정이 그렇게 근거 없지는 않다. 언젠가 사람들이 친근감을 표현하면서 비유적인 의미뿐 아니라, 그 단어의 최초의 의미에 따라 러시아인들을 "곰"으로 부르지 않았던가. 그 언젠가라는 것은 아스콜드와 디르의 시대이거나 혹은 보쉬의 시대일 수도 있다. 그렇지만 그러한 상황으로부터의 추정이 덜 흥미로운 것은 아니다."[103]

여기서는 무엇보다도 연대적 "불일치"가 눈에 띈다. 한편으로는 5~6천 년 전 선사시대를 반영하는 인도유럽어들의 자료를 인용하면서, 다른 한편으로

---

102) 예를 들어, 세르보-크로아티아어 동사 дojити는 위의 두 의미를 모두 지닌다.

103) 이러한 모든 예들(медведь, весна, дочь, рось)을 나로브차또프는 자신의 책 『평범하지 않은 문헌 연구Необычное литературоведение』에서 반복하고 있다(М., 1970, стр. 71-84).

는 (작가에게는 대단히 오래 전의 일 같아 보이지만) 비교적 늦은 역사시대 (아스콜드와 디르는 9세기 끼예프의 공후들이다)를 인용하고 있다.

공통슬라브어시대의 슬라브인들에게는 이미 медоед라는 곰에 대한 타부적인 명칭이 존재하고 있었음을 알아야 한다. 이 짐승에 대한 고대 인도유럽어 명칭의 흔적은 어떤 슬라브어에도 전혀 남아있지 않다. 슬라브어와 가장 가까운 발트어들에도 그 흔적이 남아있지 않기 때문에, 그러한 곰에 대한 고대 명칭은 슬라브어들이 독자적인 그룹으로 분할되기 이전에 이미 우리 선조들에 의해 사라졌음을 알 수 있다. 따라서 아스콜드와 디르의 시대에 "러시아인"들을 "곰"이라 불렀다는 가정은 공중에 뜨게 된다.

끝으로, 앞에서 언급한 어원적 "신화"의 음성적 근거가 박약함을 언급해야겠다. 프랑스어와 이탈리아어의 곰에 대한 명칭을 인용한 것은 너무 지나친 것이다. 왜냐하면 그들은 역사적으로 라틴어 ursus에서 발생한 것이기 때문이다. 페르시아어 arsa에서 s음은 š에서의 뒤늦은 변화의 결과이다. 그리스어 단어 arktos‘곰’(여기에서 우리의 단어 арктика가 비롯되었다)와 기타 인도유럽어의 대응어들은 인도유럽어의 곰의 명칭에서 -rs- 결합이 결코 기원적이 아님을 말해준다. 그리고 "고대 슬라브어 단어" poc를 만들기 위해 라틴어와 페르시아어의 -rs-(ursus, arsa) 결합에 o를 삽입한 것도 전혀 근거 없는 것이다.

расшива란 무엇인가?

네끄라소프, 고리끼 그리고 기타 러시아 작가들의 작품에서 만날 수 있는 расшива란 단어의 어원에 대해 간단히 살펴보자. 그 단어가 사용된 예를 들어보면 다음과 같다.

Расшива движется рекой .   범선이 강을 따라 움직이고 있다.
Н. А. Некрасов, "На Волге"   네끄라소프, "볼가 강에서"

расшива는 나중에 증기선에 의해 밀려난 볼가 강의 커다란 범선을 말한다. 단어 расшива는 어원적으로 동사 шить, расшить, расшивать와 관련된다.

유명한 슬라브주의자이자 아카데미 회원인 제르좌빈*Н.С.Державин*은 이러한 어원 관계에 반대하였다. 그의 견해에 따르면, 단어 расшива와 шить 간의 관계는 민간어원적 의미 재해석의 결과이며, расшива는 사실은 독일어 Reiseschiff '여행선'에서의 차용이라는 것이다.[104]

이것은 차용에 관한 어원적 "신화"보다도 더 심한 것이다. 첫째, расшива는 여객선이 아니라, 전형적인 화물선이다. 둘째, 이 단어의 기원에 대해서는 러시아어에서 확실한 어원 관계를 확인할 수 있다.

우리는 보통 판자를 못으로 고정시킨다(приколачивать). 숙련된 목수가 판자를 고정시키는 행위는 (비록 그가 끈이 아니라, 못을 사용하더라도) пришивать 동사를 사용한다. 여기에서 방언의 шитик란 단어가 기원하였다. 달*В.И.Даль*은 자신의 사전에서 이 단어에 대해 '얕은 강을 다니는 배'(볼가 강 연안지역 방언) 또는 '갑판을 엮어 만든 배'(시베리아지역 방언)로 설명하고 있다. 또한 그의 사전에서는 шива'나무를 도려내서 만든 것이 아니라, 나무들을 엮어 만든 배'라는 단어도 찾을 수 있다.

따라서, 어원적 관점에서 расшива는 판자를 붙여 만든 배를 의미한다. 비잔틴의 콘스탄티누스 황제(10세기)는 고대 루시인들이 판자를 엮어 만든 "전투선"을 제작했다고 말했다. 즉, 러시아인들은 자신들의 배를 만들 때 못뿐만 아니라, 버드나무 줄기와 노간주나무 뿌리로 판자를 엮었다.[105] 바로 여기에

---

104) Н. С. Державин. "Народная этимология". *Русский язык в школе*, 1939, No. 2, стр. 39.

105) 이에 관해서는 마브로딘*В.В.Мавродин*교수의 『루시에서 항해의 시작*Начало мореходства на Руси*』이란 흥미로운 책에서 읽을 수 있다.

서 шить와 пришивать란 러시아어 동사들이 가지고 있는 '깁다'와 '고정시키다' 란 의미 간의 연결고리를 찾을 수 있을 것이다.

"잘 가라, 고기야!"

임의의 어원이 진실한 것인가 혹은 고안된 것인가라는 문제를 결정하는 것이 얼마나 힘든 것인가는 карнавал이란 단어의 기원의 예에서 판단할 수 있다. 그 단어는 이탈리아어에서 (프랑스어를 매개로 하여) 러시아어에 들어왔다.

처음에는 이탈리아의 봄축제와 유사한 러시아의 마슬레니짜를 карнавал이라 불렀다. 이 축제는 다양한 거리 행렬, 가장무도회, 군무, 흥겨운 연극 공연을 수반하였다. 이 축제가 기독교에서 육식을 금하는 시기인 제계기에 앞서 행해졌기 때문에, 이탈리아어 carnevale'카니발'의 기원은 오래 전부터 단어 carne'고기' 및 vale'잘 가라'와 연관되었다. 단어 карнавал의 이러한 어원(영어로는 carnival)을 위대한 영국 시인 바이런의 서사시 「베포」에서도 찾을 수 있다. 그렇지만 이것은 한눈에 봐도 전형적인 민간어원임을 알 수 있다. 이 설명은 montem video'(나는) 산을 보았다'에서 Монтевидео의 어원이 유래했다는 설명과 대단히 비슷하다. 일련의 대단히 권위 있는 학자들이 carne vale'잘 가라, 고기야!'란 어원이 잘못된 민간어원임을 표명하였다. 그 대신에 그 단어의 기원에 관한 새로운 설명을 내놓았다.

오래전부터, 이집트의 여신 이시드와 그리스의 신 디오니소스에게 바쳐진 축제에서 축하 행렬이 진행하는 동안 전망 좋은 장소는 배의 모양을 한 수레에게 할당되었다. 라틴어로 carrus navalis는 문자 그대로 '배 모양을 한 (또는 바다의) 마차'를 의미한다. 고대의 전통은 이탈리아에서 18세기까지

이어졌고, 그 동안 지체 높은 이탈리아인들은 모두 "바다의 마차" 비슷한 것을 타고 카니발에 나왔다.106) 따라서, 유명한 언어학자인 피자니가 지지한 그 설명에 따르면, 이탈리아어 단어 carnevale는 carrus navalis (또는 이 단어들의 좀더 후기 형태인 carro navale)에서 유래한 것이다.

그러나 이 해석도 그럴듯해 보이지 않을뿐더러, 또 하나의 어원적 "신화"처럼 보인다. 첫째, 많은 라틴어 문헌의 어디에서도 carrus navalis란 어결합의 예를 찾아볼 수 없다. 게다가 이탈리아인들도 자신들의 카니발의 "바다의 마차"를 carro navale라고 부르지 않았다. 그 모든 것은 단지 학자들의 가정일 뿐이다. 둘째, карнавал이나 масленица란 단어와 '고기'란 의미와의 관계는 이탈리아어 외에서도 찾아 볼 수 있다. 그리스어의 apokreōs'마슬레니짜, 카니발'는 아주 분명한 어원을 지닌다. apo-는 제거, 없앰을 뜻하는 접두사이고, kreōs (또는 kreas)는 '고기'를 의미한다. 단어 мясопуст'마슬레니짜'는 여러 슬라브어에서 잘 알려져 있고, 그 어원은 또한 '고기'와 연관된다.

번역차용에 대해서도 고려해 보아야겠다. 그런데 이탈리아어 carnevale의 어원을 carrus navalis와 연관짓는다면, 그리스어 apokreōs와 슬라브어 мясопуст를 재해석된 라틴어(또는 이탈리아어)의 번역 차용어로 받아들여야 한다. 그렇지만 그것은 전혀 개연성이 없어 보인다.

본서의 초판본에서는 단어 карнавал의 기원에 관한 이야기를 "잘 가라, 고기야!"란 어원은 전형적인 민간어원으로 보이며, carrus navalis에서 карнавал이 기원했다는 것은 학자들에 의해 고안된 가설(이 또한 높은 수준의 어원적 "신화"이다)이라는 사실의 확인으로 끝맺었다. 독자들은 단어 карнавал의 진실한 기원에 관한 문제를 필자에게 여러 번 질문하였다. 그 단어에 대해 제안된 어원들 가운데 가장 적절해 보이는 것은 다음과 같다.

후기 라틴어에는 기독교의 제계기와 연관된 carnelevamen과 carnele-

---

106) 현재는 그러한 "마차들"을 라틴아메리카 국가들의 카니발에서 만날 수 있다.

varjum'금육'이라는 종교 용어가 존재했다. 그 단어들은 carne(m)'고기'(대격)와 파생동사 levare'상실하다'로 구성된다. carne-levar-ium이란 단어에서 12세기의 문헌 가운데 하나에서 증명된 단어인 carnelevale를 파생하는 동화가 발생했다. 여기에서 민간어원의 영향하에 두 개의 동일한 음절 가운데 하나의 음절 탈락이 발생한다. 그러한 탈락의 결과 단어는 carne vale'잘 가라, 고기야!'로서 받아들여졌다.

*   *   *

본 장의 목적은 학문으로서의 어원론에 관한 잘못된 견해를 생성하고, 객관적인 증명이 아니라, 기발한 대비와 다양한 유형의 역사적 사실(심지어 그 사실들이 우리가 관심을 가지는 단어의 어원과 아무런 관련이 없을 지라도)에 대한 확고한 인용이 필요한 어원적 "신화들"의 위해성을 보여주는 것이었다.

실제로 그러한 유형의 "신화들"을 만들어 내는 것은 쉬운 일이다. 그것들이 근거가 없다는 것을 증명하는 것이 보다 더 어렵다. 왜냐하면 그러한 "신화들"은 충분히 믿을 만한 어원을 가지지 못한 단어들의 주변에서 무엇보다도 자주 발생하기 때문이다.

그러나 가장 힘든 일은 언어적 사실들에 대한 면밀한 연구에 의거하면서, 내용 없는, 더 나아가 매혹적인 대비에 현혹되지 않으면서, 단어의 어원이라 명명된 수수께끼의 해답을 연구자가 찾을 수 있도록 해주는 유일한 길을 발견하는 일이다.

참 고 문 헌

Н. С. Ашукин, М. Г. Ашукина. Крылатые слова. М., 《Художественная литература》, 1966.

Р. А. Булагов. Введение в науку о языке. М., 《Просвещение》, 1965.

Эд. Вартаньян. Из жизни слов. М., Детгиз, 1963.

Эд. Вартаньян. Рождение слова. М., 《Детская литература》, 1970.

В. Г. Ветвицкий. Занимательное языкознание. М.-Л., 《Просвещение》, 1966.

В. Даль. Толковый словарь живого великорусского языка, т. I-IV. М., 1956.

Н. С. Державин. Народная этимология. 《Русский язык в школе》, 1939, №2, стр. 39-49.

Е. А. Земская. Как делаются слова. М., Изд-во АН СССР, 1963.

М. Ильин. Чёрным по белому. Л., Детгиз, 1935.

Б. Казанский. В мире слов. Лениздат, 1958.

С. Максимов. Крылатые слова. М., Гослитиздат, 1955.

И. Уразов. Почему мы так говорим? М., 《Правда》, 1956.

Л. Успенский. Имя дома твоего. Очерки по топонимике. Л., 《Детская литература》, 1967.

Л. Успенский. Почему не иначе? Этимологический словарик школьника. М., 《Детская литература》, 1967.

Л. Успенский. Слово о словах. Ты и твоё имя. Лениздат, 1962.

М. Фасмер. Этимологический словарь русского языка, т. 1-3. М., 《Прогресс》, 1964-1971.

Н. М. Шанский. В мире слов. М., 《Просвещение》, 1971.

Н. М. Шанский, В. В. Иванов, Т. В. Шанская. Краткий этимологический словарь русского языка, изд. 2. М., 《Просвещение》, 1971.

부 록

1. 어족별 세계의 언어

어 족	하위그룹	갈 래	주요 언어	소수 언어
인도-유럽어	게르만어	서부	영어, 독일어, 이디쉬어, 네덜란드어, 플란더즈어, 아프리칸스어	프리즐랜드어, 룩셈부르크어
		북부 (스칸디나비아)	스웨덴어, 덴마크어, 노르웨이어, 아이슬란드어	패로어
	이탤릭어		라틴어	
	로망스어		이탈리아어, 프랑스어, 스페인어, 포르투갈어, 루마니아어	카탈로니아어, 프로방스어, 몰다비아어, 레토-로만어, 사르디니아어
	켈트어	브리손어	웨일즈어, 브류타뉴어	
		고이델어	아일랜드어, 스코틀랜드어	
	그리스어		그리스어	
			알바니아어	
	슬라브어	동	러시아어, 우크라이나어, 벨라루스어	
		서	폴란드어, 체코어, 슬로바키아어	소르비아어
		남	불가리아어, 세르보-크로아티아어, 슬로베니아어, 마케도니아어	
	발트어		리투아니아어, 라트비아어	
			아르메니아어	
	인도-이란어	이란어	페르시아어, 쿠르드어,	
		인도어	산스크리트어, 힌디어, 우르두어, 편잡어, 벵골어, 카시미르어, 네팔어, 오리야어, 신디어	집시어, 맬다이브어

어 족	하위그룹	갈 래	주요 언어	소수 언어
우랄어	핀-위구르어	핀어	핀랜드어, 에스토니아어, 마리어, 코미어	라플란드어
		위구르어	헝가리어	만시어
	사모예드어			네네츠어, 셀쿠프어, 에네츠어
알타이어	터키어족	남서	터키어, 아제르바이잔어, 투르크멘어	
		북서	카자크어, 키르기즈어, 타타르어, 바쉬키르어	카라차이어, 노가이어
		남동	우즈벡어, 위구르어	
		북동		알타이어, 투비니아어, 카카스어
		추바시어		
				야쿠트어
	몽골어족		몽골어	
	퉁구스어족	북		에벤끼어
		남		만주어, 나나이어

어 족	하위그룹	주요 언어	소수 언어
코카서스어	남	그루지아어	
	서		카바르디아어, 시르카시아어
	동		체첸어, 인구스어
	다게스탄어		아바르어
독립어			바스크어
드라비다어		텔루구어, 타밀어, 말라얄람어	쿠이어, 툴루어, 쿠루흐어
문다어			산탈리어, 문다리어, 호어
독립어			부루샤스키어
중국-티벳어	중국어	중국어	
	티베트-버마어	버마어, 티베트어	이어, 리수어, 나히어, 라후어 카렌어
	타이어	타이어, 라오스어	추앙어, 푸이어, 눙어
	미아오-야오어		미아오어, 야오어
독립어		일본어	
독립어		한국어	

어 족	하위그룹	주요 언어	소수 언어
독립어			아이누어
크메르어		크메르어	몬어, 팔라웅어, 카와어
독립어		베트남어	무옹어
말레이-폴리네시아어	인도네시아어	인도네시아어, 말레이어, 자바어, 타갈로그어, 비사얀어 말라가시어	미낭카바우어, 바탁어, 비콜어, 참어, 팔라우어
	미크로네시아어		마샬어, 길버트어, 포나프어,
	멜라네시아어		피지어, 모투어, 야빔어
	폴리네시아어		마오리어, 우베아어, 사모아어, 통가어, 타히티어, 하와이어
파푸아어			엔가어, 침부어, 하겐어, 님보란어, 바이닝어
오스트레일리아어			아란다어, 무른진어
고아시아어			축치어, 코략어, 케트어, 유카기르어
에스키모-알류트어		에스키모어	알류트어

어 족	하위그룹	갈 래	주요 언어
니제르-콩고	서 수단어	멘드	멘드어, 말린크어, 밤바라어, 수수어, 바이어, 로마어
		서 대서양	풀라니어, 세레르어, 템네어, 골라어, 바란테어
		구르	모시어, 구르마어, 다곰바어
		쿠아	요루바어, 이보어, 판티어, 가어, 폰어, 에도어, 이도마어, 누페어
	베누아-콩고	반투	스와힐리어, 루바어, 콩고어, 린갈라어, 루안다어, 룬디어, 키쿠유어, 캄바어, 줄루어, 마쿠아어
			이비비오어, 티브어
	아다마와-동부	아다마와	므붐어
		동부	잔드어, 산고어, 그바야어
			이조어

어 족	하위그룹	갈 래	하위갈래	주요 언어
아시아-아프리카어 (햄-셈어)	셈어	북 아랍어		아랍어, 말티즈어
		가나안어		헤브라이어
		아람어		시리아어, 아시리아어, 아람어
		에티오피아어		암하라어, 티그리어
	베르베르어			쉴루어, 타마지트어, 샤위아어
	쿠시트어			소말리아어, 오로모어, 시다모어, 아파르어
	이집트어			콥트어
	차드어			하우사어
대 수단어	동부 수단어	누비아어		누비아어
		나일어	서부	루오어, 딘카어, 누에르어
			동부	테소어, 마사이어, 바리어
			남부	칼렌진어, 수크어
	중부 수단어			사라어, 망베투어, 마디어
사하라어				쿠누리어, 테다어
				송하이어, 제르마어
마바어				마바어
				푸르어
코이스어				부시맨어, 호텐토트어, 산다위어

2. 인도유럽어족 언어들의 분화 시기

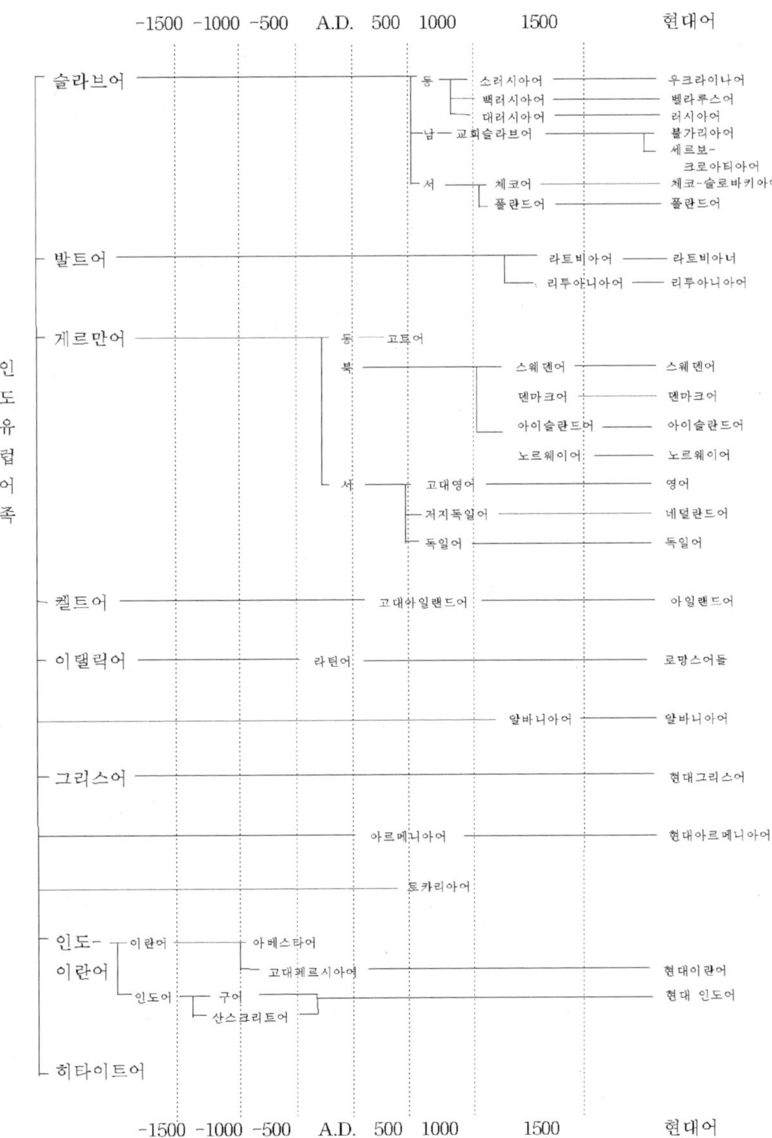

편 역 자 약 력

■ 이 은 순

한국외국어대학교 노어과 졸업
미국 University of Washington 슬라브어문학과 석사, 박사
현재: 단국대학교 어문학부 러시아어 전공 교수

●저서●

『러시아어학 사전』(신아사),
『연습문제로 익히는 러시아어 문법』(도서출판 가온),
『러시아어 언어학 연구의 방법과 문제(공저)』(한신출판사),
『러시아어 청해(공저)』(교육인적자원부) 외

●논문●

『러시아어 비대격동사와 비능격동사구문 특성 연구』,
『러시아어 사역구문 특성연구』 외

■ 어 건 주

한국외국어대학교 노어과 졸업
한국외국어대학교 대학원 노어노문학과 석사, 박사
현재: 경상대학교 학술연구교수

●논문●

『러시아어 재귀대명사 연구』,
『러시아 문자의 기원』 외

러시아어 어원론

• 초판 인쇄	2006년 6월 1일
• 초판 발행	2006년 6월 1일
• 편 역 자	이은순, 어건주
• 펴 낸 이	채종준
• 펴 낸 곳	한국학술정보㈜
	413-832, 경기도 파주시 교하읍 문발리 526-2
	파주출판문화정보산업단지
	전화 031) 908-3181(대표) · 팩스 031) 908-3189
	홈페이지 http://www.kstudy.com
	e-mail(출판사업부) publish@kstudy.com
• 등 록	제일산-115호(2000. 6. 19)
• 가 격	23,000원

ISBN   89-534-5210-4 93790 (Paper Book)
        89-534-5211-2 98790 (e-Book)